"问道·强国之路"丛书　主编　董振华

建设教育强国

中国教育学会　组织编写

周洪宇　李宇阳　著

中国青年出版社

"问道·强国之路"丛书

出版说明

为中国人民谋幸福、为中华民族谋复兴,是中国共产党的初心使命。

中国共产党登上历史舞台之时,面对着国家蒙辱、人民蒙难、文明蒙尘的历史困局,面临着争取民族独立、人民解放和实现国家富强、人民富裕的历史任务。

"蒙辱""蒙难""蒙尘",根源在于近代中国与工业文明和西方列强相比,落伍、落后、孱弱了,处处陷入被动挨打。

跳出历史困局,最宏伟的目标、最彻底的办法,就是要找到正确道路,实现现代化,让国家繁荣富强起来、民族振兴强大起来、人民富裕强健起来。

"强起来",是中国共产党初心使命的根本指向,是近代以来全体中华儿女内心深处最强烈的渴望、最光辉的梦想。

从1921年红船扬帆启航，经过新民主主义革命、社会主义革命和社会主义建设、改革开放和社会主义现代化建设、中国特色社会主义新时代的百年远征，中国共产党持续推进马克思主义基本原理同中国具体实际相结合、同中华优秀传统文化相结合，在马克思主义中国化理论成果指引下，带领全国各族人民走出了一条救国、建国、富国、强国的正确道路，推动中华民族迎来了从站起来、富起来到强起来的伟大飞跃。

一百年来，从推翻"三座大山"、为开展国家现代化建设创造根本社会条件，在革命时期就提出新民主主义工业化思想，到轰轰烈烈的社会主义工业化实践、"四个现代化"宏伟目标，"三步走"战略构想，"两个一百年"奋斗目标，中国共产党人对建设社会主义现代化强国的孜孜追求一刻也没有停歇。

新思想领航新征程，新时代铸就新伟业。

党的十八大以来，中国特色社会主义进入新时代，全面"强起来"的时代呼唤愈加热切。习近平新时代中国特色社会主义思想立足实现中华民族伟大复兴战略全局和世界百年未有之大变局，深刻回答了新时代建设什么样的社会主义现代化强国、怎样建设社会主义现代化强国等重大时代课题，擘画了建设社会主义现代化强国的宏伟蓝图和光明前景。

从党的十九大报告到党的十九届五中全会通过的《中共中央关于制定国民经济和社会发展第十四个五年规划和二〇三五年远景目标的建议》、党的十九届六中全会通过的《中共中央关于党的百年奋斗重大成就和历史经验的决议》，建设社会主义现代化强国的号角日益嘹亮、目标日益清晰、举措日益坚实。在以习近平同志为核心的党中央的宏伟擘画中，"人才强国"、"制造强国"、"科技强国"、"质量强国"、"航天强国"、"网络强国"、"交通强国"、"海洋强国"、"贸易强国"、"文化强国"、"体育强国"、"教育强国",以及"平安中国"、"美丽中国"、"数字中国"、"法治中国"、"健康中国"等,一个个强国目标接踵而至,一个个美好愿景深入人心,一个个扎实部署深入推进,推动各个领域的强国建设按下了快进键、迎来了新高潮。

"强起来",已经从历史深处的呼唤,发展成为我们这个时代的最高昂旋律;"强国建设",就是我们这个时代的最突出使命。为回应时代关切,2021年3月,我社发起并组织策划出版大型通俗理论读物——"问道·强国之路"丛书,围绕"强国建设"主题,系统集中进行梳理、诠释、展望,帮助引导大众特别是广大青年学习贯彻习近平新时代中国特色社会主义思想,踊跃投身社会主义现代化强国建设伟大实践,谱写壮美新时代之歌。

"问道·强国之路"丛书共17册,分别围绕党的十九大报告等党的重要文献提到的前述17个强国目标展开。

丛书以习近平新时代中国特色社会主义思想为指导,聚焦新时代建设什么样的社会主义现代化强国、怎样建设社会主义现代化强国,结合各领域实际,总结历史做法,借鉴国际经验,展现伟大成就,描绘光明前景,提出对策建议,具有重要的理论价值、宣传价值、出版价值和实践参考价值。

丛书突出通俗理论读物定位,注重政治性、理论性、宣传性、专业性、通俗性的统一。

丛书由中央党校哲学教研部副主任董振华教授担任主编,红旗文稿杂志社社长顾保国担任总审稿。各分册编写团队阵容权威齐整、组织有力,既有来自高校、研究机构的权威专家学者,也有来自部委相关部门的政策制定者、推动者和一线研究团队;既有建树卓著的资深理论工作者,也有实力雄厚的中青年专家。他们以高度的责任、热情和专业水准,不辞辛劳,只争朝夕,潜心创作,反复打磨,奉献出精品力作。

在共青团中央及有关部门的指导和支持下,经过各方一年多的共同努力,丛书于近期出版发行。

在此,向所有对本丛书给予关心、予以指导、参与创作和编辑出版的领导、专家和同志们诚挚致谢!

让我们深入学习贯彻习近平新时代中国特色社会主义思想,牢记初心使命,盯紧强国目标,奋发勇毅前行,以实际行动和优异成绩迎接党的二十大胜利召开!

中国青年出版社

2022年3月

"问道·强国之路"丛书总序:

沿着中国道路,阔步走向社会主义现代化强国

实现中华民族伟大复兴,就是中华民族近代以来最伟大的梦想。党的十九大提出到2020年全面建成小康社会,到2035年基本实现社会主义现代化,到本世纪中叶把我国建设成为富强民主文明和谐美丽的社会主义现代化强国。在中国这样一个十几亿人口的农业国家如何实现现代化、建成现代化强国,这是一项人类历史上前所未有的伟大事业,也是世界历史上从来没有遇到过的难题,中国共产党团结带领伟大的中国人民正在谱写着人类历史上的宏伟史诗。习近平总书记在庆祝改革开放40周年大会上指出:"建成社会主义现代化强国,实现中华民族伟大复兴,是一场接力跑,我们要一棒接着一棒跑下去,每一代人都要为下一代人跑出一个好成绩。"只有回看走过的路、比较别人的路、远眺前行的路,我们才能够弄清楚我

们为什么要出发、我们在哪里、我们要往哪里去，我们也才不会迷失远航的方向和道路。"他山之石，可以攻玉。"在建设社会主义现代化强国的历史进程中，我们理性分析借鉴世界强国的历史经验教训，清醒认识我们的历史方位和既有条件的利弊，问道强国之路，从而尊道贵德，才能让中华民族伟大复兴的中国道路越走越宽广。

一、历经革命、建设、改革，我们坚持走自己的路，开辟了一条走向伟大复兴的中国道路，吹响了走向社会主义现代化强国的时代号角。

党的十九大报告指出："改革开放之初，我们党发出了走自己的路、建设中国特色社会主义的伟大号召。从那时以来，我们党团结带领全国各族人民不懈奋斗，推动我国经济实力、科技实力、国防实力、综合国力进入世界前列，推动我国国际地位实现前所未有的提升，党的面貌、国家的面貌、人民的面貌、军队的面貌、中华民族的面貌发生了前所未有的变化，中华民族正以崭新姿态屹立于世界的东方。"中国特色社会主义所取得的辉煌成就，为中华民族伟大复兴奠定了坚实的基础，中国特色社会主义进入了新时代。这意味着中国特色社会主义道路、理论、制度、文化不断发展，拓展了发展中国家走向现代化的途径，给世界上那些既希望加快发展又希望保持自身独立性的国家和民族提供了全新选择，为解决人类问题贡献了中国智慧和中国方案，同时也昭示着中华民族伟大复兴的美好前景。

新中国成立70多年来，我们党领导人民创造了世所罕见的经济快速发展奇迹和社会长期稳定奇迹，以无可辩驳的事实宣示了中国道路具有独特优势，是实现伟大梦想的光明大道。习近平总书记在《关于〈中共中央关于制定国民经济和社会发展第十四个五年规划和二〇三五年远景目标的建议〉的说明》中指出："我国有独特的政治优势、制度优势、发展优势和机遇优势，经济社会发展依然有诸多有利条件，我们完全有信心、有底气、有能力谱写'两大奇迹'新篇章。"但是，中华民族伟大复兴绝不是轻轻松松、敲锣打鼓就能实现的，全党必须准备付出更为艰巨、更为艰苦的努力。

过去成功并不意味着未来一定成功。如果我们不能找到中国道路成功背后的"所以然"，那么，即使我们实践上确实取得了巨大成功，这个成功也可能会是偶然的。怎么保证这个成功是必然的，持续下去走向未来？关键在于能够发现背后的必然性，即找到规律性，也就是在纷繁复杂的现象背后找到中国道路的成功之"道"。只有"问道"，方能"悟道"，而后"明道"，也才能够从心所欲不逾矩而"行道"。只有找到了中国道路和中国方案背后的中国智慧，我们才能够明白哪些是根本的因素必须坚持，哪些是偶然的因素可以变通，这样我们才能够确保中国道路走得更宽更远，取得更大的成就，其他国家和民族的现代化道路才可以从中国道路中获得智慧和启示。唯有如此，中国道路才具有普遍意义和世界意义。

二、世界历史沧桑巨变，照抄照搬资本主义实现强国是没有出路的，我们必须走出中国式现代化道路。

现代化是18世纪以来的世界潮流，体现了社会发展和人类文明的深刻变化。但是，正如马克思早就向我们揭示的，资本主义自我调整和扩张的过程不仅是各种矛盾和困境丛生的过程，也是逐渐丧失其生命力的过程。肇始于西方的、资本主导下的工业化和现代化在创造了丰富的物质财富的同时，也拉大了贫富差距，引发了环境问题，失落了精神家园。而纵观当今世界，资本主义主导的国际政治经济体系弊端丛生，中国之治与西方乱象形成鲜明对比。照抄照搬西方道路，不仅在道义上是和全人类共同价值相悖的，而且在现实上是根本走不通的邪路。

社会主义是作为对资本主义的超越而存在的，其得以成立和得以存在的价值和理由，就是要在解放和发展生产力的基础上，消灭剥削，消除两极分化，最终实现共同富裕。中国共产党领导的社会主义现代化，始终把维护好、发展好人民的根本利益作为一切工作的出发点，让人民共享现代化成果。事实雄辩地证明，社会主义现代化建设不仅造福全体中国人民，而且对促进地区繁荣、增进各国人民福祉将发挥积极的推动作用。历史和实践充分证明，中国特色社会主义不仅引领世界社会主义走出了苏东剧变导致的低谷，而且重塑了社会主义与资本主义的关系，创新和发展了科学社会主义理论，用实践证明了马克思主义并没有过时，依然显示出科学思想的伟力，对世界社会主义发展具有深远历史意义。

从现代化道路的生成规律来看，虽然不同的民族和国家在谋求现代化的进程中存在着共性的一面，但由于各个民族和国家存在着诸多差异，从而在道路选择上也必定存在诸多差异。习近平总书记指出："世界上没有放之四海而皆准的具体发展模式，也没有一成不变的发展道路。历史条件的多样性，决定了各国选择发展道路的多样性。"中国道路的成功向世界表明，人类的现代化道路是多元的而不是一元的，它拓展了人类现代化的道路，极大地激发了广大发展中国家"走自己道路"的信心。

三、中国式现代化遵循发展的规律性，蕴含着发展的实践辩证法，是全面发展的现代化。

中国道路所遵循的发展理念，在总结发展的历史经验、批判吸收传统发展理论的基础上，对"什么是发展"问题进行了本质追问，从真理维度深刻揭示了发展的规律性。发展本质上是指前进的变化，即事物从一种旧质态转变为新质态，从低级到高级、从无序到有序、从简单到复杂的上升运动。在发展理论中，"发展"本质上是指一个国家或地区由相对落后的不发达状态向相对先进的发达状态的过渡和转变，或者由发达状态向更加发达状态的过渡和转变，其内容包括经济、政治、社会、科技、文化、教育以及人自身等多方面的发展，是一个动态的、全面的社会转型和进步过程。发展不是一个简单的增长过程，而是一个在遵循自然规律、经济规律和社会规律基础上，通过结构优化实现的质的飞跃。

发展问题表现形式多种多样，例如人与自然关系的紧张、贫富差距过大、经济社会发展失衡、社会政治动荡等，但就其实质而言都是人类不断增长的需要与现实资源的稀缺性之间的矛盾的外化。我们解决发展问题，不可能通过片面地压抑和控制人类的需要这样的方式来实现，而只能通过不断创造和提供新的资源以满足不断增长的人类需要的路径来实现，这种解决发展问题的根本途径就是创新。改革开放40多年来，我们正是因为遵循经济发展规律，实施创新驱动发展战略，积极转变发展方式、优化经济结构、转换增长动力，积极扩大内需，实施区域协调发展战略，实施乡村振兴战略，坚决打好防范化解重大风险、精准脱贫、污染防治的攻坚战，才不断推动中国经济更高质量、更有效率、更加公平、更可持续地发展。

发展本质上是一个遵循社会规律、不断优化结构、实现协调发展的过程。协调既是发展手段又是发展目标，同时还是评价发展的标准和尺度，是发展两点论和重点论的统一，是发展平衡和不平衡的统一，是发展短板和潜力的统一。坚持协调发展，学会"弹钢琴"，增强发展的整体性、协调性，这是我国经济社会发展必须要遵循的基本原则和基本规律。改革开放40多年来，正是因为我们遵循社会发展规律，推动经济、政治、文化、社会、生态协调发展，促进区域、城乡、各个群体共同进步，才能着力解决人民群众所需所急所盼，让人民共享经济、政治、文化、社会、生态等各方面发展成果，有更多、更直接、更实在的获得感、幸福感、安全感，不断促进人的全面发展、全体人民共同富裕。

人类社会发展活动必须尊重自然、顺应自然、保护自然，遵循自然发展规律，否则就会遭到大自然的报复。生态环境没有替代品，用之不觉，失之难存。环境就是民生，青山就是美丽，蓝天也是幸福，绿水青山就是金山银山；保护环境就是保护生产力，改善环境就是发展生产力。正是遵循自然规律，我们始终坚持保护环境和节约资源，坚持推进生态文明建设，生态文明制度体系加快形成，主体功能区制度逐步健全，节能减排取得重大进展,重大生态保护和修复工程进展顺利,生态环境治理明显加强,积极参与和引导应对气候变化国际合作,中国人民生于斯、长于斯的家园更加美丽宜人。

正是基于对发展规律的遵循,中国人民沿着中国道路不断推动科学发展,创造了辉煌的中国奇迹。正如习近平总书记在庆祝改革开放40周年大会上的讲话中所指出的:"40年春风化雨、春华秋实,改革开放极大改变了中国的面貌、中华民族的面貌、中国人民的面貌、中国共产党的面貌。中华民族迎来了从站起来、富起来到强起来的伟大飞跃!中国特色社会主义迎来了从创立、发展到完善的伟大飞跃!中国人民迎来了从温饱不足到小康富裕的伟大飞跃!中华民族正以崭新姿态屹立于世界的东方!"

有人曾经认为,西方文明是世界上最好的文明,西方的现代化道路是唯一可行的发展"范式",西方的民主制度是唯一科学的政治模式。但是,经济持续快速发展、人民生活水平不断提高、综合国力大幅提升的"中国道路",充分揭开了这些违背唯物辩证法"独断论"的迷雾。正如习近平总书记在庆祝改革开放40周年大会上的讲话中所指出的:"在中国这样一个有着5000多年文明史、13亿多人口的大国推进改革发展,没有可以奉为金科玉律的教科书,也没有可以对中国人民颐指气使的教师爷。鲁迅先生说过:'什么是路?就是从没路的地方践踏出来的,从只有荆棘的地方开辟出来的。'"我们正是因为始终坚持解放思想、实事求是、与时俱进、求真务实,坚持马克思主义指导地位不动摇,坚持科学社会主义基本原则不动摇,勇敢推进理论创新、实践创新、制度创新、文化创新以及各方面创新，才不断赋予中国特色社会主义以鲜明的实践特色、理论特色、民族特色、时代特色，形成了中国特色社会主义道路、理论、制度、文化，以不可辩驳的事实彰显了科学社会主义的鲜活生命力，社会主义的伟大旗帜始终在中国大地上高高飘扬！

四、中国式现代化是根植于中国文化传统的现代化，从根本上反对国强必霸的逻辑，向人类展示了中国智慧的世界历史意义。

《周易》有言："形而上者谓之道，形而下者谓之器。"每一个国家和民族的历史文化传统不同，面临的形势和任务不同，人民的需要和要求不同，他们谋求发展造福人民的具体路径当然可以不同，也必然不同。中国式现代化道路的开辟充分汲取了中国传统文化的智慧，给世界提供了中国气派和中国风格的思维方式，彰显了中国之"道"。

中国传统文化主张求同存异的和谐发展理念，认为万物相辅相成、相生相克、和实生物。《周易》有言："生生之谓易。"正是在阴阳对立和转化的过程中，世界上的万事万物才能够生生不息。《国语·郑语》中史伯说："夫和实生物，同则不继。以他平他谓之和，故能丰长而物归之；若以同裨同，尽乃弃矣。"《黄帝内经素问集注》指出："故发长也，按阴阳之道。孤阳不生，独阴不长。阴中有阳，阳中有阴。"二程（程颢、程颐）认为，对立之间存在着此消彼长的关系，对立双方是相互影响的。"万物莫不有对，一阴一阳，一善一恶，阳长而阴消，善增而恶减。"他们认为"消长相因，天之理也。""理必有对待，生生之本也。"正是在相互对立的两个方面相生相克、此消彼长的交互作用中，万事万物得以生成和毁灭，不断地生长和变化。这些思维理念在中国道路中也得到了充分的体现。中国道路主张合作共赢，共同发展才是真的发展，中国在发展过程中始终坚持互惠互利的原则，欢迎其他国家搭乘中国发展的"便车"。中国道路主张文明交流，一花独放不是春，世界正是因多彩而美丽，中国在国际舞台上坚持文明平等交流互鉴，反对"文明冲突"，提倡和而不同、兼收并蓄的理念，致力于世界不同文明之间的沟通对话。

中国传统文化主张世界大同的和谐理念，主张建设各美其美的和谐世界。为世界谋大同，深深植根于中华民族优秀传统文化之中，凝聚了几千年来中华民族追求大同社会的理想。不同的历史时期，人们都从不同的意义上对大同社会的理想图景进行过描绘。从《礼记》提出"天下为公，选贤与能，讲信修睦。故人不独亲其亲，不独子其子。使老有所终，壮有所用，幼有所长，鳏寡孤独废疾者皆有所养"的社会大同之梦，到陶渊明在《桃花源记》中描述的"黄发垂髫，并怡然自乐"的平静自得的生活场景，再到康有为《大同书》中提出的"大同"理想，以及孙中山发出的"天下为公"的呐喊，一代又一代的中国人，不管社会如何进步，文化如何发展，骨子里永恒不变的就是对大同世界的追求。习近平总书记强调："世界大同，和合共生，这些都是中国几千年文明一直秉持的理念。"这一论述充分体现了中华传统文化中的"天下情怀"。"天下情怀"一方面体现为"以和为贵"，中国自古就崇尚和平、反对战争，主张各国家、各民族和睦共处，在尊重文明多样性的基础上推动文明交流互鉴。另一方面则体现为合作共赢，中国从不主张非此即彼的零和博弈，始终倡导兼容并蓄的理念，我们希望世界各国能够携起手来共同应对全球挑战，希望通过汇聚大家的力量为解决全球性问题作出更多积极的贡献。

中国有世界观，世界也有中国观。一个拥有5000多年璀璨文明的东方古国，沿着社会主义道路一路前行，这注定是改变历史、创造未来的非凡历程。以历史的长时段看，中国的发展是一项属于全人类的进步事业，也终将为更多人所理解与支持。世界好，中国才能好。中国好，世界才更好。中国共产党是为中国人民谋幸福的党，也是为人类进步事业而奋斗的党，我们所做的一切就是为中国人民谋幸福、为中华民族谋复兴、为人类谋和平与发展。中国共产党的初心和使命，不仅是为中国人民谋幸福，为中华民族谋复兴，而且还包含为世界人民谋大同。为世界人民谋大同是为中国人民谋幸福和为中华民族谋复兴的逻辑必然，既体现了中国共产党关注世界发展和人类事业进步的天下情怀，也体现了中国共产党致力于实现"全人类解放"的崇高的共产主义远大理想，以及立志于推动构建"人类命运共同体"的使命担当和博大胸襟。

中华民族拥有在5000多年历史演进中形成的灿烂文明，中国共产党拥有百年奋斗实践和70多年执政兴国经验，我们积极学习借鉴人类文明的一切有益成果，欢迎一切有益的建议和善意的批评，但我们绝不接受"教师爷"般颐指气使的说教！揭示中国道路的成功密码，就是问"道"中国道路，也就是挖掘中国道路之中蕴含的中国智慧。吸收借鉴其他现代化强国的兴衰成败的经验教训，也就是问"道"强国之路的一般规律和基本原则。这个"道"不是一个具体的手段、具体的方法和具体的方略,而是可以为每个国家和民族选择"行道"之"器"提供必须要坚守的价值和基本原则。这个"道"是具有共通性的普遍智慧,可以启发其他国家和民族据此选择适合自己的发展道路,因而它具有世界意义。

路漫漫其修远兮,吾将上下而求索。"为天地立心,为生民立命,为往圣继绝学,为万世开太平",是一切有理想、有抱负的哲学社会科学工作者都应该担负起的历史赋予的光荣使命。问道强国之路,为实现社会主义现代化强国提供智慧指引,是党的理论工作者义不容辞的社会责任。红旗文稿杂志社社长顾保国、中国青年出版社总编辑陈章乐在中央党校学习期间,深深沉思于问道强国之路这一"国之大者",我也对此问题甚为关注,我们三人共同商定联合邀请国内相关领域权威专家一起"问道"。在中国青年出版社皮钧社长等的鼎力支持和领导组织下,经过各位专家学者和编辑一年的艰辛努力,几易其稿。这套丛书凝聚着每一位同仁不懈奋斗的辛勤汗水、殚精竭虑的深思智慧和饱含深情的热切厚望,终于像腹中婴儿一样怀着对未来的希望呱呱坠地。我们希望在强国路上,能够为中华民族的伟大复兴奉献绵薄之力。我们坚信,中国共产党和中国人民将在自己选择的道路上昂首阔步走下去,始终会把中国发展进步的命运牢牢掌握在自己手中!

是为序!

董振华

2022年3月于中央党校

目 录

前 言 001

第1章 国运兴衰,系于教育
——坚定不移走教育强国之路

一、中华民族伟大复兴的基础工程 005

二、人民群众对教育发展的新期盼 006

三、中华民族千年夙愿与历史传统 008

四、走向世界舞台,参与国际竞争 012

第2章 长风破浪会有时,直挂云帆济沧海
——我们离教育强国有多远

一、教育强国的重要内涵 019

二、我国与教育强国之间的距离 024

第3章 待到山花烂漫时,她在丛中笑
——中国教育国际竞争力与全球教育强国的具体比较

一、中国教育国际竞争力与全球教育强国的比较 035

二、中国高等教育国际竞争力水平与全球教育强国的比较 042

三、中国教育国际竞争力发展趋势预测 061

第4章　声教暨寰中，世界同推重
——建设教育强国的战略图景

一、建设教育强国的总体目标 081

二、建设教育强国的具体指标 088

第5章　兴贤育才，为政之先务
——大力实施教育优先发展战略

一、何谓优先发展教育事业 097

二、优先发展教育事业是建设教育强国的必然要求 098

三、优先发展教育事业是立德树人的本质要求 100

四、优先发展教育事业是改善民生的必然选择 101

五、如何继续优先发展教育事业 103

第6章　直到天头天尽处，不曾私照一人家
——大力推进有质量的教育公平

一、以教育公平促进社会公平正义 111

二、优化资源配置，加大投入力度 114

三、追求有质量的教育公平 116

第7章　奋楫笃行，臻于至善
——全面提升教育质量

一、推动基础教育优质均衡发展 125

二、促进职业教育特色鲜明发展 133

三、推动特殊教育公平融合发展 139

四、发展民族教育，铸牢中华民族共同体意识 145

第 8 章　不拘一格降人才
——加快分类建设双一流大学

一、加强分类引导，促进分类发展 153

二、优化结构层次，培育紧缺人才 158

三、加快转型升级，提高办学质量 160

第 9 章　教之有道，则人才济济
——加快推进高素质专业化创新型教师队伍建设

一、加强师德师风建设 166

二、提高公办中小学教师的法律地位和社会地位 168

三、深入实施《乡村教师支持计划》...................................... 169

四、加快构建高质量教师教育体系 177

第 10 章　问渠那得清如许，为有源头活水来
——在坚持和加强党的领导中发挥制度优势，提高治理效能

一、坚持党的全面领导 189

二、全面推进依法治教 192

三、深化人才培养模式改革 194

四、加快考试招生制度改革 197

五、加快办学体制机制改革 201

六、建立现代学校制度 204

七、深化教育领域"放管服"改革 210

第 11 章　百尺竿头须进步，十方世界是全身
——继续加大教育投入

一、健全以质量为导向的经费投入体制 218

二、建立需求多元化、个性化的教育财政拨款机制 220

三、优化财政性教育经费支出结构 221

四、合理划分省域内各级政府的教育事权和支出责任 222

第12章 飞入寻常百姓家
——以教育技术现代化引领推动教育现代化

一、多方合力高效实施教育信息化2.0行动 227

二、探索"互联网+"教育发展新模式 230

三、大力发展智慧教育 231

四、全面提升师生信息素养 233

第13章 欲穷千里目,更上一层楼
——全方位推进教育对外开放

一、优化教育对外开放布局 239

二、提升教育对外开放的层次和水平 242

三、提高教育对外开放的针对性 244

四、启动国内国际教育"双循环" 246

五、积极参与全球教育治理 247

六、全面提升中国教育经验、理论与模式的影响力 279

七、加强国际传播能力建设 280

参考文献 295

后　记 307

前　言

习近平总书记指出："教育是国之大计、党之大计。"党的十八大以来，以习近平同志为核心的党中央着眼于实现中华民族伟大复兴的战略全局和世界百年未有之大变局的时代高度，立足于中国特色社会主义新时代和"两个一百年"历史交汇期的时代方位，提出实施教育强国战略。习近平总书记强调："建设教育强国是中华民族伟大复兴的基础工程，必须把教育事业放在优先位置，深化教育改革，加快教育现代化，办好人民满意的教育。"这是以习近平同志为核心的党中央向全国人民作出的庄严承诺，为我国新时代教育事业的发展指明了方向。

党的十八大以来，在习近平总书记关于教育的重要论述精神的指引下，中国特色社会主义教育事业发生了突破性变革，取得了历史性成就。我国教育总体发展水平进入世界中上行列，人民群众教育获得感明显增强，中国教育的国际影响力和竞争力明显提升，教育普及水平实现了历史性跨越，有力推动了我国从人力资源大国向人力资源强国迈进,特别是完成了教育脱贫攻坚目标任务,为全面打赢脱贫攻坚战贡献了教育力量。

为更好推动习近平新时代中国特色社会主义思想深入人心,加深对于教育强国的认识,号召广大青年与全社会一起积极投身教育强国建设的事业,我们以所承担的国家社会科学基金2018年度教育学重大招标课题"建设教育强国的国际经验与中国路径研究"(项目编号:VGA180002)成果为基础,特编写《建设教育强国》一书。

本书以习近平新时代中国特色社会主义思想为指导,深入全面地分析新时代背景下建设教育强国的重大意义、现实基础、未来目标、重要任务,力图为广大青年读者勾勒出教育强国建设的宏伟蓝图和实施路线。本书分13章,立足历史、现状、国内外比较、战略图景等多个角度,就教育公平、教育质量、教师教育、教育信息化,以及党对教育工作的全面领导等问题进行了系统论述,回答了建设教育强国"为什么""是什么""靠什么"等问题。

当今世界强国无一不是教育强国。建设教育强国是中华民族伟大复兴的基础工程。强国先强教,强国必强教,没有教育强国就不可能有现代化强国,就不可能实现民族复兴。愿广大青年读者阅读本书后对建设教育强国形成全面清晰的认识,为建设教育强国、早日实现"两个一百年"宏伟目标作出当代青年应有的贡献。

第 1 章

国运兴衰,系于教育

——坚定不移走教育强国之路

教育是民族振兴、社会进步的重要基石,是功在当代、利在千秋的德政工程,对提高人民综合素质、促进人的全面发展、增强中华民族创新创造活力、实现中华民族伟大复兴具有决定性意义。

——习近平总书记在学校思想政治理论课教师座谈会上的讲话(2019年3月18日)

第 ① 章　国运兴衰，系于教育——坚定不移走教育强国之路

教育兴则国兴，教育强则国强。党的十九大报告指出："建设教育强国是中华民族伟大复兴的基础工程，必须把教育事业放在优先位置，深化教育改革，加快教育现代化，办好人民满意的教育。"这是以习近平同志为核心的党中央向全国人民作出的庄严承诺，为我国教育事业发展指明了方向。建设教育强国，加快教育现代化，是我国推进社会主义现代化、建成社会主义现代化强国的应有之义，也是实现中华民族伟大复兴的中国梦和实现人民对美好生活的向往的必然要求。

一、中华民族伟大复兴的基础工程

教育是国之大计、党之大计，建设教育强国是中华民族伟大复兴的基础工程。党的十九届六中全会强调，以咬定青山不放松的执着奋力实现既定目标，以行百里者半九十的清醒不懈推进中华民族伟大复兴。教育是民族振兴、社会进步的重要基石，是对中华民族伟大复兴具有决定性意义的事业。立足千秋伟业，站在实现第二个百年奋斗目标的历史高度，教育的基础性、先导性、全局性地位和作用愈加凸显，肩负的使命更为重大。为实现中华民族伟大复兴梦想奠基，是历史赋予教育神圣而光荣的使命。习近平总书记要求把服务中华民族伟大复兴作为教育的重要使命，指出"'两个一百年'奋斗目标的实现、中华民族伟大复兴中国梦的实现，归根到底靠人才、靠教育"，强调"我国教育是能够培养出大师来的，我们要有这个自信"。建设教育强国有利于优化我国的劳动力结构，厚植创新驱动根基，培育出更多实用的高技能人

才、创新型人才、高精尖人才，抢占人才竞争制高点，赢得主动、赢得优势、赢得未来。

党的十八大以来，我国教育坚持"四个服务"，职业教育体系逐步健全，高等教育内涵式发展，科研能力不断提升，为经济社会发展培养输送了大批高素质人才，作出了重要贡献。新时代新征程，要充分认识到教育在构建新发展格局中的重要作用。各个阶段教育的规模发展持续不断向前行进，要主动适应新时代教育发展从大到强的新趋势、新特点和新需求，建立新的发展观。教育可以为经济发展提供人才支撑、技术支持和理念支撑。面向经济社会发展特别是构建新发展格局需求，应继续加强基础研究、提升创新能力、优化学科专业布局，为各个领域培养造就更多的专业化、高素质人才。因此，为适应经济社会发展需要，进一步推进经济社会高质量发展，确保全面建设社会主义现代化国家开好局、起好步，建设教育强国势在必行。

二、人民群众对教育发展的新期盼

当今社会，教育是个人发展、人民美好生活的基础，教育也成为人民群众最关心最直接最现实的利益问题之一。教育为人民服务是我国社会主义教育事业的出发点和落脚点，是我们党的教育方针始终坚持的基本原则。坚持以人民为中心发展教育，为办好人民满意的教育提供支撑，是以人民为中心的治国理政思想在国家发展战略中的具体体现。

（一）坚持以人民为中心发展教育，是办好我国教育事业的价值追求

全心全意为人民服务是我们党的根本宗旨，坚持人民至上，亦是党的十九届六中全会总结的党百年奋斗历史经验之一。建设教育强国不仅是党和国家完善社会主义教育体系的政治要求，更重要的是，它体现了以人民为中心的执政理念。习近平总书记多次强调："人民对美好生活的向往，就是我们的奋斗目标。"这份向往包括对更加优质的教育资源、更加公平的教育机会的向往。党的十八大以来，我们坚持把教育公平作为国家基本教育政策，加快缩小区域、城乡、校际、群体教育发展差距，全面打赢教育脱贫攻坚战，义务教育阶段辍学问题得到历史性解决，人民受教育权得到切实保障，人民群众教育获得感明显增强。[1]人们渴望拥有更高质量的教育，也期盼拥有更好的教育。努力让每个孩子都能享有更加公平而有质量的教育，不仅是我们党的庄严承诺，更是必须扛起来、完成好的政治使命。建设教育强国，就是从受教育者的立场出发，从人民群众获得感和幸福感的立场出发，最终是要让人民群众享受改革成果，享受优质公平的教育，让学生、家长、教师和学校都有实实在在的获得感，满足人民群众的期待和愿望。

（二）办好人民满意的教育，是办好我国教育事业的根本出发点

教育是民生之首，是为人民服务的重要内容。"人民是阅卷

---

[1].怀进鹏.深入学习贯彻党的十九届六中全会精神　加快建设教育强国［N］.学习时报，2022-11-22（1）.

人",坚持以人民为中心发展教育,要以人民满意为尺度。在党的十九大报告中,习近平总书记将"办好人民满意的教育"作为教育事业发展的方向和目标。我国有近2.9亿在校学生,教育关系千家万户,是重大的民生工程、德政工程。新时代新征程,建设教育强国必须以人民满意作为重要检验标尺,始终坚持教育公益性原则,进一步促进教育公平。继续推进落实"双减"政策,校外治理与校内提质联动,制度建设和监督检查并进,确保党中央决策落地见效。进一步推进义务教育优质均衡发展,优化义务教育结构,完善随迁子女入学政策。着力补齐农村地区和城市新增人口集中地区学前教育资源短板。整体提升县域普通高中办学水平。加大倾斜力度,巩固拓展教育脱贫攻坚成果同乡村振兴有效衔接,办好特殊教育,加快发展民族教育,以"互联网+"助力教育优质均衡发展。围绕促进共同富裕,在"有学上"基础上加快构建满足人民"上好学"愿望的教育体系,努力让教育资源全程伴随每个人,让教育成果平等面向每个人,让教育过程全面发展每个人,让教育效能深度助力每个人,让每个孩子都有人生出彩机会。

三、中华民族千年夙愿与历史传统

建设教育强国是中华民族千年的历史夙愿,在我国有着深远悠久的历史源流。中国自古以来形成的"兴学重教"传统,早已融入华夏民族的血肉,成为中华民族的基因。近代"教育救国"的理想虽然无法实现,但其背后深刻蕴含着重视教育、尊重知识的重要精神。之后,"科教兴国"战略进一步强化了教育、知识和人才的重要性，从国家战略层面确立了教育在国家发展中不可撼动的重要地位。党的十八大以来，以习近平同志为核心的党中央进一步明确提出实施教育强国战略。这一战略意义深远，是我国教育事业发展的重要引领，具有丰富的理论和实践内涵。

（一）古代"兴学重教"的传统

泱泱华夏，教育为本。回顾历史可以看到，中华文明自古就有兴学重教的传统，教育与国家始终命运相连。早在夏、商、周时期，国家统治者就意识到教育对于国家发展具有重要意义，提出了诸多有关教育的主张，如夏代提出了"尊重四时政教之命"，商代宣扬"神道设教"。国家对教育高度重视，到西周时期，产生了"学术官守"的现象，形成了"学在官府"的局面。学校既是教育场所，又是政治活动场所，既担负着教育职能，又发挥着政治影响。春秋战国时期，创造了聚众讲学、著书立说、百家争鸣、人才辈出的教育盛世，进一步延续和强化了重教兴学传统。世界上最早的教育专著《学记》就明确提出了"化民成俗，其必由学"和"建国君民，教学为先"的命题，认为实现良好政治的最佳途径是"化民成俗"，即兴办学校，推行教育，培育人才，以教化人民群众遵守社会秩序，养成良风美俗。汉武帝时期的"罢黜百家，独尊儒术"使得儒家学说成为官方正统学说，重教兴学成为汉以后历朝历代的一项基本国策，教育亦成为统治者治理国家、教化人民的有力工具。

（二）近代"教育救国"的理想

鸦片战争后，西方列强用坚船利炮打开了中国紧锁的大门，中华民族面临前所未有的亡国灭种危机。与国家同呼吸共命运的教育事业，也不得不在西方文化教育的强大攻势下被动走上改革之路。以洋务官员为代表的洋务派率先垂范，成为"教育救国"思潮的先声代表。他们通过兴办新式学堂，培养专门人才；通过派遣学生出国留学，促进民智开化。继洋务派而起的维新派，将教育改革的关注点转移到教育制度，使教育改革走向新的高峰。在清末新政十余年间，社会动荡不断，教育被视作拯救多难民族的法宝，"教育救国"成为当时社会有识之士的共同希冀。之后，在"教育救国"思潮的影响下，"教育救国"的实践活动也如雨后春笋般涌现，诸多知识分子投身于教育革新的实践之中，形成了"教育救国"思潮的不同流派和主张，譬如，严复的"鼓民力、开民智、新民德"，蔡元培的"五育并举"，黄炎培的"职业教育"，张伯苓的"三育并进"，晏阳初的"平民教育"。但无论何种教育方式，他们都不约而同地将教育视作拯救中华民族的救命稻草。尽管历史已证明"教育救国"有其固有的局限性，教育本身亦无法独立承担起救国的使命，但这却反映出"教育救国"论者对教育之于国家发展至关重要的信仰。

（三）新中国"科教兴国"战略的提出

1977年，邓小平同志在科学和教育工作座谈会上高屋建瓴地指出："我们国家要赶上世界先进水平，从何着手呢？我想，要从科学和教育着手。"[1] 由此，明确提出了中国特色社会主义现

---

1. 邓小平.邓小平文选：第二卷[M].北京：人民出版社，1994:48.

代化建设的两大重要着力点，分别是科学和教育。之后，邓小平又创造性地提出了"科技是第一生产力"的重要论断，促进了人们思想的解放，为科教兴国战略的提出奠定了厚实的理论基础。1995年5月，中共中央、国务院作出《关于加速科学技术进步的决定》，首次提出"坚定不移地实施科教兴国的战略"，并明确提出科教兴国战略要"全面落实科技是第一生产力的思想，坚持教育为本，把科技和教育摆在经济、社会发展的重要位置"。胡锦涛同志在第四次全国教育工作会议上指出，要加快从教育大国向教育强国、从人力资源大国向人力资源强国迈进，为中华民族伟大复兴和人类文明进步作出更大贡献。科教兴国战略，自改革开放以来，经由邓小平、江泽民、胡锦涛等党和国家领导人不断发展完善，不断深入人心，成为指导我国社会主义教育现代化建设的重要方针。

（四）党的十八大以来"教育强国"战略的实施

党的十八大以来，以习近平同志为核心的党中央进一步深化了教育强国的思想，站在实现中华民族伟大复兴中国梦和人类社会永续发展的高度，提出实施教育强国战略。习近平总书记在党的十九大报告中描绘了把我国建成富强民主文明和谐美丽的社会主义现代化强国的宏伟蓝图：我们要建设制造强国、贸易强国、科技强国、人才强国、教育强国、文化强国、体育强国、质量强国、航天强国、网络强国、交通强国和海洋强国等。这一系列"强国"集合体，基础在教育、在人才。在这个集合体中，正如习近平总书记强调指出的："建设教育强国是中华民族伟大复兴的基础工程。""'两个一百年'奋斗目标的实现、中华民族伟大复兴中国梦的实现，归根到底靠人才、靠教育。""中国这么多人，教育上去了，将来人才就会像井喷一样涌现出来。"

在中国特色社会主义进入新时代的大背景下，教育强国战略的提出是顺应人民群众对教育新期盼作出的重大战略部署，是新时代中国特色社会主义事业对教育工作的现实要求，是习近平新时代中国特色社会主义思想在教育工作的具体体现，是推进我国教育事业改革发展的强大思想武器，对我国教育改革与发展具有重大而深远的意义。

四、走向世界舞台，参与国际竞争

教育的重要使命需要在国际坐标中体现。一方面，中华民族的伟大复兴不能离开世界和平和人类发展。我国日益走近世界舞台中央，秉承人类命运共同体理念，应积极承担国际责任，参与全球教育治理。另一方面，教育服务中华民族伟大复兴要立足中国现实，唯有推动教育强国建设、提高教育的国际竞争力，方能增强中国的综合国力。

（一）走近世界舞台中央，参与全球教育治理

当今世界多极化、经济全球化、社会信息化、文化多样化深入发展，和平发展的大势依然强劲，变革创新的步伐继续向前。国家主席习近平站在人类社会发展的高度，在致清华大学苏世民学者项目启动仪式的贺信中指出，教育决定着人类的今天，也决定着人类的未来。中国作为全球最大的发展中国家，教育发展面临的问题和挑战与各国及众多发展中国家具有共通

性，中国在诸如贫困人口教育、妇女儿童教育、农村教育、民族团结教育等领域积累了丰富的实践经验，这为中国参与全球教育治理，传播中国教育理念和经验提供了现实可能性。中国连续多年参与经合组织的国际学生评估项目（PISA）测试，均取得了优异成绩，一改世界对中国教育的刻板印象，令全球刮目相看，也从国际比较层面重塑了国人对中国教育的自信。独具特色的教研制度、高效的教学模式、教育对口支援等都是中国成功而宝贵的教育经验，这对众多发展中国家和欠发达国家而言，无疑具有极强的吸引力。[1]

《国家教育事业发展"十三五"规划》提出要积极参与全球教育治理，积极倡议"一带一路"沿线各国构建教育共同体，深化与联合国教科文组织、亚太经合组织、上海合作组织等国际组织，以及金砖国家的多边教育合作交流；深度参与国际教育规则制定；开展教育国际援助。只有积极参与全球教育治理，在这一过程中积极与全球进行多边互动，中国才能在传播本国先进经验和理念的同时，把全球优秀的教育实践和理论吸收进来，促进中国的教育发展，也为全球教育的公平、包容与可持续发展作出自己的贡献。中国秉持共商、共建、共享的全球治理观，积极参与全球教育治理，为人类社会贡献中国特色的教育智慧、教育治理方案和力量，这既是中国的使命，亦是中国的担当，更是中国走向教育强国、负责任大国的必然选择。

1.周洪宇,付睿.参与全球教育治理：从教育大国走向教育强国的必由之路［J］.世界教育信息，2018,31（03）:3-4.

（二）提高国家教育能力，参与国际竞争

教育是国家的重要事业，是行使国家能力的重要场域。新中国成立以来，尤其是改革开放以来，我国教育事业取得了巨大的成就。这一成就的实现，意味着我国具有相当的国家教育能力。一般来说，教育强国都是国家教育能力强国，而"国家教育能力"是指国家在一定的制度体系下，依据自己的权力与权威，通过制定教育政策与规划，组织推进教育战略与行动，实施自身教育职能，将自己的教育理念、意图、目标转化为现实的能力。具体包括教育战略规划能力、教育资源整合能力、教育价值引领能力、教育发展调控能力、教育问题治理能力、教育改革创新能力、教育培养贡献能力、国际教育竞争能力等。从某种意义上说，提高国家教育能力就是建设教育强国。

结合现实，与世界教育强国相比，我国的国家教育能力仍亟待提高。长江教育研究院《中国教育国际竞争力指数报告（2021年版）》选取世界各国中GDP达2000亿美元以上，且全球竞争力排名前50位的38个国家开展了比较研究。结果显示，中国排名为第18位。虽然我国教育规模竞争力指数在绝对数量上居世界第一，但在相对数量上仍然与其他教育强国存在一定差距，特别是教育资源竞争力指数相对偏低。这样的客观差距，要求我们必须继续优化公共教育服务体系，深化改革，巩固已有成果，不断推进教育强国建设。特别是要通过实施教育提质扩容工程，补短板、强弱项、兜底线、促公平，锚定全民受教育程度不断提升的目标，努力使全国9亿左右劳动年龄人口在2025年平均受教育年限达到11.3年，通过教育拓展人口质量红利从而支撑经济高质量发展。争取到2035年，我国

总体实现教育现代化，迈入教育强国行列，为21世纪中叶中国全面实现教育现代化，走在教育强国前列奠定牢固基石。[1]

| 知识链接 |

　　教育发展水平决定一个国家的核心竞争力。习近平总书记在欧美同学会成立100周年庆祝大会上的讲话中指出："当今世界，综合国力竞争日趋激烈……综合国力竞争说到底是人才竞争。人才资源作为经济社会发展第一资源的特征和作用更加明显，人才竞争已经成为综合国力竞争的核心。谁能培养和吸引更多优秀人才，谁就能在竞争中占据优势。"

　　2012年12月，习近平总书记在广东考察工作时的讲话中强调："中国这么多人，教育上去了，将来人才就会像井喷一样涌现出来。这是最有竞争力的。"

1.周洪宇，李宇阳.论建设高质量教育体系[J].现代教育管理，2022（01）：1-13.

第 2 章

长风破浪会有时,直挂云帆济沧海

——我们离教育强国有多远

当今世界的竞争说到底是人才竞争、教育竞争。要更加重视人才自主培养，更加重视科学精神、创新能力、批判断性思维的培养培育。要更加重视青年人才培养，努力造就一批具有世界影响力的顶尖科技人才，稳定支持一批创新团队，培养更多高素质技术技能人才、能工巧匠、大国工匠。我国教育是能够培养出大师来的，我们要有这个自信！

——习近平总书记在中国科学院第二十次院士大会、中国工程院第十五次院士大会、中国科协第十次全国代表大会上的讲话（2021年5月28日）

一、教育强国的重要内涵

现代化视域下，教育强国的内涵本质在于通过强大的国家教育能力，全面确保教育中人的现代性增长。从其表现特征来看，教育强国是指教育综合实力、教育创新能力、人才培养和教育服务贡献能力、教育治理能力、教育国际竞争力和教育影响力强大且显著的国家。

（一）教育强国的基本内涵

目前对"教育强国"这一核心概念的理解主要有两种分析逻辑，一种基于国家能力理论，一种则基于教育现代化理论。前者主要是指20世纪60—70年代，西方回归国家学派以"国家自主性"为出发点，主张应注重国家对社会发展的主导作用，故而提出了"国家能力"的概念。

国家能力指国家实现自身的意志、目标的能力，它主要包含国家的"汲取能力、调控能力、合法化能力、强制能力"。[1]国家推进教育现代化发展、建设教育强国是国家能力在教育及其相关领域的集中体现，即国家教育能力。国家教育能力的强弱与教育强国建设的目标及其最终实现息息相关。有学者提出："数量充足、质量一流、结构合理、公平有效、保障有力是我们用来衡量教育强国的主要维度。"[2]有学者认为，教育强国是世界强国的题中应有之义，教育强国中的"强"取决于"教育综合

---

1. 王绍光，胡鞍钢.中国国家能力报告［M］.沈阳：辽宁人民出版社，1993:2.
2. 袁振国.我们离教育强国有多远［M］.北京：高等教育出版社，2014:6.

实力"。"教育综合实力"不只是"教育的硬实力",还有"教育的软实力"——而"教育的软实力"很大程度上取决于教育的自由、平等、担当、激活、区分的程度。有学者认为,教育强国可分为学术强国和技能强国,结合其教育综合实力的强度和地域特征,教育强国可以分为区域性教育强国和世界性教育强国;并将"教育强国"的内涵划分为两层:一是直接来看,建设一个具有强大人才培养、教育综合实力和国际竞争能力的强国,即内在的"教育强",本质则是国家教育能力强;二是间接来看,通过优先发展教育,实现全体人民共同富裕、共同发展和国家繁荣富强,即内在的"教育强"推动外在的"国强",乃至"世界强"。[1]

另一种对教育强国内涵界定的逻辑演绎于教育现代化概念的基础之上。有学者从不同教育形态的变迁视角研究教育现代化(强国)的内涵特征,认为:第一,教育现代化(强国)必须保障人民受教育的权利,追求高质量的教育公平,让教育成果惠及人民。第二,教育现代化(强国)高度重视教育在由人口大国向人力资源强国演进过程中的作用,教育先行、教育优质成为常态。第三,教育现代化贯穿于每个人的一生,(教育强国)要实现国民教育体系与终身教育体系的贯通。第四,教育现代化(强国)在知识和信息时代更加依赖于信息技术。第五,教育现代化(强国)具有全球意义和全人类目的。[2]

---

1. 高书国.教育指标体系——大数据时代的战略工具[M].北京:北京师范大学出版社,2015:216-218.
2. 冯增俊.论教育现代化的基本概念[J].教育研究,1999(03):12-19.

进入21世纪以来,有学者开始涉及教育现代化的本质论,提出"教育现代化的本质是人的教育现代性增长"这一重要观点,即教育的人道性、多样性、理性化、民主性、法治性、生产性、专业性、自主性的价值增值与凸显。[1]基于此,教育现代化(强国)是指在基本实现教育现代化的基础上,外部表征集中表现为在教育与社会时代发展关系上达成协同甚至领先;内在本质上,教育在促进和保障人的现代性增长的根本方面达到了非常显著、成熟的程度。基于教育现代化的已有研究突出了强国建设中的现代性本质,强调以人为本,全方位提升教育中人的现代性。

党的十八届三中全会以来,加快推进国家治理体系和治理能力现代化成为"第五个现代化"的新时代赋值。结合已有研究和时代要求,"教育强国"概念及其内涵应明确界定为:教育综合实力、教育创新能力、人才培养和教育服务贡献能力、教育治理能力、教育国际竞争力和教育影响力强大且显著的国家。本质上,教育强国是指一个国家具有强大的国家教育能力,能够全面地确保教育中人的现代性增长,并表现为强大的教育综合实力——从内部看,建立起高质量、可持续的教育体系,其教育创新能力突出,教育治理体系和治理能力现代化水平高,人才培养与教育服务能力卓越,不仅能满足人民群众日益增长的更高质量、更加公平的教育需求,而且能够支撑这个国家综合国力的强国发展需求;从外部讲,这个国家教育的国际竞争

---

1. 褚宏启.教育现代化的路径:现代教育导论[M].北京:教育科学出版社,2013:64-66.

力和世界影响力都显著的强。

(二)教育强国的典型特征

有学者认为,教育强国具有四大典型特征:一是完备的现代教育体系;二是现代化的教育基本制度;三是高质量的教育发展水平,特别是强大的培养能力是教育强国的外在特征;四是强有力的教育保障条件,包括教师资源保障、教育经费投入、教育硬件支持和教育信息化保障。[1]之后,该学者又补充了两点:一是基于"平均受教育年限"这一核心指标的人力资源开发进入高层次,高等教育文化程度者规模世界领先;二是成为世界重要的教育中心。[2]从中国教育强国建设的现实问题和补齐短板的逻辑出发,有学者指出,教育质量和教师队伍建设是中国建成教育强国的重点和关键所在,而中国农村的教育质量和教师队伍建设、教师的信息化教学改革则是其中的重中之重。

相关研究分别从"构建理想生态的应然""补齐现实短板的实然"两种逻辑上对教育强国典型特征进行了判断和提炼。在此基础上,结合教育强国的概念内涵界定,教育强国至少应包含以下典型特征:

第一,强大的教育创新为教育发展提供不竭动力,引领世界潮流的教育文化、模式和机制,对国际学生的吸引力强。纵观世界教育强国的发展历史,教育创新是教育不断向前发展的

---

1. 高书国.教育指标体系——大数据时代的战略工具[M].北京:北京师范大学出版社,2015:219.
2. 高书国.教育强国:中国教育发展战略选择[M].广州:广东教育出版社,2018:431-434.

内在驱动力——教育强国拥有强大的教育创新保障机制，积极引导、支持和鼓励教育创新，引领世界潮流的教育文化、模式和机制，国际学生规模大、占比高。

第二，教育法治化程度高，教育治理体系和治理能力现代化程度高。教育法治和教育治理体系、能力的现代化是世界教育强国人才培养和教育产出、教育服务达到卓越水平的根本保障。无论是欧美教育强国，还是东亚教育强国，其教育法治化水平都显著高于其他国家——高度现代化的教育治理使得这些教育强国的教育系统运作更加公平、有效。

第三，教育信息化建设水平高，现代信息技术与教育深度融合，便利的优质教育资源获取缩小了教育差距，提升了整体的教育质量。

第四，终身教育、终身学习体系健全，各级各类教育协调发展，人们有接受多元化教育的选择权。教育升学立交桥全面打通，人们有充分的教育选择权，职业教育、继续教育在教育体系中的地位和作用明显提升。

第五，不让每一个孩子掉队，国民充分享有普惠教育。教育强国普遍注重教育均衡、教育公平和教育普惠——不会因为其家庭贫困、落有残疾而放弃任何一个孩子，这是教育人权保障的充分体现；制度健全、规则科学、监控有力，能够充分实现教育均衡发展、教育公平公正，让全体国民享有充分的教育获得感。

第六，教育先行，教育成为社会发展及经济、军事、科技强盛和国家综合国力的强有力保障。教育强国普遍注重教育与社会经济发展的辩证关系：一方面，教育优先发展，教育优先得到各方面的大力支持，全社会尊师重教氛围浓厚；另一方面，教育（尤其是高等教育）与社会经济发展紧密联系，不仅为社会输送高质量的各行业人才，同时也通过产学研用和服务社会确保国家的经济、军事、科技强盛，从而实现国家综合国力的强大。

二、我国与教育强国之间的距离

结合国际形势来看，目前世界上已经出现一些实力雄厚的教育强国。我们有必要正视我国与世界教育强国之间的差距，明确我国在教育强国建设上哪些方面已经居于世界前列，哪些方面仍有待进一步提高，推动我国早日建成教育强国。

（一）国际上已经出现了一些实力雄厚的教育强国

长江教育研究院《中国教育国际竞争力指数报告（2021年版）》选取世界各国中GDP达2000亿美元以上，且全球竞争力排名前50位的38个国家开展了比较研究，涉及教育规模、教育治理、教育投入、教育公平、教育产出与创新、教育国际化水平等多项指标。[1]结果显示，竞争力排名前十位的国家包括：美国、德国、瑞士、英国、瑞典、荷兰、芬兰、丹麦、日本、奥地利，以欧美国家为主，日本为亚洲第一（表2-1）。

1.这一教育国际竞争力评价指标体系是基于CIPP模型构建的，包含教育资源、教育投入、教育规模与公平、教育效率与产出4个二级指标，每个二级指标下有多个三级指标。报告运用层次分析法确定了各项指标的权重。数据来源于国内外最新统计报告。

表2-1　2021年教育国际竞争力指数国家排名

序号	国家	教育国际竞争力指数	序号	国家	教育国际竞争力指数
1	美国	7.594210725	20	西班牙	4.361386402
2	德国	6.082268204	21	爱尔兰	4.342287685
3	瑞士	5.632403156	22	新加坡	4.331393915
4	英国	5.610403946	23	俄罗斯	4.006635536
5	瑞典	5.522007829	24	波兰	3.860143381
6	荷兰	5.458661275	25	葡萄牙	3.832155860
7	芬兰	5.451016044	26	马来西亚	3.726623284
8	丹麦	5.414687057	27	智利	3.702622238
9	日本	5.377835457	28	希腊	3.548127612
10	奥地利	5.260393098	29	巴西	3.506582697
11	法国	5.194534449	30	南非	3.353110897
12	加拿大	5.139506230	31	墨西哥	3.267132363
13	韩国	5.001548060	32	沙特阿拉伯	3.172021934
14	以色列	4.969288920	33	土耳其	3.137447031
15	澳大利亚	4.959305858	34	泰国	3.068142748
16	比利时	4.887380137	35	菲律宾	3.044822296
17	挪威	4.884581630	36	印度	3.004410911
18	中国	4.796507606	37	越南	2.736263558
19	意大利	4.367040980	38	印度尼西亚	2.448401579

* 资料来源：黄艳、周洪宇，《中国教育国际竞争力指数报告（2021年版）》

结合各类研究，可以认为，美国、芬兰、英国、德国、瑞士、加拿大等国是世界公认的教育强国。这些教育强国各自有各自的优势。例如，芬兰基础教育的优势明显，在PISA等测试中表现突出，职业教育事业也很强。芬兰、瑞士、美国、德国、丹麦等现有劳动力和未来劳动力的技能水平排名前列。再如，美国和英国是世界公认的高等教育强国。其中，美国除了本科和研究生教育优势明显，也是留学生教育强国。也有学者认为可以依据高等教育实力将世界主要国家划分为五个梯队：第一梯队是美国，实力超强、规模超大；第二梯队中的核心国家包括英国、德国、日本、法国、澳大利亚、加拿大、荷兰、意大利，其他国家包括西班牙、葡萄牙，这些国家的高等教育规模大、实力强；第三梯队中的核心国家是挪威、比利时、瑞典、瑞士、芬兰、丹麦、以色列，其他国家包括新西兰、新加坡等，规模小、实力强；第四梯队的核心国家包括中国、俄罗斯、印度、巴西，其他包括墨西哥、土耳其等，规模大，实力处于上升期；第五梯队是亚非拉发展中国家，实力较弱，规模有大有小。在职业教育方面，德国历来被认为是做得很好的国家。此外，有研究根据OECD数据，发现职业教育竞争力指数最高的前五个国家为瑞士、芬兰、新西兰、德国、比利时；发展水平指数方面，前五位是芬兰、新西兰、瑞士、卢森堡、澳大利亚；职业贡献指数排名前五位是葡萄牙、瑞士、俄罗斯、冰岛、捷克；终身学习体系方面，加拿大、欧盟国家和南非做得较好。在新的国际形势下，我们需要对标国际，发展自己，提高中国教育的国际竞争力。

（二）缩小教育差距，建设教育强国

《中国教育国际竞争力指数（2021年版）》分析了中国教育国际竞争力状况与演变趋势。2021年，中国教育竞争力指数在这38个国家中位于第18位（表2-1），虽然近三年表现出较好的持续增长性，但与世界教育强国之间仍然存在较大差距，特别是教育资源竞争力指数相对偏低。为了缩小我国与这些国

家特别是处在第一类别的西欧和北美国家（表2-2）之间的教育竞争力差距，必须加快建设教育强国。

表2-2 教育国际竞争力聚类分析表

类别	国家
第一类	美国、德国、瑞士、英国、瑞典、荷兰、芬兰、丹麦、日本、奥地利、法国、加拿大、韩国
第二类	以色列、澳大利亚、比利时、挪威、中国、意大利、西班牙、爱尔兰、新加坡、俄罗斯
第三类	波兰、葡萄牙、马来西亚、智利、希腊、巴西
第四类	南非、墨西哥、沙特阿拉伯、土耳其、泰国、菲律宾、印度、越南、印度尼西亚

* 资料来源：黄艳、周洪宇，《中国教育国际竞争力指数报告（2021年版）》

具体来看，中国目前的教育国际竞争力表现如下：

其一，中国教育综合竞争力水平与世界教育强国之间仍然存在较大差距。由表2-1可知，中国教育竞争力指数在38个国家中位于第18位，虽然相比2020年有所进步，但与排名第1的美国仍然相差近3个点，与西欧和北美等传统教育强国相比也有较大差距。在亚洲，以色列、日本和韩国的教育竞争力指数位列中国之前。由此可见，未来在教育领域与中国竞争的国家分布相对比较分散，但是主要来自西欧和北美。

其二，中国教育规模竞争力指数在绝对数量上居世界第一，但在相对数量上仍然与其他国家存在一定差距。在初等教育生师比、成年受教育人口比例这两项指数上中国的排名较为靠前，均排在38个国家中的第10位；但是入学率、研究生比例、平均受教育年限等指数均排在25位之后，成为显著拉低我国教育规模指数整体排位的主要原因。此外，在我国教育竞争6个评价维度上，教育规模、教育质量与教育投入指数得分偏低，应继续在上述弱势指标上加大投入力度，以优化教育结构，实现均衡发展。

其三，中国教育质量竞争力指数同比显著增强。中国教育质量竞争力指数位居38个国家中的第15位。通过对构成教育质量竞争力的4项三级指标进行分析发现，我国在数学和科学教育的质量与科研机构的质量两项指标上分列38个国家的第1和第2名，表明这两项指数已成为提升我国教育质量的主要动力，反映出中国近年来在高质量基础教育和科研机构建设方面所作出的努力和取得的成绩。但是，我国在职业培训质量和教育信息化质量这两项指标上排名较为靠后，分列第25位和第36位，表明我国今后在这两个领域仍然需要加大投入和予以政策支持。

其四，中国教育投入竞争力指数仍有待提高。中国教育投入竞争力指数位居38个国家中的第19位，表现一般。本研究对构成教育投入指标的5项三级指标进行了分析，发现教育支出占GDP的百分比、研发投入占GDP的百分比、中学生人均政府支出占人均GDP的百分比，以及教师薪酬占高等教育公共机构总支出的百分比等4项指标，指数排名均位列全球38个国家中的14名之后，仅教育支出占政府开支总额的百分比指数位列第2名。在教育综合竞争力的六项评价维度上，教育投入竞争力指数明显偏低，成为影响我国教育竞争力均衡发展的短板。

值得关注的是，我国于2012年实现了国家财政性教育经费占GDP 4%的目标，并连续10年保持在4%以上。然而，我国的教育经费投入结构以政府支出为主，私人投资显著不足，严重影响了我国教育总投入的综合水平。对比美国、日本、韩国等发达国家，尽管政府财政性经费依旧是教育投入的主体，但私人投资的规模却不容小觑。特别是在高等教育领域，私人投入发挥着关键性的作用。美国、日本、韩国高等教育阶段的私人投入分别占GDP总量的1.6%、0.9%、0.9%，远高于公共投入（如表2-3所示）。此外，私人的高投入并未对公共财政教育投入产生挤出效应，这些国家公共财政教育经费投入占GDP的比例仍然位于OECD国家的平均水平以上。多渠道持续的高投入，使得这些国家的教育投入水平始终位于世界前列。我国要实现从教育大国向教育强国的迈进，充足的经费支持是前提，加强多渠道筹措办学经费是十分必要的。

表2-3 美、日、韩三国各级教育投入占GDP比例

国家	资金来源	初等、中等及非高等教育	高等教育
日本	公共投入	2.4%	0.4%
	私人投入	0.2%	0.9%
韩国	公共投入	3.1%	0.6%
	私人投入	0.4%	0.9%
美国	公共投入	3.2%	0.9%
	私人投入	0.3%	1.6%

* 数据来源：Education at a Glance—OECD Indicators（2021）

其五，中国教育公平国际竞争力指数表现较弱。我国教育公平国际竞争力指数在权重显示度较高的识字率男女比例、初等教育入学男女比例和中等教育入学男女比例三个指标上均显著落后于主要发达国家。中国教育公平国际竞争力指数位居38个国家中的第37位，其中仅高等教育入学男女比例指标排在

20名之前，其余指标在38个国家中的指数排位均位于30名之后，显著拉低了中国教育公平国际竞争力的指数值。

其六，中国教育产出与创新指数表现优异，具备较强的国际竞争力。中国教育产出与创新指数位居38个国家中的第5位，其中科研人员数量指标位列38个国家中的第1位，高被引论文数和ESI论文数两项指标的指数排名均为第2位，表现十分优异。但是值得注意的是，产学研合作以及专利申请、科研著作等产出性指标的指数排名较欧美教育强国仍然表现较弱，分别位列38个国家中的第22位、23位和13位，表明在高质量成果产出与成果转化方面，我国仍然有较大的提升空间。

其七，中国教育国际化水平优势显著。目前，我国已经成为世界最大的留学生生源国，世界第二大留学目的国，亚洲最大的留学目的国。考虑到2020年新冠肺炎疫情对全球教育国际化造成的重大阻碍，严重扭曲了全球教育国际化的实际水平，仍选取2019年的统计数据进行测度。据统计，2019年，我国出国留学人数达70.35万，同比增长6.25%。此外，2019年共有来自205个国家和地区的54.45万名各类外国留学人员在全国31个省（区、市）的1004所高等院校学习进修。其中，"一带一路"沿线64国来华留学生人数共计26.06万人，占总人数的52.95%。目前，我国政府与180多个国家和地区以及联合国教科文组织等国际组织建立了教育合作与交流关系，中外合作办学机构和项目共有两千多个。同时，我国已经成为本科工程教育学历资格互认的《华盛顿协议》的成员国。总体来看，我国教育的国际竞争力和影响力得到了显著增强。然而，值得注意的是，虽然我国的教育国际化水平在38个国家中排名第7，相比其他主要国家具备了一定优势，但从国内评价角度看，教育国际化水平在教育综合竞争力六个评价维度上得分较低，表明后疫情时代我国仍需适当扩大教育开放程度，提升教育国际化水平。

此外，从我国各个教育阶段的发展情况来看，虽然已经取得了不少成就，但仍存在不少问题，与世界先进国家相比存在一定差距。例如，当前学前教育存在资源投入不足、民办普惠园扶持政策不明朗、农村学前教育质量有待提升等问题；义务教育阶段优质教育资源尚未得到均衡，城乡教育发展仍存在一定差距、乡村教师素养不高等问题持续存在，仍需继续推进教育公平；学生学习负担较重、睡眠不足、学习兴趣和创新思维不足等问题也持续存在；高中教育多样性不足；职业教育和培训体系亟待继续完善，师资力量有待增强；高等教育存在人才培养质量不高、顶尖学科不足、基础研究力量有限、教学科研评价体系亟待优化等问题，仍需推进内涵式发展；全民终身学习的制度环境尚未确立；民办教育乱象虽已得到一定程度的遏制，但仍然存在机构资质欠缺、诱导消费、过度竞争等问题；我国目前家庭数字教育资源不均衡、由设备短缺所致的数字鸿沟问题同样较为突出[1]。

这样的客观差距，以及建设教育强国的目标，迫切要求我们继续优化公共教育服务体系，深化改革，巩固已有成果，分步骤和有重点地全面提升质量，增强国际竞争力，以高质量发展厚植教育强国之基。

---

1. 刘骥.数字鸿沟下的教育公平——基于PISA2018中国四省市的分析[J].国家教育行政学院学报，2020（09）:35-43.

第 3 章

待到山花烂漫时,她在丛中笑

——中国教育国际竞争力与全球教育强国的具体比较

中国将加强同世界各国的教育交流,扩大教育对外开放,积极支持发展中国家教育事业发展,同各国人民一道努力,推动人类迈向更加美好的明天。

——国家主席习近平在联合国"教育第一"全球倡议行动一周年纪念活动上发表的视频贺词(2013年9月25日)

第③章 → 待到山花烂漫时,她在丛中笑——中国教育国际竞争力与全球教育强国的具体比较

本章选取了欧美竞争力较强的美国、英国、德国、法国、加拿大等国家,分别与中国教育国际竞争力和中国高等教育国际竞争力比较,以求更加清晰地看到中国教育的短板与优势,进一步明确中国建设教育强国的目标与任务。在进行中国教育国际竞争力比较研究时,主要从教育效率与产出、教育资源、教育投入、教育规模、教育公平五个维度进行比较。在进行中国高等教育国际竞争力比较研究时,则主要从高等教育规模与国际化、高等教育投入、高等教育质量与公平、高等教育产出五个维度进行比较。

一、中国教育国际竞争力与全球教育强国的比较

(一)全球教育强国的教育概况

1. 美国的教育概况

美国作为一个教育强国,它的历史短而步子快。在美国,教育管理是联邦政府的责任。但联邦政府教育部可以通过控制教育基金来施加一定程度的影响。

在学前教育方面,美国的学前教育机构主要分属三个独立且并列的系统,在这三个系统下有各种学前教育机构类型。此外,美国是多渠道办园,政府、学校、科研机构、慈善机构、企业私人等均可开办学前教育。每个园所的办园宗旨、目标、内容、教育形式、方法各有千秋,不尽相同。

在中等教育方面,美国实行"三三制",即初中、高中各3年。美国中学从9年级开始采用学分制,明确规定学生毕业时要达到的学分标准。

在高等教育方面，美国有三千余所高等学院，八十余万名教师，在校学生超过两千万人。美国的大学注重使学生获得新知识，培养学生的分析能力和独创精神。回顾美国高等教育的百年发展，它主要在以下方面进行了改革，从而形成了鲜明的特色：第一，建立和发展多层次和多样化的高等教育制度，如建立和发展社区学院和研究型大学，发展研究生教育。第二，扩大高等教育职能，1862年通过的《莫里尔法案》赋予美国高等学校一项新的职能——服务。总之，美国高等学校在20世纪不断推进其服务职能，终于形成了教学、科研和服务三位一体的高等学校职能。第三，完善高等教育改革与发展机制，20世纪美国高等教育发展速度是空前的，普及程度是世界最高的，其灵活性多样性也是世界上绝无仅有的，不仅培养出了许多世界第一流的科学家，而且也培养出了国民经济发展所必需的各级各类专业人才。

2.英国的教育概况

英国是一个有着悠久教育传统的国家。它的教育体系经过几百年的沿革，相当的完善和复杂，且具有非常大的灵活性。

在学前教育方面，英国的学前教育机构以单独设立的机构为主，以附设在小学里的机构为辅。

在义务教育方面，英国是世界上最早实施义务教育的国家之一。在学习内容上，英国大部分受政府资助的中小学校都遵循统一的《国家课程大纲》，此教学大纲旨在推动中小学生精神的、情绪的、文化的、心理的、身体的全面发展。另外，学校在遵守《国家课程大纲》要求的前提下，可以自由组织具体授课方式、进度等。

在高等教育方面，英国高等教育管理属于分权型与集权型相结合，但英国高等教育管理的结合型更偏重于分权型，由中央教育科学部集权与地方教育行政当局分权组成其管理体制。

英国教育科学部宏观调控，地方教育行政当局经营管理实权，两级分工明确，各负其责。教育科学部负责制定国家教育标准、政策，颁布法令并指导、监督地方执行。地方教育行政当局直接进行教学管理，学科设置，教科书和设备材料选用，教师聘用等具体事项。

3.德国的教育概况

德国地处欧洲心脏地区，自古即为人文荟萃之地。德国的教育体系为12—13年的义务教育，大致上涵盖基础及中等教育的阶段。

在学前教育方面，德国的幼儿园不属于义务教育，自2013年8月1日起年满一岁的孩童享有上幼儿园的法律权利，国家必须保障。在教育内容上，德国幼儿园的教育方案很大程度上是幼儿园开办者自主决定的，多以游戏等自由活动为主，不进行读、写、算等基础知识的教学。

在初等教育方面，德国小学学制为4年，即1—4年级。总体来说，德国的小学十分注重培养学生的动手能力和开发学生的想象力和创造力。手工课是德国小学最注重的，德国人引以为傲的德国制造，从小学开始就得到培养。

在高等教育方面，德国高等教育呈现出"以州为主、高校自治、分工合作、放权增效"的特色。在各州国家机关及文教部长常设会议的指导和监督之下，德国高校享有高度自治权，其他主体也可以在各自的职权范围内共同参与高校治理工作。

4.法国的教育概况

法国是一个中央集权的国家。法国目前为初等、中等、高等三级组织教育体制。在20世纪80年代初稳定下来并由双轨制向单轨制过渡，形成了幼儿学校1—3年、小学5年、初中4年、高中3年的学制。高等教育以大学的三个阶段为基准，通过不同层次的多种机构培养人才。

在法国，学前教育的主要机构是幼儿学校，主要任务是促进儿童的身心发展，给予基础知识教育。

法国的中等教育结构复杂，普通教育与职业教育相互渗透，学校实行七年制教育。设有初中和高中两个阶段。初中是第一阶段，学制四年，前两年为"观察期"，后两年为"方向指导期"。四年成绩合格者可获得初中毕业证书。高中是第二阶段，学制三年，分为普通高中和技术高中。普通高中第一年不分科，进行统一教学，后两年进行较细的分科教学。技术高中第一年统一进行教学，后两年分三科教学。职业高中学制分两种：五年级结业的学生，获得"职业能力证书"；另一种培养二年，授予"职业学习证书"。

大学的主要任务是培养科研人员和教师，采取分段组织教学，授予不同学位。第一阶段修业两年，不分专业，只分主修方向，结业并考试合格者，获"大学普通教育文凭"。第二阶段为专门化阶段，修业两年，第一年颁发学士学位，第二年颁发硕士学位，相对独立。第三阶段为专门研究阶段，修业年限一般为三年或更长时间。第一年以教学为主，结业并考试合格者可获"大学高级研究文凭或高等专业学习文凭"。后两年进行科学研究，结业并通过论文答辩者被授予"第三阶段博士"或

"工程博士"文凭。

法国现行教育制度和其他资本主义国家相比较,有其特有的历史传统和鲜明的特色:第一,中央集权与地方(学区、省)分权相结合,以中央集权为主;第二,以不同的方式组织管理各级学校教育,小学和初中实行单轨制,高中实行分科教学,大学分成相互联系又相对独立的三个阶段,分别授予文凭和学位;第三,中世纪以来的重文轻理、重学轻术的倾向根深蒂固,至今仍有较大的影响。因此,进入20世纪80年代以后,法国政府又进行了新的教育改革。

(二)中国教育国际竞争力水平与全球教育强国的差异分析

中国与全球教育强国教育国际竞争力水平的比较,主要从教育效率与产出、教育资源、教育投入、教育规模、教育公平五个维度来进行。

从教育效率与产出竞争力指数来看,中国与美国、英国、德国有明显差距。从表3-1可以看出,美国的教育效率与产出竞争力指数值遥遥领先,德国和英国的教育效率与产出竞争力指数处于第2位和第3位。

表3-1 教育效率与产出竞争力指数表

国家	教育效率与产出竞争力指数	排名
中国	-0.73	5
美国	5.62	1
英国	3.3	3
德国	3.95	2
法国	1.69	4

从教育资源竞争力指数来看，美国的教育资源排名第1，并与紧跟其后的德国和英国拉开了一定的差距。法国的教育资源竞争力无明显优势。中国的教育资源竞争力与全球教育强国相比，有明显的差距。具体见表3-2。

表3-2　教育资源竞争力指数表

国家	教育资源竞争力指数	排名
中国	-0.72	5
美国	2.51	1
英国	1.16	3
德国	1.45	2
法国	0.07	4

从教育投入竞争力指数来看，中国的教育投入竞争力指数尽管与美国、英国有一些差距，但差距不大，且指数值高于法国。可见，随着中国教育投入的不断加大，教育投入竞争力初见成效，已经开始追赶上了一些欧美发达国家。见表3-3。

表3-3　教育投入竞争力指数表

国家	教育投入竞争力指数	排名
中国	0.26	4
美国	0.67	2
英国	0.77	1
德国	0.35	3
法国	0.04	5

从教育规模竞争力来看，中国与全球教育强国相比，有一定差距。教育规模竞争力由强到弱依次是美国、英国、德国、

法国、中国。教育公平竞争力由强到弱依次是英国、美国、德国、法国、中国。具体见表3-4和表3-5。

表3-4 教育规模竞争力指数表

国家	教育规模竞争力指数	排名
中国	-0.21	5
美国	0.97	1
英国	0.53	2
德国	0.35	3
法国	0.2	4

表3-5 教育公平竞争力指数表

国家	教育公平竞争力指数	排名
中国	-0.09	5
美国	0.88	2
英国	1.05	1
德国	0.74	3
法国	0.7	4

（三）结论与建议

从教育国际竞争力二级指标的指数对比来看，中国与美国、英国、德国、法国等主要欧美发达国家相比，很多方面还存在一定差距，需要解决的问题不少。

1.加大教育经费投入

进一步加大教育经费投入强度，在继续加大公共财政教育投入的同时，要继续深化教育经费筹措机制，多渠道筹集办学经费，增加教育经费总量投入。加强教育经费监管，进一步提高教育经费使用效益。从教育规模看，中国已经是世界教育大国。从生均投入水平看，各办学层次生均投入与全球教育强国的差距还很大，教育发展对经费的需求还很大。在教育经费预算管理上向补办学资源短板、保障教师待遇、保证日常运转经费、加强内涵建设等方面倾斜，不提或少提不符合财力要求和超越教育发展阶段与规律的规划、要求和承诺；在教育经费管理方面强化预算执行力度和绩效管理，减少预算资金的结转结余和闲置浪费；加强预算执行的监督，加强教育经费使用管理的各项内部控制制度建设，强化纪检监察和审计监督。加大教育经费投入需要国家的强大经济能力作为支撑，因此还应进一步加强经济建设，努力推进高质量发展。

2.加强人才培养，提高教育效率和产出

无论是国家的科研实力还是国家的综合国力，都要靠高素质和高水平人才来建设，应该说，人才培养才是功在当代、利在千秋的大事。中国自开始推进"双一流"建设以来，教育部在加强高校人才培养方面进一步推出了一系列举措，如新工科建设、"六卓越一拔尖""双万计划"等。在"双一流"建设背景下，高校应在政策、资源配置、考核评价等多方面处理好人才培养和科研的关系，以提高中国高等教育整体竞争力，为国家的建设发展服务。

二、中国高等教育国际竞争力水平与全球教育强国的比较

现代大学的起源，要追溯到1810年创立的柏林大学。相较意大利、法国和英国等国家，德国大学的创办至少要落后

200年。然而，德国却后来居上，创办柏林大学成为最早实现大学现代化的国家。到第一次世界大战前，德国大学已处于鼎盛时期，位居世界高等教育的巅峰。柏林大学被称为现代大学之母，是先进的教育理念的化身。这所大学以"不听信不足够的理由"为其学术自由的思想，教学和科研以追求真理为主旨。在洪堡、费希特这些自由哲学思想家的领导下，柏林大学将"学术自由"作为办学的基本原则，实行教学自由、学习自由，独立探索，自由研究，为现代学术和现代大学树立了一个典范，成为现代学术自由思想和实践的策源地。

柏林大学的创立对欧美高等教育发展产生了重大深远的影响。本节将对比中国与美国、德国、法国、英国等欧美国家高等教育的发展历程，以及高等教育国际竞争力的差异，通过梳理欧美国家高等教育的成功经验，为中国建设高等教育强国提供一定的启示。

（一）全球教育强国高等教育的发展历程

1.美国高等教育的发展

1998年，亚瑟·M.科恩（Arthur M. Cohen）把美国高等教育的发展划分为五个时期，每个历史时期高等教育所处的社会发展背景和社会环境不同，分别反映了美国高等教育发展趋势的变化。

殖民地时期（1636—1789年）。从社会和文化背景来看，北美殖民地的发展深深地烙有英国的模式，殖民地九大学院是以五百年前欧洲的教育模式为基础建立的。美国殖民地学院以欧洲大学模式为蓝本，综合吸收欧洲大学的办学理念和模式创立了自己的学院，通过教育青年一代传承人文知识，不仅使他们成为神职人员，也将其培养成为国家公职人员。

美国建国时期（1790—1869年）。美国在政治上取得了独立，社会改革运动在19世纪得到发展。联邦政府推动了自由、开放的教育市场的形成，美国高等教育呈现多样化特点。借鉴18世纪末德国大学制度进一步推动了美国高等教育的发展。

工业化大学转型时期（1870—1944年）。美国大学进入转型时期，高等教育发生了巨大变化，建立了各种新型的学院，最重要的是大学的产生，大学建立了本科生院、专业学院、研究生院。在课程和教学方式方面都有较大发展，大学治理结构明显向科层管理和官僚管理体制转变。

美国霸权时期的高等教育大众化时期（1945—1975年）。二战结束后，美国成为全世界最强大的国家，强大的经济实力和先进的科学技术亦对高等教育产生积极的推动作用，在高等教育的办学形式、课程内容和教学方式等各方面进行了创新和变革，学校规模不断扩大。

当代高等教育体制多元化时期（1976年至今）。高等教育系统朝着学生来源多元化的目标发展，注重满足所有人接受高等教育的需要。到20世纪末，高等院校致力于基础和应用性研究、通识教育、专业发展、高中补习教育、职前技能培训、职业生涯发展以及个人兴趣教育。

纵观美国高等教育发展的历史过程和社会背景，有以下两个显著特征：

第一，美国高等教育发展体现了美国国际竞争与战备的重大战略。从美国高等教育发展历程，可看出战争与国际竞争对于高等教育的关键作用和密切关系，具有明显的国家战略行为特征。美国的学校和学院无论是个体，还是通过美国教育委员会，都力求在国家战备中发挥积极作用。在美国的历史上，1957年苏联人造卫星上天的事件给教育带来了空前强烈的冲击，它似乎体现了美国在科技和军事上竞争的失败，证实了学校课程没有充分重视数学和科学，以及资金投入不足的后果。联邦政府对此事件作出巨大反应，在1958年通过了《国防教育法》。此外，在著名的"阿波罗登月计划"中，有120所高校参与了这项计划，政府用于这项计划的经费达244亿美元，加上基建费等投资超过300亿美元。由此可见，美国的经济、军事、科技的发展与高等教育强国密切相关，高等教育是科技发展的基础，是综合竞争力的重要支撑。

第二，美国高等教育发展体现创新精神。在19世纪，德国的大学是世界上公认的最好的大学，成为当时高等教育发展的潮流。在19世纪后期到20世纪初，技术、工业和商业的迅速增长为高等教育的发展提供了动力，美国在此期间成立了200多所新大学。与此同时，另有一些大学进行了本科层次的改革，建立了初级学院，开设更为广博的职业和技术教育课程。美国各学校和学院不断地实践和探索，给美国高等教育发展奠定了基础。

2.英国高等教育的发展

英国高等教育历史悠久，以第二次世界大战为分割点，英国高等教育的发展历史可分为两大阶段，五个时期。

英国高等教育起源期（12世纪至二战前）。创办于12世纪中叶和13世纪初的牛津大学、剑桥大学已有八百多年的历史了，在英国乃至世界都具有非常重要的地位。城市大学努力营造宽松的学术氛围，有自己的发展空间，主张高等教育应该独立于宗教之外，努力为社会多做贡献。它们大多是由地方创办的，尽力为地方服务，与牛津大学、剑桥大学不同的是，它们更注重应用科学技术的开发和推广使用。

英国高等教育的恢复期（二战后至20世纪50年代）。二战后，英国政府和教育界人士都认识到现代战争的胜败和国家的强弱在很大程度上取决于高等教育的发展和应用。英国政府在1945年和1946年分别发表了《帕西报告》和《巴洛报告》，其主要结论是：为了振兴英国经济、改变科技人员数量和质量严重不足的问题，大学和技术学院必须联手大力发展科技教育，中央政府应提供更有力的财政支持。根据这两个报告，英国政府采取了一系列措施，包括创立了高级技术学院，战前由伦敦大学授予学位的5所学院获得了正式的大学地位。在这些措施的推动下，1950年掀起了发展科技教育的高潮，科技教育的水平和专业所占的比例特别是工科比重明显提高，学科结构失衡问题初步得到纠正，高等教育受到了社会各界人士的重视，促进了英国社会政治、经济的恢复和发展。

英国高等教育大发展期（20世纪60年代）。1963年《罗宾斯报告》的发表，揭开了英国现代高等教育大发展的序幕。英国政府接受了该报告的基本原则和发展目标规划，并采取了相应的措施。1965年，教育和科学大臣克罗斯兰正式提出了高等教育双重制的设想，他将英国高等教育分为大学和由科学技术学院、其他学院组成的公共高教机构两大部门。英国政府1966年发表了《多科技术学院和其他学院规划：继续教育体系中的高等教育》政府白皮书，正式确立了英国高等教育的"双重制"。

英国高等教育调整期（20世纪70年代至80年代）。20世纪70年代，由于政治、经济、社会等方面因素，英国的高等教育并未像20世纪60年代那样大跨步地发展，甚至还一度出现了停滞。1969年，开放大学成立。开放大学严格实行学分制，而且授课的形式灵活多样。20世纪80年代初，英国社会进入了危机状态。许多大学毕业生找不到工作，社会秩序混乱。政府削减高等教育经费，大批优秀的科技人员外流，但削减高等教育经费也促使各大学寻求与各种企业联手，给企业带来了丰厚的收益，实现双方的优势互补。1984—1986年，大学校长委员会公布了《雷诺兹报告》，高等教育质量问题引起了英国政府和各界人士越来越多的注意。《1988年教育改革法》颁布，主要对分别负责大学和公共高等教育系统的两大中介拨款机构进行改革，主要目的是加强政府对高校的控制，密切高等教育与社会的联系，加强合作和交流，提高中介机构拨款的有效性，调动了高校的积极性。

英国高等教育稳定期（20世纪90年代至今）。1991年，英国建议对高等教育体制作出重大改革。1992年英国《继续教育和高等教育法》颁布，以法律形式肯定了《高等教育的框架》白皮书的建议，结束了英国高等教育中的双重制，标志着英国高等教育建立了一个新的重要制度。《继续教育和高等教育法》规定，建立一个统一的高等教育系统，多科技术学院获得大学地位。将"多科技术学院和学院基金委员会"与"大学基金委员会"合并为高等教育基金委员会，负责对高等教育机构的经费补助，并采取了新的拨款机制，进一步加强了中央政府的教育领导权限。进入21世纪，英国政府和高等教育机构都在大力地推进高等教育的大众化和国际化，并进行一系列的有关高等教育的立法和改革方案，使英国高等教育发展不仅长期处于国际先进水平，而且正朝着更新、更高的目标前进，办学规模将持续扩大，质量标准不断提高。

英国高等教育发展的历史过程和社会背景，有以下几个显著特征。

其一，有法律法规的保证。英国现代高等教育的发展，法律法规的保证是关键。例如，1945年发表了《帕西报告》，1946年发表了《巴洛报告》，为英国高等教育在战后的发展打下了坚实的法律基础。根据这两个报告，英国政府采取了一系列措施，使科技教育的发展水平和专业所占的比例，特别是工科比重明显提高，学科结构失衡问题初步得到纠正，促进了英国社会政治、经济的恢复和发展；1988年的《教育改革法》为高等教育的发展提供了充足的保证，促进了英国高等教育改革的顺利进行；1992年的《继续教育和高等教育法》促进了英国教育体制改革的不断深化和完善，为迎接21世纪的教育挑战作了充足的准备，打下了良好的基础。

其二，政府高度重视。英国政府积极地参与到高等教育的每一次变革中。投入大量的资金进行高等教育设施的建设，培养高素质的师资队伍，对社会公众进行广泛的宣传教育活动，为高等教育的发展提供良好的硬件、软件资源，促进了英国高等教育的顺利发展。

其三，有强烈的市场意识。20世纪80年代后，以私有化和市场化为特征的"撒切尔主义"也开始进入高等教育这一社会公共事业领域，实行私有化，政府降低对高等教育的财政支出,削减大学的教育经费,使高等教育陷入财政困境。为了调动社会各阶层办高等教育的积极性,取消了对高校的一揽子经费包干,取而代之的是具体的协商和订立合同,政府把自己定位为高等教育的投资者。为了获得更多经费,各高等院校之间不得不展开激烈的竞争,由此调动了各院校的积极性。进入20世纪90年代,英国政府更是调动了各高等院校的市场意识,突出了高校运作的市场化,强化了高等院校之间的竞争性。

其四,教育灵活多样。英国的高等教育可以分为两大类:大学、学院和提供高等教育课程的继续教育学院。大学一般注重多学科、综合化和规模化;而学院相对比较专业化、单科性和特色化。人们可以根据自己的实际情况,自由选择适合自己的课程。

其五,经费多元化。英国高等教育经费的来源主要有四个部分:一是政府拨款,政府是高等教育投资的主体,并居于主导地位,是高等教育最主要的资金来源,它包括大学基金和研究资助;二是个人投资,英国高校普遍采取收费制度,学费及杂费等收入构成高等教育的另一个重要的资金来源;三是民间捐赠,主要指社会团体捐款及私人捐赠;四是学校自筹资金,其中一个重要的途径就是和企业共同合作,以获得教育经费。

其六,与企业紧密合作。随着社会的发展和科技的进步,高校逐渐意识到自己的发展必须和企业联系起来,二者可以实现合作,优势互补。

其七,注重教学质量评估。英国建立了一套比较完整的高等教育质量保证和评估机制。质量控制是大学自身的事情,政府不加以干涉,各高校对此负有主要责任。各高校普遍采用了三种评定教学质量的方法,即批判性的自我检查、学生反馈和校外同行评审。质量审核目的是在对各高校承诺的质量控制进行外部检查。英国高等教育基金委员会的责任是对各高校教学质量进行外部评估,通过评估促使各高校按照全英标准保持和改进教学质量并与办学经费挂钩。社会评价主要有三种方式:校外人员直接参与学校管理、专门职业团体及其他法定组织的质量评价、《泰晤士报》每年一次的高等学校排行榜。

3.德国高等教育的发展

洪堡创立的现代大学对德国具有重大影响,以洪堡创立大学为时间节点,可把德国的高等教育分为三个时期:前洪堡时代、洪堡时代、后洪堡时代。

前洪堡时代:高等教育的改革探索促进了洪堡理念的生长,从中世纪开始,德国高等教育的发展就为欧洲文化繁荣作出了非常重要的贡献。但是到17—18世纪,德国高等教育和欧洲其他国家一样面临持续的衰退,传统大学面临深刻的危机,第一次改革始于1694年的哈勒大学创办,结束于18世纪中叶,主要体现为哈勒大学、哥廷根大学和埃朗根大学三所大学的改革和发展。第二次改革主要在天主教大学中进行,是第一次改革的深入和发展,措施更加激进。其改革动力除来自大学内部少数教授,更多来自大学外部(政府官员、大学以外的教育改革家和知识分子),功利主义的影响更加明显。

洪堡时代:威廉·冯·洪堡自担任普鲁士国务枢密顾问和内务部文教局局长后,就开始对大学定位与高等教育双元制进行第三次大学改革;与此同时,他和施莱尔玛赫、费希特等人根据新人文主义观念对初等、中等和高等教育进行了全面改革,创建了柏林大学。柏林大学的成功实践，使德国走进了高等教育强国的行列，也使得人们对于高等教育目标及其机构定位的认识进一步深化和发展。大学作为高等教育机构，应享有自主地位，坚持其特殊性。高等教育的目标不仅是探究真理，还要坚持学术与职业并重，发展高等职业教育是民族国家发展的现实要求。

后洪堡时代：高等教育发展的停滞与反思经历了洪堡时代的创新与发展，德国高等教育在20世纪初达到顶峰，其国力也在两次世界大战中得到了充分的展现。战后，德国的高等教育发展呈现停滞状态，其改革也在对洪堡理念的坚持与反思中断断续续地进行。在世界各国都在进行高等教育改革的背景下，德国在高等教育的发展与改革路径方面也进行了一些探索。如高等教育宏观管理集中化、高等学校内部管理民主化、高等教育生态竞争化。21世纪，德国在高教领域的重大改革措施是实施卓越战略，高等教育的竞争由此更为激烈。卓越战略的实施，意味着大学机构取代大学教授成为大学发展的核心单位，标志着德国大学发展从均衡走向非均衡，高等教育的结构布局从分流走向分层，大学之间的等级分化，高等教育资源分布更加集中。

4.法国高等教育的发展

近代法国迈入高等教育强国之列始于18世纪的启蒙运动，崛起于拿破仑的第一帝国。在纵向国际比较视野中，18世纪下半叶至19世纪上半叶是法国高等教育的巅峰时期。高峰过后，法国的高等教育虽有曲折，但至今仍处于世界前列。其中经历了五个关键阶段。

启蒙运动时期：法兰西科学院成立，高等专科学校兴起。

18世纪的欧洲在17世纪唯物主义哲学基础上，迎来了继15至16世纪文艺复兴后的第二次思想解放运动——资产阶级启蒙运动。从文艺复兴开始，高等教育体制改革受到法国人民的重视。16至17世纪，国家和有关团体建立了一批新型的教育研究机构，其中法兰西科学院对后世影响深远。在法兰西科学院营造的独特制度的呵护下，培育了伟大的巴黎学派，形成了具有现代意义的科学研究精神，塑造了一代又一代世界级科学精英。

18世纪以后，在欧洲工业革命大发展的背景下，法国的社会经济和科学技术也得到进一步的发展，此时传统大学已经跟不上社会发展步伐，产生了一批高等专科学校（又称大学校，意为大学中的大学）。高等专科学校是法国精英教育的产物，打破了自中世纪以来大学一统天下的局面，标志着法国近代工程教育的发端，开始了法国"一个国家，两种大学"相互竞争、相互补充的双轨制发展模式。高等专科学校是出于挽救国家威严和争夺海外殖民地等军事需要而创办的。

大革命时期：颁布《公共教育组织法》，兴建高等专科学校。

大革命较为彻底地摧毁了封建专制制度。大革命后，1793年9月5日颁布了《公共教育组织法》（又称《多努法》），规定关闭和取消现存的所有传统大学。根据《公共教育组织法》，初创时期的近代法国高等教育体制大致包括两大组成部分：培养专门技术人才的各类高等专科学校、综合理工学院等高等教育机构与侧重于学术研究、以自然历史博物馆为代表的研究机构。

为了应对国内人才需求和战争的需要，国民公会和政府决定建立各种专门学校，沿着兴建高等专科学校的路线，新建了一批大学校，并改造保留下来的部分综合学校和军事学校。

新兴资产阶级政府不仅从国家需要出发，依据不同学科门类设立专门学院，而且还对大革命前已建立的某些机构进行改革，于1794年创设了堪称真正体现近代科学教育的综合理工学院。综合理工学院实行严格的考试标准，以考试成绩选拔新生，在一定程度上实践了教育公平思想。

拿破仑执政时期：确立中央集权教育管理体制，高等教育重心转移。

1799年，拿破仑发动雾月政变，成为法国第一执政官，后称帝建立第一帝国。1802年颁布了《国民教育计划》，开始了中央集权教育制度；1806年，富克鲁瓦再度拟定《有关帝国大学的构成法》，九易其稿后颁布。这一法案成为拿破仑政府建立整个教育制度的指导思想，为1808年《大学组织令》的出台奠定了基础，表明拿破仑要加强中央集权教育制度的决心。拿破仑的高等教育改革是法国高等教育史上的第一次重大改革，促进了法国高等教育的较快发展。

《大学组织令》的出台是法国建立中央集权教育管理制度的标志。法国成为"欧洲第一个把教育纳入政府编制，建立起高度一体和严格等级的国家"，并影响了全世界。到19世纪，法国的经济发展比较快，需要大批的工程技术人才，高等专科学校应运而生。高等专科学校以培养社会政治、经济和科学技术人才为目标，因此大力发展高等专科学校有广泛的社会基础，不仅工商业界，统治阶级也非常看好这类学校，他们都希望高等专科学校能培养振兴科技、发展经济、巩固政权的社会精英。在此背景下，《大学组织令》从法律上确认了先前开办的高等专科学校的合法性,并将高等教育的发展重心从大学转移到高等专科学校上来。高等专科学校强调实用,它们的进一步发展客观上为第一帝国的军事和经济发展培养了大量实用高效的人才,使法国高等技术教育乃至整个高等教育的状况大为改善。

第三共和国时期:大学复兴,科学研究在大学取得了应有的地位。

在反复的革命和复辟过程中形成的共和派与君主派,在相持了半个多世纪后双方选择相互妥协,并于1875年成立法兰西第三共和国。1878年,一批有识之士成立"高等教育问题研究会",创办《教育国际月刊》,为政府提供智囊作用,促进高等教育的发展。第三共和国进行了继拿破仑之后法国高等教育的第二次重大改革。1877年,政府设立硕士学位奖学金,鼓励年轻人掌握专业技能。政府还增加了对学院的拨款并允许学院接受捐赠,改善办学条件、提高教师待遇。政府通过这一系列的措施为提高高等教育质量和建立公立大学铺平了道路。1896年7月10日颁布了《国立大学组织法》,把此次高等教育改革推向高潮。

二战后至20世纪80年代:《高等教育方向指导法》与大学办学三大原则确立。

二战期间,法国在戴高乐的领导下不仅为战胜法西斯作出了应有的贡献,而且为战后法国的复兴铺就了道路。1944年,象征胜利的法国凯旋门终于迎来了一次真正的凯旋。戴高乐说,进步是维护国家独立的唯一条件,一个经济衰弱的法国,不可能在世界上真正立足。正是在戴高乐时代,法国的经济全面复苏。这期间的"朗之万—瓦隆计划"和《高等教育方向指导法》

（又称《富尔法案》）对法国高等教育的发展产生了深远的影响。

"朗之万—瓦隆计划"成为法国战后经典性的教育文献之一，这次改革虽然没有成功，但其教育民主化思想对战后以来法国的教育改革产生了重大影响，这次改革也被视为"教育改革的经典"。《高等教育方向指导法》确定了大学的性质和三大办学原则：自治、参与和多科性。该法案代表了20世纪60年代以来的法国高等教育理念：大学是科学文化性公共机构，大学办学的三大原则是自治、参与和多科性。自治原则指大学可以在国家宪法和有关法律规定的范围内，确定自己的培养目标、组织结构以及运行机制，实行教学自治、管理自治和财政自治。大学自行制订教育教学研究计划，决定教学模式、教学内容、考试考查方式；大学有权决定自己的章程和内部机构，确定与其他大学的关系；大学及其下属教学研究单位均由选举产生的委员会进行管理，由选举产生校长、主任领导；大学可以根据自己的要求制定教师招聘规则；实行学术自由，在法律许可范围内保证教师的教学和科研自由；大学自己决定国家预算拨款和公立学校或私立机构捐赠的支配，但得接受国家的监督。参与原则包括：在教育部长和大学区总学长的领导下，扩大教授在学校各级管理机构中的代表名额，使他们在办学过程中具有更多的发言权；选举学生代表参与学校管理，同时吸纳校外人士参与学校的决策管理，改变过去由少数教授发表意见的特权现象。多学科原则指大学应尽可能多地将"文学艺术与科学技术结合"起来，从事多种学科的教学研究，以保证国家科学技术的先进性和人才培养的高质量。每所大学在保持自己专业特长的同时，要努力打破以往学科的阻隔和互不联系的传统，发展各学科之间的联系，重新组合各种相邻的学科，创立新型课程，向多学科、多专业方向发展。这三大办学原则，在1984年颁布的《高等教育法》(又称《萨瓦里法》)中得到进一步确立。

(二)中国高等教育国际竞争力水平与欧美国家的差异分析

1.高等教育毛入学率

高等教育毛入学率是指高等教育在学人数与适龄人口之比。适龄人口是指在18—22岁这个年龄段的人口数。一个国家的高等教育毛入学率可以反映出国家提供高等教育机会的整体水平。根据美国著名学者、教育社会学家马丁·特罗的理论，高等教育毛入学率在15%以下时属于精英教育阶段，15%—50%为高等教育大众化阶段，50%以上为高等教育普及化阶段。

1978年，中国高等教育毛入学率仅为1.55%，起点很低；1988年，高等教育毛入学率上升为3.7%；1998年，高等教育毛入学率上升至9.76%。2002年是中国高等教育发展过程中的重要一年，高等教育毛入学率达15%，标志着中国高等教育进入了大众化的发展阶段。2008年，中国高等教育毛入学率上升为23.3%。2014年，中国高等教育毛入学率达到37.5%。2018年，中国高等教育毛入学率上升至48.1%，高等教育发展进入了大众化的后半段。2020年，中国高等教育毛入学率达到54.4%，快速进入普及化的发展阶段。与欧美国家相比，中国的高等教育普及化进程滞后，比美国（1971年完成高等教育普及化）晚将近半个世纪。具体见表3-6。

从数量来看，教育部发布的《2020年全国教育事业发展统计公报》显示，2020年，全国各类高等教育在学总规模达到4183万人，占世界高等教育总规模的20%，位居世界第一。

表3-6 中国与部分欧美国家高等教育毛入学率对比表

国家	2010年入学率（%）	2019年入学率（%）
中国	26.5	51.6
美国	92.6	87.9
英国	58.9	65.8
德国	—	73.5
法国	54.9	68.4

2.高等教育投入

中国高等教育规模位居世界第一，经济规模位居世界第二，经济的不断增长，给教育经费的投入提供了强有力的保障。2012年，首次实现了《中国教育改革和发展纲要》提出的国家财政性教育经费投入占国内生产总值比例要达到4%的目标，并已连续10年保持在4%以上。2020年全国教育经费总投入为53033.87亿元，比2019年的50178.12亿元增长5.69%。2020年，国家财政性教育经费为42908.15亿元，比上年增长7.15%，占GDP比例为4.22%。

在高等教育投入竞争力方面，与欧美发达国家相比，有显著差距。具体见表3-7。中国高等教育国际竞争力与美国相差0.36个指数值，与英国相差0.34个指数值，与德国相差0.2个指数值，与法国差距不大。学习和借鉴发达国家的高等教育投入经验，对于进一步完善中国高等教育投入体制改革，实现中国高等教育的健康可持续发展，具有重要意义。

表3-7　中国与部分欧美国家高等教育投入竞争力排序表

国家	高等教育投入竞争力指数值	排名
中国	-0.07	5
美国	0.29	1
英国	0.27	2
德国	0.13	3
法国	0	4

3.高等教育质量与公平

从高等教育质量与公平来看，2017—2018年，中国高等教育质量与公平竞争力指数为0.33，与欧美发达国家有一定的差距。从表3-8中可以看到，中国与高等教育质量与公平竞争力较高的英国相差1.27个指数值。按照从高到低的顺序，英国、法国、德国、美国、中国在2017—2018年高等教育公平竞争力指数分别是1.6、0.98、0.92、0.85、0.33。

表3-8　高等教育质量与公平竞争力排序表

国家	高等教育质量与公平竞争力指数值	排名
中国	0.33	5
美国	0.85	4
英国	1.6	1
德国	0.92	3
法国	0.98	2

4.高等教育产出

从高等教育的产出来看，中国与欧美发达国家的差距显著，中国的高等教育产出指数为0.02。美国一直以绝对优势占据榜首，高等教育产出指数值为0.63，中国与之相差约0.6个指数值。具体见表3-9。

表3-9 高等教育产出竞争力排序表

国家	高等教育产出竞争力指数值	排名
中国	0.02	5
美国	0.63	1
英国	0.4	3
德国	0.5	2
法国	0.31	4

（三）结论与启示

当前，中国高等教育已进入普及化阶段，高等教育事业取得了长足进步和发展，成为高等教育大国。高等教育规模和数量的扩张为中国高等教育发展夯实了基础，但规模的快速扩张导致的高等教育质量难以保障也使得中国高等教育产出后劲不足，严重影响了中国高等教育国际竞争力的排名。提升高等教育国际竞争力应是当前和未来建设高等教育强国的一个重要努力方向，为此应做好以下的工作。

根据欧美高等教育发展的经验，应不断进行教育改革，从而推动知识创新和科技进步。美国高等教育在借鉴英国和德国等国家的大学先进办学理念和办学体制时，结合了自身社会发展和国情实际，建立了现代高等教育体系，成为世界公认高等教育最发达的国家。中国的高等教育要善于学习和借鉴国际上大学跨越式发展。在具体措施上，要提高高等教育国际竞争力，把人才培养和知识创新作为国家发展战略，把创建一流大学作为国家重点实施的战略任务。2015年，国务院印发了《统筹推进世界一流大学和一流学科建设总体方案》。2017年1月《统筹推进世界一流大学和一流学科建设实施办法（暂行）》的发布，明确规定加强过程管理，实施动态监测，制订科学合理的绩效评价办法。但与之具体相配套的操作层面法规仍需细化和完善，要切实加强高等教育的立法和规划，推动教育改革，加快推进人才优先发展的体制和政策创新，构建有国际竞争力的教育制度优势。重点支持一批高校和学科进入世界一流行列，从而为提升国家综合国力提供智力支撑。2018年，由教育部、财政部和国家发展改革委联合发布的《关于高等学校加快"双一流"建设的指导意见》中提出要积极探索中国特色现代高等教育评估制度，实现高等教育内涵式发展，提升中国高等教育整体水平。

中国是发展中国家办高等教育，而且是办世界上最大规模的高等教育，与世界高等教育发达国家相比，发展的底子薄、起点低、经费保障不充分。随着高等教育毛入学率的提高，高等教育成本必然递增。即便如此，近20年来中国财政办学经费投入持续增长，部分高校无论是办学水平还是经费保障都已经接近甚至迈进世界一流大学行列，这一点是值得肯定的。因此，学习和借鉴世界发达教育国家、高等教育发展强国经费投入的普遍规律，进一步优化教育经费支出结构，在财力许可和兼顾社会公平的前提下，高度重视高等教育人力资源建设，将教育经费更多地向人员薪酬倾斜，鼓励教师潜心聚力从事人才培养和科学研究，提升高等教育教学质量，培育更多优秀人才。

在高等教育质量提升方面，一是优化学科专业结构，努力构建协调可持续发展的学科体系，推动人才培养从规模扩张向质量提升转变，培养更多适应高质量发展的各类人才，提升人才培养质量；二是突出科学研究的创新导向，着力改变长期以来的"重数量、轻质量；重应用、轻基础"的科研导向，切实提升科学研究水平和科研成果影响力，充分发挥高校在国家创新体系中的重要作用，鼓励高校在知识创新、技术创新、国防科技创新和区域创新中作出贡献；三是引导高校树立服务区域经济社会发展、服务国家战略、服务构建人类命运共同体的高等教育办学理念，努力改变中国高校对国家和地区经济社会发展贡献率相对较低的现状，提升高校服务经济社会发展的能力；四是做好高等教育发展改革的顶层设计，加大高等教育经费投入，改善高校基础设施建设，积极探索建设中国特色世界一流的现代大学制度，为高校发展提供强有力的支撑保障。[1]

三、中国教育国际竞争力发展趋势预测

本研究进一步分析了教育国际竞争力综合指数位列中国之前且包含中国在内的全球20个国家教育国际竞争力综合指数的分布情况和演变趋势。

首先本研究进行2009—2010年至2017—2018年全球20个国家教育国际竞争力综合指数描述性统计分析（见表3-10）。

---

[1] 邱均平，宋博，王传毅.高等教育质量发展指数的国内外比较研究[J].教育与经济，2019（04）:45-51.

表3-10 2009—2010年至2017—2018年全球20个国家教育国际竞争力综合指数描述性统计分析

	N	极小值	极大值	均值	标准差	偏度		峰度	
	统计量	统计量	统计量	统计量	统计量	统计量	标准误	统计量	标准误
瑞士	9	13.9	19.3	15.78	1.99	0.96	0.72	−0.5	1.4
芬兰	9	13.01	18.51	14.16	1.77	2.29	0.72	5.4	1.4
新加坡	9	6.2	12.8	9.29	2.44	−0.1	0.72	−1.5	1.4
荷兰	9	5.9	10.7	7.84	1.6	0.36	0.72	−0.6	1.4
美国	9	2.2	8.2	6.06	1.63	−1.8	0.72	5.06	1.4
挪威	9	0.9	8.5	4.81	3.19	0.05	0.72	−2.1	1.4
英国	9	1.9	6.9	4.35	1.39	0.05	0.72	1.25	1.4
加拿大	9	1.3	8.6	3.69	2.32	1.06	0.72	1.46	1.4
德国	9	0	4.3	2.38	1.64	−0.1	0.72	−1.7	1.4
比利时	9	−1.8	5.4	1.81	3.18	0	0.72	−2	1.4
瑞典	9	−2.8	2.3	−0.41	2.03	0	0.72	−1.7	1.4
丹麦	9	−3.4	0.64	−1.04	1.41	−0.5	0.72	−1.2	1.4
以色列	9	−5.32	0.61	−1.13	2.11	−1.2	0.72	0.46	1.4
澳大利亚	9	−8.9	−1.1	−4.72	3.5	−0.2	0.72	−2.1	1.4
爱尔兰	9	−10.2	−3.7	−5.9	2.24	−1.1	0.72	0.15	1.4
奥地利	9	−8.87	−4.64	−6.14	1.57	−0.9	0.72	−1	1.4
日本	9	−10.23	−2.5	−7.45	2.52	1.13	0.72	0.62	1.4
法国	9	−12	−7	−8.68	1.29	−1.4	0.72	2.48	1.4
韩国	9	−21.1	−8.5	−14	4.39	−0.8	0.72	−0.8	1.4
中国	9	−27	−19	−21.6	2.53	−1.2	0.72	1.43	1.4
有效的N	9								

由表3-10可知，从2009—2010年至2017—2018年，瑞士、芬兰和新加坡三个国家教育国际竞争力绩效均值分别为：15.78、14.16、9.29，位列全球20个国家的前三位。三个国家教育国际竞争力绩效的标准差分别为1.99、1.77、2.44；峰

度为 -0.5、5.4、-1.5，仅芬兰的教育国际竞争力绩效峰度大于 0；偏度为 0.96、2.29、-0.1，瑞士与芬兰的教育国际竞争力绩效偏度均大于 0。数据充分表明，经济合作与发展组织成员国瑞士和芬兰近十年间教育国际竞争力实现了相对稳步的发展，新加坡教育国际竞争力绩效则波动较大，前期实现了快速的发展，后期发展趋缓。中国教育国际竞争力的均值为 -21.61，标准差为 2.53，峰度 1.43，偏度 -1.2。数据表明，中国教育国际竞争力与全球最优国家的教育国际竞争力差距较为显著，发展过程波动起伏，近十年间教育国际竞争力多在相对低位徘徊。

接下来本研究进行 2009—2010 年全球 20 个国家教育国际竞争力综合指数描述性统计分析（见表 3-11）。

表 3-11　2009—2010 年全球 20 个国家教育国际竞争力综合指数描述性统计分析

	N	极小值	极大值	均值	标准差	方差	偏度		峰度	
	统计量	统计量	统计量	统计量	统计量	统计量	统计量	标准误	统计量	标准误
竞争力绩效值	20	-20.00	13.90	-0.267	8.48	71.97	-0.38	0.512	0.12	0.99
有效的 N	20									

由表 3-11 可知，2009—2010 年全球 20 个国家教育国际竞争力绩效均值为 -0.267，标准差为 8.48，方差为 71.97，偏度为 -0.38，峰度为 0.12。由数据分析可知，这 20 个国家的教育国际竞争力水平之间差距十分显著，且偏度小于 0，教育国际竞争力水平相对低的国家为数较多。这一情况用图片说明较为直观，详见图 3-1 至图 3-4。

图 3-1 直观地反映了 2009—2010 年，中国在全球 20 个国家中教育国际竞争力综合指数的位次与差距。

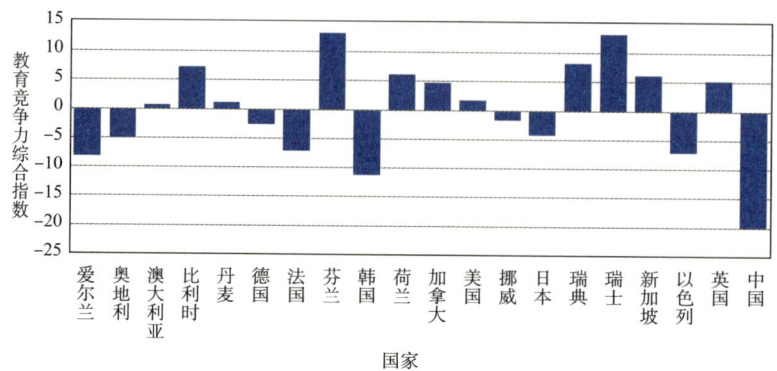

* 图3-1　2009—2010年全球20个国家教育国际竞争力综合指数分布图

图3-2直观地反映了2009—2010年,中国和经济合作与发展组织12个成员国家教育国际竞争力综合指数的位次与差距。

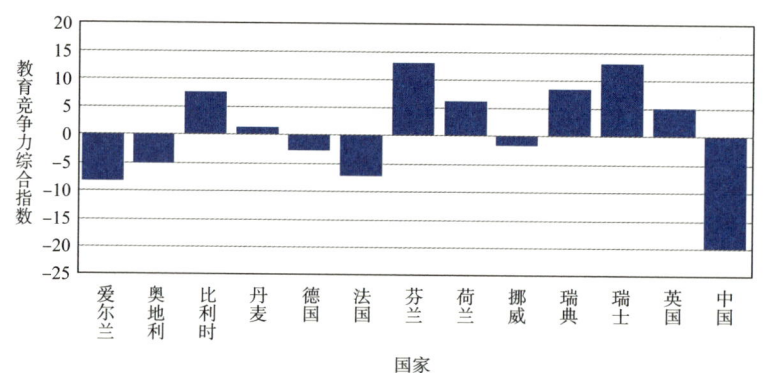

* 图3-2　2009—2010年经济合作与发展组织12个成员国家与中国教育国际竞争力综合指数分布图

图3-3直观地反映了2009—2010年,中国与北美国家和澳大利亚的教育国际竞争力综合指数的位次与差距。

图3-4直观地反映了2009—2010年,中国与亚洲其他四国的教育国际竞争力综合指数的位次与差距。

第③章 → 待到山花烂漫时,她在丛中笑——中国教育国际竞争力与全球教育强国的具体比较

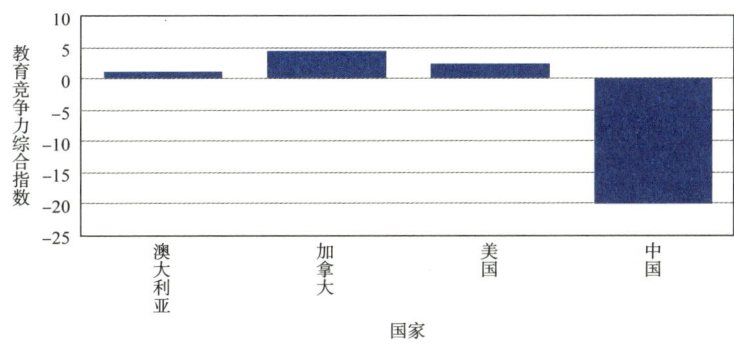

* 图3-3 2009—2010年北美国家、澳大利亚与中国教育国际竞争力综合指数分布图

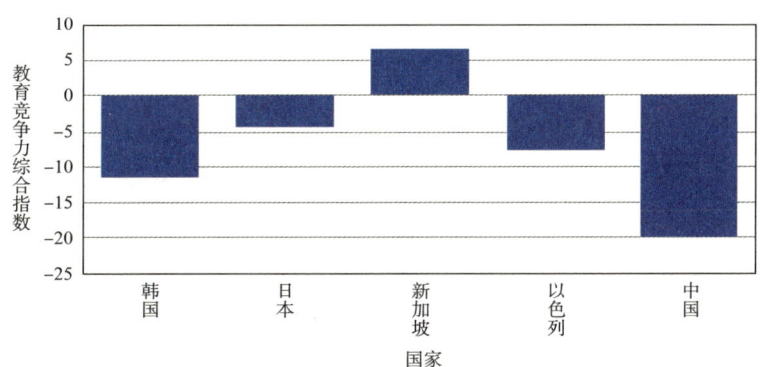

* 图3-4 2009-2010年亚洲其他四国与中国教育国际竞争力综合指数分布图

在进行2009—2010年分析的基础之上,本研究选择2017—2018年全球20个国家教育国际竞争力的综合指数进行描述性统计分析(见表3-12)。

表3-12 2017—2018年全球20个国家教育国际竞争力综合指数描述性统计分析

	N	极小值	极大值	均值	标准差	方差	偏度		峰度	
	统计量	统计量	统计量	统计量	统计量	统计量	统计量	标准误	统计量	标准误
竞争力绩效值	20	-21.19	18.51	0.00	10.65	113.35	-0.38	0.512	-0.11	0.99
有效的N	20									

由表3-12可知，2017—2018年全球20个国家教育国际竞争力绩效均值为0.00，标准差为10.65，方差为113.35，偏度为-0.38，峰度为-0.11。由数据分析可知，近十年之后，这20个国家的教育国际竞争力水平之间的差距仍然十分显著，并且有持续拉大的趋势，但偏度和峰度均未有显著变化，表明教育国际竞争力水平相对低的国家仍然为数较多。这一情况用图片说明较为直观，详见图3-5至图3-8。

图3-5直观地反映了2017—2018年，中国在全球20个国家中教育国际竞争力综合指数的位次与差距。

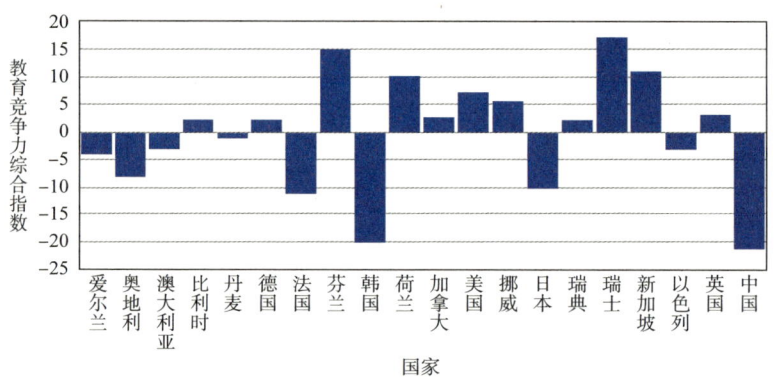

* 图3-5 2017—2018年全球20个国家教育国际竞争力综合指数分布图

由图3-5可以看出，教育国际竞争力综合指数经过标准化处理后，全球20个国家之间的教育国际竞争力水平差异性显著，中国的教育国际竞争力水平与瑞士、芬兰和新加坡等全球教育国际竞争力强国相比较，差距仍然比较显著。

图3-6直观地反映了2017—2018年，中国与经济合作与发展组织12个成员国教育国际竞争力综合指数的位次与差距。

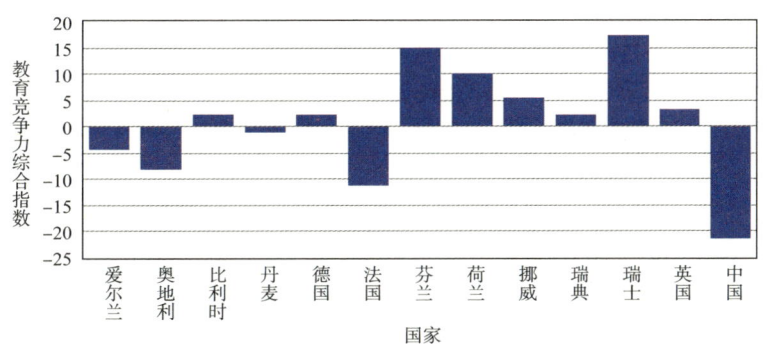

* 图3-6 2017—2018年经济合作与发展组织与中国教育国际竞争力综合指数分布图

由图3-6可以发现，经济合作与发展组织12个成员国之间的教育国际竞争力水平虽然存在显著差异，但整体实力较强，且多数经济合作与发展组织国家的教育国际竞争力水平位于均值之上。中国的教育国际竞争力水平与经济合作与发展组织12个成员国相比较，差距比较显著。

图3-7直观地反映了2017—2018年，中国与亚洲其他四国教育国际竞争力综合指数的位次与差距。

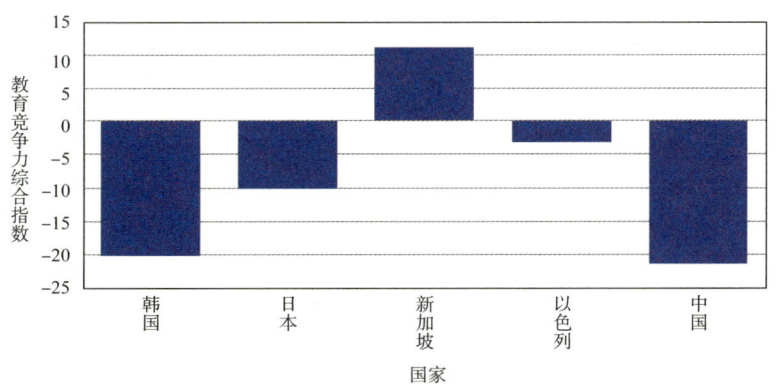

* 图3-7 2017—2018年亚洲其他四国与中国教育国际竞争力综合指数分布图

由图3-7可以看出，亚洲五国之间的教育国际竞争力水平差距较大，以色列的教育国际竞争力水平较2009—2010年提升显著，日本的教育国际竞争力水平较2009—2010年有所下降。中国的教育国际竞争力水平与亚洲其他四国相比较仍然有差距。

图3-8直观地反映了2017—2018年，中国与北美国家、澳大利亚教育国际竞争力综合指数的位次与差距。

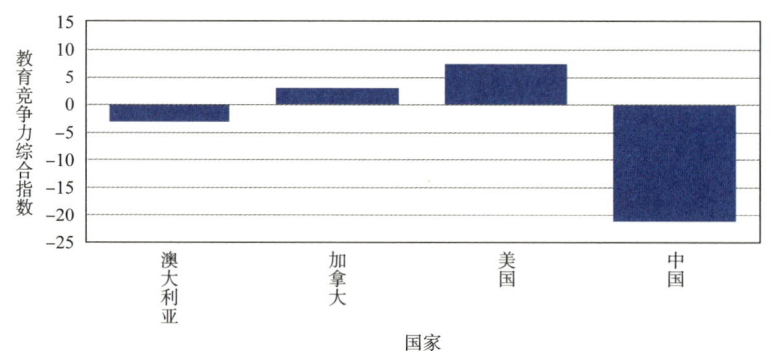

* 图3-8　2017—2018年北美国家、澳大利亚与中国教育国际竞争力综合指数分布图

由图3-3与图3-8比较可以发现，美国、加拿大和澳大利亚三国的教育国际竞争力水平均位于均值之上，中国的教育国际竞争力水平与美国、加拿大和澳大利亚三国的差距较2009—2010年缩小，美国的教育国际竞争力水平较2009—2010年有所提升，加拿大的教育国际竞争力水平较2009—2010年有所下降。

在开展国际比较研究的基础之上，我们研究分析了2009—2010年至2017—2018年全球20个国家教育国际竞争力综合指数演变走势、2009—2010年至2017—2018年中国与经济合作与发展组织12个成员国教育国际竞争力综合指数走势、

2009—2010年至2017—2018年中国与北美国家、澳大利亚教育国际竞争力综合指数走势，以及2009—2010年至2017—2018年中国与亚洲其他四国教育国际竞争力综合指数走势。

通过研究分析发现，2009—2010年至2017—2018年全球20个国家教育国际竞争力综合指数均处于波动状态，没有一个国家教育国际竞争力水平处于持续上升状态。中国的教育国际竞争力水平虽在2009—2010年至2015—2016年呈现小幅下降的走势，但是在2015—2016年后出现较为快速的提升，接近韩国。

中国教育国际竞争力水平与经济合作与发展组织12个成员国、北美国家和澳大利亚等国的教育国际竞争力水平存在较大差距，但是中国的教育国际竞争力水平自2015—2016年出现较为快速的上升走势，而有的国家的教育国际竞争力水平则出现较为快速的下降走势。此外，在亚洲，中国的教育国际竞争力水平虽然与新加坡差距较大，但是已经越来越接近韩国、日本和以色列，而韩国和日本的教育国际竞争力水平在2015—2016年以后呈现显著的下降走势。

在此基础之上，我们进一步对2009—2010年至2017—2018年全球20个国家教育国际竞争力综合指数之间的关系进行曲线回归分析。根据教育国际竞争力研究的性质，我们在模型选项中选择了Linear，Cubic，Exponential和Power 4种曲线模型进行估计，经过分析输出的4种曲线的预测值，发现三次函数Cubic的曲线确与20个国家教育国际竞争力综合指数的实际观察值拟合得较好，所以本研究确定对"全球20个国家教育国际竞争力综合指数的未来趋势分析"采用指数函数进行回归分析。我们进一步建构了全球 20 个国家教育国际竞争力水平预测模型。

全球 20 个国家教育国际竞争力水平预测模型如下：

1. 瑞士教育国际竞争力水平预测模型：$10.745 + 2.675x - 0.732x^2 + 0.059x^3$

2. 芬兰教育国际竞争力水平预测模型：$11.514 + 1.694x - 0.046x^2 - 0.012x^3$

3. 新加坡教育国际竞争力水平预测模型：$6.832 - 1.102x + 0.503x^2 - 0.035x^3$

4. 荷兰教育国际竞争力水平预测模型：$4.854 + 0.966x - 0.135x^2 + 0.011x^3$

5. 美国教育国际竞争力水平预测模型：$-0.591 + 1.671x - 0.291x^2 + 0.023x^3$

6. 挪威教育国际竞争力水平预测模型：$-0.255 - 2.289x + 0.815x^2 - 0.055x^3$

7. 英国教育国际竞争力水平预测模型：$5.773 - 1.003x + 0.265x^2 - 0.021x^3$

8. 加拿大教育国际竞争力水平预测模型：$2.669 + 2.088x - 0.726x^2 + 0.054x^3$

9. 德国教育国际竞争力水平预测模型：$-3.956 + 0.648x + 0.064x^2 - 0.008x^3$

10. 比利时教育国际竞争力水平预测模型：$8.293 - 2.160x + 0.614x^2 - 0.048x^3$

11. 瑞典教育国际竞争力水平预测模型：$6.129 + 3.115x - 1.062x^2 + 0.074x^3$

12. 丹麦教育国际竞争力水平预测模型：$4.032 - 2.793x + 0.321x^2 - 0.006x^3$

13. 以色列教育国际竞争力水平预测模型：$-8.298 + 1.672x - 0.73x^2 + 0.069x^3$

14. 澳大利亚教育国际竞争力水平预测模型：$3.048 - 2.787x + 0.539x^2 - 0.032x^3$

15. 爱尔兰教育国际竞争力水平预测模型：$-6.597 - 3.647x + 1.392x^2 - 0.107x^3$

16. 奥地利教育国际竞争力水平预测模型：$-5.496 + 0.691x - 0.211x^2 + 0.012x^3$

17. 日本教育国际竞争力水平预测模型：$-1.157 - 3.473x + 0.88x^2 - 0.068x^3$

18. 法国教育国际竞争力水平预测模型：$-6.152 - 1.723x + 0.43x^2 - 0.033x^3$

19. 韩国教育国际竞争力水平预测模型：$-16.517 + 5.274x - 1.156x^2 + 0.057x^3$

20. 中国教育国际竞争力水平预测模型：$-24.63 + 5.853x - 1.649x^2 + 0.116x^3$

我们分别预测了2018—2019年至2022—2023年全球20个国家教育国际竞争力综合指数，并对这5个年度的综合指数进行了描述性统计分析（见表3-13）。除此之外，我们还对2022—2023年全球20个国家教育国际竞争力综合指数进行了描述性统计分析（见表3-14），并分析了2018—2019年至2022—2023年全球20个国家、经济合作与发展组织12个成员国家与中国、北美国家和澳大利亚与中国以及亚洲其他四国与中国的教育国际竞争力综合指数演变趋势，以及2022—2023年全球20个国家、经济合作与发展组织12个成员国家与中国、北美国家和澳大利亚与中国以及亚洲其他四国与中国的教育国际竞争力综合指数分布预测图（见图3-9至图3-12），以下为详细分析。

首先本研究进行2018—2019年至2022—2023年全球20个国家教育国际竞争力综合指数预测的描述性统计分析（见表3-13）。

表3-13　2018—2019年至2022—2023年全球20个国家教育国际竞争力综合指数预测描述性统计分析

	N	极小值	极大值	均值	标准差	方差	偏度	峰度
	统计量	统计量	统计量	统计量	统计量	统计量	统计量	统计量
瑞士	5	23.1	35.99	29.2	5.07	25.71	0.25	-0.9
荷兰	5	11.8	21.44	16.1	3.83	14.7	0.46	-0.92
美国	5	9.85	22.39	16.1	4.83	23.32	-0.02	-0.63
新加坡	5	8.02	15.74	11.5	3.16	9.97	0.43	-1.46
以色列	5	4.79	16.41	10.5	5.07	25.71	0.03	-2.49
瑞典	5	5.45	15.65	9.92	3.71	13.74	0.8	1.792
芬兰	5	6.3	14.64	9.69	3.39	11.49	0.73	-0.52
加拿大	5	5.44	12.08	8.79	2.67	7.14	0.06	-1.49
日本	5	5.66	10.31	7.96	2.05	4.19	-0.1	-2.57
挪威	5	3.73	12.43	7.53	3.57	12.74	0.36	-1.19
比利时	5	-0.2	11.18	6.66	4.38	19.18	-1.1	1.236
丹麦	5	2.13	11.2	6.46	3.59	12.92	0.2	-1.19
澳大利亚	5	-3	12.38	3.66	6	35.96	0.67	-0.27
德国	5	-0.2	9.31	3.54	4.14	17.17	0.79	-1.8
英国	5	-1.6	9.941	3.53	4.61	21.27	0.55	-1.06
中国	5	-13	3.01	-4.36	6.29	39.62	-0.14	-1.52

续表

	N	极小值	极大值	均值	标准差	方差	偏度	峰度
	统计量	统计量	统计量	统计量	统计量	统计量	统计量	统计量
奥地利	5	-8.2	-5.63	-7.32	1.07	1.148	1.22	0.69
韩国	5	-12	-3.18	-8.22	3.59	12.89	0.53	-1.12
法国	5	-13	-3.82	-8.82	3.34	11.18	0.71	0.64
爱尔兰	5	-17	-10.4	-13.7	3.17	10.08	-0.2	-2.93

由表3-13可以看出，从2018—2019年至2022—2023年，瑞士、荷兰和美国三个国家教育国际竞争力绩效均值分别为：29.2、16.1、16.1，位列全球20个国家教育国际竞争力均值的前三位，荷兰取代了芬兰，美国取代了新加坡。三个国家教育国际竞争力绩效的方差分别为25.71、14.7、23.32；峰度为-0.9、-0.92、-0.63，均小于0；偏度为0.25、0.46、-0.02，瑞士与荷兰的教育国际竞争力绩效偏度大于0。通过数据可以看出，经济合作与发展组织成员国瑞士和荷兰随着时间发展，教育国际竞争力实现了快速稳步的发展，并且美国的教育国际竞争力绩效均值与荷兰的教育国际竞争力绩效均值非常接近。中国教育国际竞争力的均值为-4.36，方差为39.62，峰度为-1.52，偏度为-0.14。数据表明，中国教育国际竞争力与全球最优国家的教育国际竞争力差距仍然较为显著，且发展过程波动起伏，但教育国际竞争力较前10年将实现显著提升。由此可见，随着时间的发展，虽然与全球部分发达国家的教育国际竞争力相比仍然存在一定差距，但相比前10年，中国的教育国际竞争力将实现显著提升。

通过分析2018—2019至2022—2023年经济合作与发展

组织12个成员国与中国教育国际竞争力综合指数演变趋势和2018—2019至2022—2023年北美、澳大利亚与中国教育国际竞争力综合指数演变趋势，可以发现，中国的教育国际竞争力水平与经济合作与发展组织主要成员国、北美国家和澳大利亚等国的教育国际竞争力水平虽仍然存在一定差距，但是这个差距显著缩小，并且出现了较为快速的上升趋势，甚至超越了爱尔兰等经济合作与发展组织成员国。

结合2018—2019至2022—2023年中国与亚洲其他四国教育国际竞争力综合指数预测，在亚洲，中国的教育国际竞争力水平虽然与新加坡、日本和以色列差距较大，但是已经超越了韩国，而新加坡的教育国际竞争力水平在2018—2019年至2022—2023年之间则呈现出显著的下降趋势。

接下来，我们对2022—2023年全球20个国家教育国际竞争力综合指数进行描述性统计分析。由表3-14可知，2022—2023年全球20个国家教育国际竞争力绩效均值为9.22，标准差为12.15，方差为147.60，偏度为-0.31，峰度为1.01。由数据分析可知，这20个国家的教育国际竞争力水平之间的差距仍然十分显著，并且有持续拉大差距的趋势，但偏度小于0，峰度大于0，表明教育国际竞争力水平相对低的国家仍然较多，有一条长尾置于左侧。这一情况用图片说明较为直观，详见2022—2023年全球20个国家教育国际竞争力、经济合作与发展组织与中国教育国际竞争力、北美国家和澳大利亚与中国教育国际竞争力，以及亚洲其他四国与中国教育国际竞争力的综合指数分布预测图（见图3-9至图3-12）。

表3-14 2022—2023年全球20个国家教育国际竞争力预测综合指数描述性统计

	N	极小值	极大值	均值	标准差	方差	偏度	峰度
	统计量	统计量	统计量	统计量	统计量	统计量	统计量	统计量
竞争力绩效值	20	-17.21	35.99	9.22	12.15	147.6	-0.31	1.01
有效的N	20							

图3-9直观地反映了2022—2023年，中国在全球20个国家中教育国际竞争力综合指数的位次与差距。由图3-9可以看出，教育国际竞争力综合指数经过标准化处理后，全球20个国家之间的教育国际竞争力水平差异性显著，虽然中国的教育国际竞争力水平与瑞士、美国、芬兰和以色列等全球教育国际竞争力强国相比差距仍然十分显著，但是中国的教育国际竞争力水平已经超越了全球20个国家教育国际竞争力水平的均值。

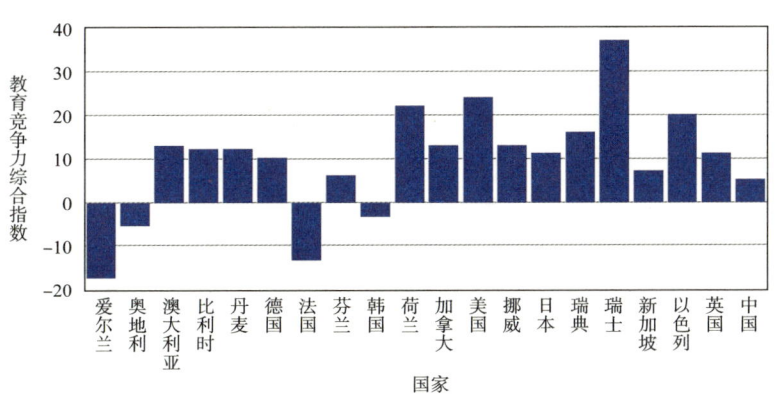

* 图3-9 2022—2023年全球20个国家教育国际竞争力综合指数分布预测图

图3-10直观地反映了2022—2023年，中国与经济合作与发展组织12个成员国教育国际竞争力综合指数的位次与差距。

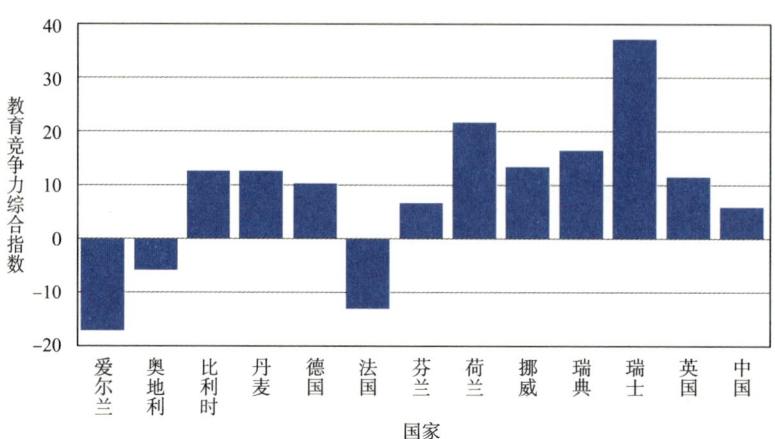

* 图 3-10 2022—2023 年经济合作与发展组织与中国教育国际竞争力综合指数分布预测图

图 3-11 直观地反映了 2022—2023 年，中国与北美国家、澳大利亚教育国际竞争力综合指数的位次与差距。

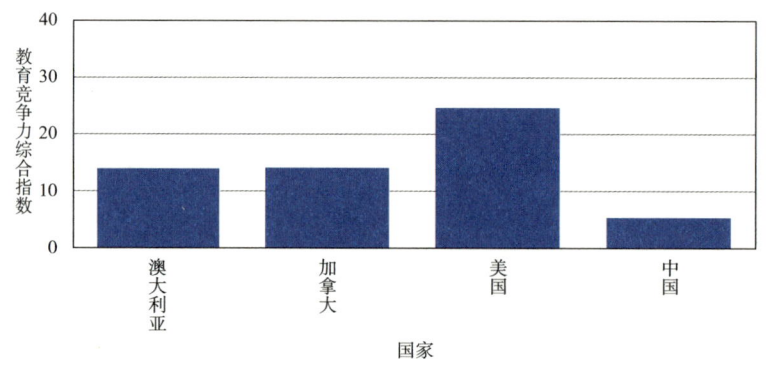

* 图 3-11 2022—2023 年北美国家、澳大利亚与中国教育国际竞争力综合指数分布预测图

图 3-12 直观地反映了 2022—2023 年，中国与亚洲其他四国教育国际竞争力综合指数的位次与差距。

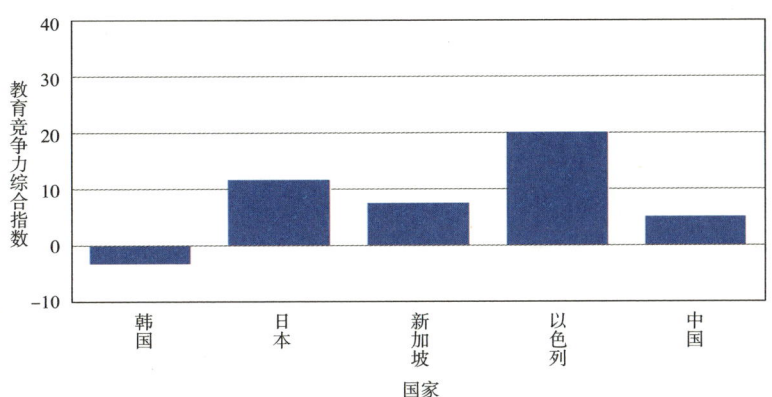

* 图3-12 2022—2023年亚洲其他四国与中国教育国际竞争力综合指数分布预测图

由图3-10、图3-11和图3-12可以看出，五年之后经济合作与发展组织12个成员国之间的教育国际竞争力水平虽然存在显著差异，但整体实力较强，且多数位于均值之上。中国的教育国际竞争力水平超越了爱尔兰等经济合作与发展组织成员国。中国与北美、澳大利亚和亚洲的日本、以色列和新加坡等国家的教育国际竞争力水平差距较五年前显著缩小，并且中国的教育国际竞争力水平将会显著超越韩国。

第 4 章

声教暨寰中，世界同推重

——建设教育强国的战略图景

"十四五"时期,我们要从党和国家事业发展全局的高度,全面贯彻党的教育方针,坚持优先发展教育事业,坚守为党育人、为国育才,努力办好人民满意的教育,在加快推进教育现代化的新征程中培养担当民族复兴大任的时代新人。

——习近平总书记在教育文化卫生体育领域专家代表座谈会上的讲话(2020年9月22日)

第 ④ 章 声教暨寰中,世界同推重——建设教育强国的战略图景

2035年是我国基本实现社会主义现代化的重要时间节点,《中国教育现代化2035》设计和描绘了未来一段时间内我国教育发展的远景蓝图,明确指出:"到2035年,总体实现教育现代化,迈入教育强国行列,推动我国成为学习大国、人力资源强国和人才强国,为到本世纪中叶建成富强民主文明和谐美丽的社会主义现代化强国奠定坚实基础。"

一、建设教育强国的总体目标

党的十九大报告指出:"综合分析国际国内形势和我国发展条件,从二〇二〇年到本世纪中叶可以分两个阶段来安排。第一个阶段,从二〇二〇年到二〇三五年,在全面建成小康社会的基础上,再奋斗十五年,基本实现社会主义现代化。""第二个阶段,从二〇三五年到本世纪中叶,在基本实现现代化的基础上,再奋斗十五年,把我国建成富强民主文明和谐美丽的社会主义现代化强国。"党的十九大提出分两个阶段全面建成社会主义现代化国家,这是新时代中国特色社会主义发展的战略安排,目标宏伟,蓝图壮阔。

教育现代化是全面建设社会主义现代化国家的重要战略组成,是当下中国教育事业发展的核心指向。2019年2月中共中央、国务院印发《中国教育现代化2035》是我国第一个以教育现代化为主题的中长期战略规划,是新时代推进教育现代化、建设教育强国的纲领性文件,定位于全局性、战略性、指导性,与以往的教育中长期规划相比,时间跨度更长,重在目标导向。

（一）推进教育现代化的总体目标

《中国教育现代化2035》提出，推进教育现代化的总体目标是："到2020年，全面实现'十三五'发展目标，教育总体实力和国际影响力显著增强，劳动年龄人口平均受教育年限明显增加，教育现代化取得重要进展，为全面建成小康社会作出重要贡献。"党的十八大以来，我国教育改革发展取得了重大成就，教育总体发展水平进入世界中上行列，人民群众教育获得感明显增强，中国教育国际影响力和竞争力明显提升，教育普及水平实现历史性跨越，有力推动了我国从人力资源大国向人力资源强国迈进，特别是完成了教育脱贫攻坚目标任务，为全面打赢脱贫攻坚战贡献了教育力量。《中国教育现代化2035》还进一步指出，在2020年所达到目标的基础上，"再经过15年努力，到2035年，总体实现教育现代化，迈入教育强国行列，推动我国成为学习大国、人力资源强国和人才强国，为到本世纪中叶建成富强民主文明和谐美丽的社会主义现代化强国奠定坚实基础"。2035年主要发展目标是："建成服务全民终身学习的现代教育体系、普及有质量的学前教育、实现优质均衡的义务教育、全面普及高中阶段教育、职业教育服务能力显著提升、高等教育竞争力明显提升、残疾儿童少年享有适合的教育、形成全社会共同参与的教育治理新格局。"

《中华人民共和国国民经济和社会发展第十四个五年规划和二〇三五年远景目标纲要》再次重申，到2035年基本实现社会主义现代化远景目标时，要建成教育强国。同时，推进高质量教育体系建设，其中包括"推进基本公共教育均等化、增强职业技术教育适应性、提高高等教育质量、建设高素质专业化教师队伍、深化教育改革"，为教育规划制定了明确的目标。建设高质量教育体系是锚定2035年远景目标的关键举措，是根据习近平总书记关于教育的系列重要论述和党的十九大的教育战略部署为"十四五"时期勾画的教育工作重点，是2021—2025年教育工作的主题。

| 知识链接 |

《中国教育现代化 2035》提出了推进教育现代化的八大基本理念：更加注重以德为先，更加注重全面发展，更加注重面向人人，更加注重终身学习，更加注重因材施教，更加注重知行合一，更加注重融合发展，更加注重共建共享。明确了推进教育现代化的基本原则：坚持党的领导、坚持中国特色、坚持优先发展、坚持服务人民、坚持改革创新、坚持依法治教、坚持统筹推进。

（二）面向教育现代化的十大战略任务

《中国教育现代化2035》聚焦教育发展的突出问题和薄弱环节，重点部署了面向教育现代化的十大战略任务：

一是学习习近平新时代中国特色社会主义思想。把学习贯彻习近平新时代中国特色社会主义思想作为首要任务，贯穿到教育改革发展全过程，落实到教育现代化各领域各环节。以习近平新时代中国特色社会主义思想武装教育战线，推动习近平新时代中国特色社会主义思想进教材进课堂进头脑，将习近平新时代中国特色社会主义思想融入中小学教育，加强高等学校思想政治教育。加强习近平新时代中国特色社会主义思想系统化、学理化、学科化研究阐释，健全习近平新时代中国特色社会主义思想研究成果传播机制。

二是发展中国特色世界先进水平的优质教育。全面落实立德树人根本任务，广泛开展理想信念教育，厚植爱国主义情怀，加强品德修养，增长知识见识，培养奋斗精神，不断提高学生思想水平、政治觉悟、道德品质、文化素养。增强综合素质，树立健康第一的教育理念，全面强化学校体育工作，全面加强和改进学校美育，弘扬劳动精神，强化实践动手能力、合作能力、创新能力的培养。完善教育质量标准体系，制定覆盖全学段、体现世界先进水平、符合不同层次类型教育特点的教育质量标准，明确学生发展核心素养要求。完善学前教育保教质量标准。建立健全中小学各学科学业质量标准和体质健康标准。健全职业教育人才培养质量标准，制定紧跟时代发展的多样化高等教育人才培养质量标准。建立以师资配备、生均拨款、教学设施设备等资源要素为核心的标准体系和办学条件标准动态调整机制。加强课程教材体系建设，科学规划大中小学课程，分类制定课程标准，充分利用现代信息技术，丰富并创新课程形式。健全国家教材制度，统筹为主、统分结合、分类指导，增强教材的思想性、科学性、民族性、时代性、系统性，完善教材编写、修订、审查、选用、退出机制。创新人才培养方式，推行启发式、探究式、参与式、合作式等教学方式以及走班制、选课制等教学组织模式，培养学生创新精神与实践能力。大力推进校园文化建设。重视家庭教育和社会教育。构建教育质量评估监测机制，建立更加科学公正的考试评价制度，建立全过程、全方位人才培养质量反馈监控体系。

三是推动各级教育高水平高质量普及。以农村为重点提升学前教育普及水平，建立更为完善的学前教育管理体制、办园体制和投入体制，大力发展公办园，加快发展普惠性民办幼儿园。提升义务教育巩固水平，健全控辍保学工作责任体系。提升高中阶段教育普及水平，推进中等职业教育和普通高中教育协调发展，鼓励普通高中多样化有特色发展。振兴中西部地区高等教育。提升民族教育发展水平。

四是实现基本公共教育服务均等化。提升义务教育均等化水平，建立学校标准化建设长效机制，推进城乡义务教育均衡发展。在实现县域内义务教育基本均衡基础上，进一步推进优质均衡。推进随迁子女入学待遇同城化，有序扩大城镇学位供给。完善流动人口子女异地升学考试制度。实现困难群体帮扶精准化，健全家庭经济困难学生资助体系，推进教育精准脱贫。办好特殊教育，推进适龄残疾儿童少年教育全覆盖，全面推进融合教育，促进医教结合。

五是构建服务全民的终身学习体系。构建更加开放畅通的人才成长通道，完善招生入学、弹性学习及继续教育制度，畅通转换渠道。建立全民终身学习的制度环境，建立国家资历框架，建立跨部门跨行业的工作机制和专业化支持体系。建立健全国家学分银行制度和学习成果认证制度。强化职业学校和高等学校的继续教育与社会培训服务功能，开展多类型、多形式的职工继续教育。扩大社区教育资源供给，加快发展城乡社区老年教育，推动各类学习型组织建设。

六是提升一流人才培养与创新能力。分类建设一批世界一流高等学校，建立完善的高等学校分类发展政策体系，引导高等学校科学定位、特色发展。持续推动地方本科高等学校转型发展。加快发展现代职业教育，不断优化职业教育结构与布局。推动职业教育与产业发展有机衔接、深度融合，集中力量建成一批中国特色高水平职业院校和专业。优化人才培养结构，综合运用招生计划、就业反馈、拨款、标准、评估等方式，引导高等学校和职业学校及时调整学科专业结构。加强创新人才特别是拔尖创新人才的培养，加大应用型、复合型、技术技能型人才培养比重。加强高等学校创新体系建设，建设一批国际一流的国家科技创新基地，加强应用基础研究，全面提升高等学校原始创新能力。探索构建产学研用深度融合的全链条、网络化、开放式协同创新联盟。提高高等学校哲学社会科学研究水平，加强中国特色新型智库建设。健全有利于激发创新活力和促进科技成果转化的科研体制。

七是建设高素质专业化创新型教师队伍。大力加强师德师风建设，将师德师风作为评价教师素质的第一标准，推动师德建设长效化、制度化。加大教职工统筹配置和跨区域调整力度，切实解决教师结构性、阶段性、区域性短缺问题。完善教师资格体系和准入制度。健全教师职称、岗位和考核评价制度。培养高素质教师队伍，健全以师范院校为主体、高水平非师范院校参与、优质中小学（幼儿园）为实践基地的开放、协同、联动的中国特色教师教育体系。强化职前教师培养和职后教师发展的有机衔接。夯实教师专业发展体系，推动教师终身学习和专业自主发展。提高教师社会地位，完善教师待遇保障制度，健全中小学教师工资长效联动机制，全面落实集中连片特困地区生活补助政策。加大教师表彰力度，努力提高教师政治地位、社会地位、职业地位。

八是加快信息化时代教育变革。建设智能化校园，统筹建设一体化智能化教学、管理与服务平台。利用现代技术加快推动人才培养模式改革，实现规模化教育与个性化培养的有机结合。创新教育服务业态，建立数字教育资源共建共享机制，完善利益分配机制、知识产权保护制度和新型教育服务监管制度。推进教育治理方式变革，加快形成现代化的教育管理与监测体系，推进管理精准化和决策科学化。

九是开创教育对外开放新格局。全面提升国际交流合作水平，推动我国同其他国家学历和学位互认、标准互通、经验互鉴。扎实推进"一带一路"教育行动，加强与联合国教科文组织等国际组织和多边组织的合作。提升中外合作办学质量，优化出国留学服务。实施留学中国计划，建立并完善来华留学教育质量保障机制，全面提升来华留学质量。推进中外高级别人文交流机制建设，拓展人文交流领域，促进中外民心相通和文明交流互鉴。促进孔子学院和孔子课堂特色发展。加快建设中国特色海外国际学校。鼓励有条件的职业院校在海外建设"鲁班工坊"。积极参与全球教育治理，深度参与国际教育规则、标准、评价体系的研究制定。推进与国际组织及专业机构的教育交流合作。健全对外教育援助机制。

十是推进教育治理体系和治理能力现代化。提高教育法治化水平，构建完备的教育法律法规体系，健全学校办学法律支持体系。健全教育法律实施和监管机制。提升政府管理服务水平，提升政府综合运用法律、标准、信息服务等现代治理手段的能力和水平。健全教育督导体制机制，提高教育督导的权威性和实效性。提高学校自主管理能力，完善学校治理结构，继续加强高等学校章程建设。鼓励民办学校按照非营利性和营利性两种组织属性开展现代学校制度改革创新。推动社会参与教育治理常态化，建立健全社会参与学校管理和教育评价监管机制。

二、建设教育强国的具体指标

建设教育强国是我国的重大战略决策，也是全面建设社会主义现代化强国的重要目标。构建具体详细、有针对性的教育强国建设指标体系不仅有助于了解我国教育发展的现状、不足和综合实力，也有助于找准中国教育的国际定位、发展类型，明确建设和推进的方向。

（一）教育强国建设（目标）三级指标体系的确立

基于教育强国建设指标的构建需要，对国内已有相关研究进行省思，其不足之处在于：第一，缺乏自主创新意识，基本照搬欧美发达国家的标准或指标体系。第二，缺乏科学的构建理论和指标选取理念指导指标体系构建。第三，研究大多停留在"撒胡椒面"式列举量化、质化指标的层面，较少能够呈现出量化或质化比较的最终结果。在已有研究经验的基础上，按照以下原则和步骤逐步确立了教育强国建设（目标）指标体系。

首先，基于新人力资本理论（强调对非认知能力的投资价值）和CIPP评价框架进行一级、二级指标体系设计。其次，在指标选取理念上，凸显"教育中的人"的站位，充分体现以教师、学生为主体,并体现教育治理和教育现代化的内在要求。再次,在指标设计上与时俱进,体现教育信息化、国际化、协调化、科学化、可持续发展新动态。最后,指标设计在整体上充分借鉴已有研究,既有一定的内涵深度,又具有一定的创新价值。基于此,首先,根据教育强国的内涵及其特征分析进行筛选,去掉数据采集和比较可行度较低的项目。然后,根据相关的人力资源强国研究、高等教育强国研究、教育现代化及 OECD 相关研究和已有的教育强国评价指标体系研究进行筛选,去掉数据采集和比较可行度较低的项目。最后,通过对照建设教育强国的基本要求,通过与时俱进地补充教育法治情况、教育创新情况、教学过程情况、教育可持续发展水平等原创性指标簇和国际教育数据库通用指标(簇),得到了教育强国建设(目标)指标(簇)的 CIPP 框架体系(表4-1)。

表4-1 教育强国建设(目标)指标(簇)的CIPP框架体系

	背景与治理	教育投入	教育过程	教育产出
内涵及其特征分析	职业教育与普通教育的规模比、<u>成人接受终身教育情况</u>	<u>师资培养与供给情况</u>	<u>生师比</u>	<u>教育对社会发展的贡献情况、教育对人类生活的贡献情况</u>等
相关研究	城乡义务教育经费投入的基尼指数、预期受教育年限	教学用宽带速率	中小学班额	高等教育国际生占比、<u>高端人才培养情况</u>、高端科学研究情况等
已有研究	研究生与本科生的规模比	财政性教育经费投入情况、生机比	<u>各级教育入学率</u>	国际学生学业成绩(PISA)、平均受教育年限、ESI等

续表

	背景与治理	教育投入	教育过程	教育产出
与时俱进地补充	<u>教育法治情况</u>、<u>教育创新情况</u>、非文盲人口比重、人均GNI、人口数字技能水平	信息化教学设备、资产投入占固定资产值的比重、研发经费投入情况	<u>教学过程情况</u>、职业教育与培训过程质量、接受中等及以上教育机会公平	<u>教育可持续发展水平</u>、毕业生专业技能水平、一流学科建设水平等

* 注：下划线＿＿表示此处为指标簇（集合）。

系统、简洁且兼顾量化、质化价值的综合指标体系是教育强国建设（目标）指标体系的理想形态。然而，由于一些质化指标采集、追踪、比较的高难度，让上述综合体系难以满足教育强国建设研究和比较的现实需求。因此，必须进一步构建教育强国建设指标（指数）体系。

（二）教育强国建设（目标）指标权重的确立

在指标权重设计上，突出产出导向（OBE）。指标权重是指标体系中的一项重要内容，关乎指标之间的体系化及评价结果的可行性、可比性。由于教育指标体系建构的内在特征，本研究选取常用的德尔菲法（Delphi Method，DM）[1]来确定教育强国建设（目标）评价指标体系中的权重（值）。

经过4轮对长江教育研究院教育专家的匿名和全面的反馈，得到了专家较为一致的关于"教育强国建设（目标）三级指标

---

1. 美国兰德公司在20世纪50年代与道格拉斯公司合作研究出有效、可靠地收集专家意见的方法，以"Delphi"命名，之后，该方法广泛地应用于商业、军事、教育、卫生保健等领域。

体系"的指标权重结果：

其一，教育背景与治理维度由3个二级指标和12个三级指标构成，一级指标维度权重合计22%，每个三级指标平均占1.83%；

其二，投入维度由3个二级指标和9个三级指标构成，一级指标维度权重合计18%，每个三级指标平均占2.00%；

其三，过程维度由3个二级指标和9个三级指标构成，一级指标维度权重合计20%，每个三级指标平均占2.22%；

其四，产出维度由4个二级指标和15个三级指标构成，一级指标维度权重合计40%，每个三级指标平均占2.67%。

面向现代化、面向世界、面向未来，教育强国建设（目标）指标体系框架如下表4-2所示：

表4-2 教育强国建设（目标）指标体系框架　　　　单位：%

一、二级指标	观测指标	
一、教育背景与治理维度（22）		
（一）教育体系与结构（6）	1.职业教育与普通教育的规模比	（2）
	2.研究生与本科生的规模比	（2）
	3.成人接受继续教育和培训的比	（1）
	4.特殊教育、私立教育发展情况	（1）
（二）教育创新与法治（8）	5.全球创新指数（GII）	（2）
	6.大学生获得专利许可情况	（2）
	7.教育行政审批依法公开情况	（2）
	8.教育决策的民主水平（法治指数）	（2）
（三）教育公平与普惠（8）	9.城乡义务教育经费投入的基尼指数	（2）
	10.学前教育、特殊教育入学性别、民族差异	（2）
	11.义务教育年限	（2）
	12.15岁及以上人口中非文盲比重	（2）

续表

一、二级指标	观测指标
二、教育投入维度（18）	
（一）教育经费投入与增长（6）	13.教育投入占GDP比重、增速　　　　（2）
	14.义务教育生均经费占人均GDP比重、增速（2）
	15.公共教育财政支出占比　　　　　　（2）
（二）教育信息化投入（6）	16.生机比　　　　　　　　　　　　　（2）
	17.教学用宽带速率　　　　　　　　　（2）
	18.信息化教学设备占学校产权的固定资产比（2）
（三）师资培养水平（6）	19.中小学教师生源招录比　　　　　　（2）
	20.公办中小学教师起薪水平　　　　　（2）
	21.公办中小学本科学历以上教师占比　（2）
三、教育过程维度（20）	
（一）各级教育毛入学率（6）	22.学前教育毛入园率　　　　　　　　（2）
	23.高中教育毛入学率　　　　　　　　（2）
	24.高等教育毛入学率　　　　　　　　（2）
（二）各级教育生师比、班额（6）	25.学前教育生师比、班额　　　　　　（2）
	26.义务教育生师比、班额　　　　　　（2）
	27.高中教育生师比、班额　　　　　　（2）
（三）教学过程（8）	28.义务教育教师每周课堂教学时间　　（3）
	29.义务教育学生课外学习时间　　　　（3）
	30.义务教育课程学时结构比　　　　　（2）
四、教育产出维度（40）	
（一）教育影响力（16）	31.人才培养指数：诺贝尔奖获得者人数　（3）
	32.科学研究指数：ESI前1%学科数、CNS论文数（3）
	33.世界一流大学、一流学科情况　　　（4）
	34.PISA测试数学、科学成绩的国际排名（3）
	35.高等教育国际生占比　　　　　　　（3）
（二）教育对社会发展的贡献（8）	36.教育对经济的贡献率、高等教育个人收益率（2）
	37.高校专利所有权转让收入　　　　　（2）
	38.每万人拥有科学家、工程师人数　　（2）
	39.校友捐赠经费　　　　　　　　　　（2）

续表

一、二级指标	观测指标	
（三）教育对人类生活的贡献（8）	40.人力资本存量	（3）
	41.人类发展指数（HDI）	（3）
	42.恩格尔系数	（2）
（四）可持续发展水平（8）	43.教育行业与全行业平均收入的比	（3）
	44.教师和学生身体健康达标率	（3）
	45.校园绿化、运动场面积占比	（2）

* 注：（　）内为其权重值，共计100。

在拟定建设教育强国的具体目标的过程中，主要有以下考量：

第一，基于"两新"理论进行指标框架设计。本研究建构的新时代教育强国指标体系以"新人力资本理论"和"新人文主义"作为理论基础——这样建构的指标体系和指数研究不仅基础充分，而且与时俱进。

第二，突出了教育治理维度。党的十九届四中全会以来，中国教育治理体系与治理机制的现代化成为国家教育发展的根本路径。在这一时代背景下，本研究建构的新时代教育强国指标体系专门将其纳入第一个"背景"维度，并通过"教育体系与结构""教育创新与法治""教育公平与普惠"3个二级指标来凸显其治理价值。

第三，凸显了教育产出（OBE）导向。近年来，教育产出导向在教育指标体系建构研究中被普遍接受，反映出其在教育量化和教育评估研究中的相对合理性。本研究建构的新时代教育强国指标体系中的第四个"产出"维度权重最大，占到了40%。此外，本研究首次倡导：将教育产出维度分为"教育影响力""教育对社会发展的贡献""教育对人类生活的贡献""教育可持续发展水平"4个二级指标,突破了以往相关研究固执地将"教育产出 = 教育贡献"的简单化范式。

第四,面向"人的现代性增长"。进入21世纪后,教育现代化研究开始关注"教育中的人",并逐步将"现代化 = 工业化"的概念内核修订为"现代化 ≈ 人的现代化 = 人的现代性增长"。本研究建构的新时代教育强国指标体系中在教育背景(如"教育创新与法治")、教育投入(如"师资培养")、教育过程(如"教学过程")和教育产出(如"可持续发展水平")等四大指标维度上体现出关注"教育中的人",尤其是"人的现代性增长"。

第五,面向世界、面向未来。教育强国研究最后一个重要特征就是必须"面向世界、面向未来"。本研究建构的新时代教育强国指标体系中吸纳了国内外相关学者的宝贵建议,将世界创新指数(GII)、人类发展指数(HDI)、国际学生学业水平测试(PISA)、恩格尔系数等有针对性的国际性指标纳入指标体系,并且大多数指标均有现存的国际数据,体现出指标体系建构中遵循国际可比性原则。此外,研究建构的新时代教育强国指标体系中还注重了教育可持续发展、教育创新、教育信息化等未来教育发展的关键内容,体现出一定的前瞻性。

第 5 章

兴贤育才,为政之先务

——大力实施教育优先发展战略

建设教育强国是中华民族伟大复兴的基础工程,必须把教育事业放在优先位置,深化教育改革,加快教育现代化,办好人民满意的教育。

——习近平总书记在中国共产党第十九次全国代表大会上的报告(2017年10月18日)

第 ⑤ 章 → 兴贤育才，为政之先务——大力实施教育优先发展战略

当今世界，科技进步日新月异，国际竞争日益激烈，人力资源成为推动经济社会发展的战略性资源，人才成为国家核心竞争力的关键。只有坚持教育优先发展，才能实现人力资源的先行开发，为推进经济社会发展提供强大的人才保证和智力支撑。党的十九大报告明确指出："建设教育强国是中华民族伟大复兴的基础工程，必须把教育事业放在优先位置，深化教育改革，加快教育现代化，办好人民满意的教育。"这些论断不仅提出了建设教育强国的战略目标和任务，同时更是旗帜鲜明地指出要优先发展教育。优先发展教育事业，是建设教育强国的必然要求，是立德树人的本质要求，亦是改善民生的必然选择。

一、何谓优先发展教育事业

为实现最广大人民大众受教育权利而奋斗是我们党为人民的利益而奋斗的一个重要方面，大力发展教育事业是我们党不忘初心、牢记使命的重要体现；提出并坚持优先发展教育事业是我们党为实现中华民族伟大复兴和持续繁荣发展、实现中华民族为人类进步事业作出更大贡献的重大战略。经过多年的发展，优先发展教育已经成为全党全社会的共识，全国上下形成了共同推进教育事业发展的合力，即坚定不移落实教育优先发展战略地位，坚决将教育发展放在第一位，全面执行教育优先发展的法律政策，在经济社会发展规划上优先安排教育发展、财政资金投入上优先保障教育投入、公共资源配置上优先满足教育和人力资源开发需要，不断使教育同党和国家事业发展要求相适应、同人民群众期待相契合、同我国综合国力和国际地

位相匹配。

作为一个发展中的人口大国，要把经济搞上去，成为社会主义现代化强国，必须依靠科技进步，提高劳动者素质。因此，必须优先发展教育，实施科教兴国战略和人才强国战略，把沉重的人口负担转变为人力资源优势。只有坚持教育优先发展，实现人力资源的先行开发，才能为推进经济社会科学发展提供强大的人才保证和智力支撑。事实上，许多地方实施推动教育优先发展"一把手工程"，将教育发展指标纳入各级政府和领导干部的考核体系，实行教育优先发展目标责任制和问责制，为教育改革发展奠定了坚实基础。教育优先发展作为国家层面的战略，是国家意志的重大选择，为建设教育强国提供了强有力的支撑。

二、优先发展教育事业是建设教育强国的必然要求

1995年发布的《中华人民共和国教育法》第四条第一款规定，"教育是社会主义现代化建设的基础，国家保障教育事业优先发展"，在法律上确立了教育优先发展的地位。2021年修订的《中华人民共和国教育法》进一步将本条款修改为"教育是社会主义现代化建设的基础，对提高人民综合素质、促进人的全面发展、增强中华民族创新创造活力、实现中华民族伟大复兴具有决定性意义，国家保障教育事业优先发展"。改革开放以来，邓小平指出："教育是一个民族最根本的事业。"江泽民在党的十四大报告中，提出我们必须把教育摆在优先发展的战略地位，努力提高全民族的思想道德和科学文化水平，这是实现

第 ⑤ 章 → 兴贤育才，为政之先务——大力实施教育优先发展战略

我国现代化的根本大计。胡锦涛在党的十七大报告中提出，优先发展教育，建设人力资源强国。党的十八大报告再次明确提出，教育是民族振兴和社会进步的基石。要坚持教育优先发展，全面贯彻党的教育方针，坚持教育为社会主义现代化建设服务、为人民服务，把立德树人作为教育的根本任务，培养德智体美全面发展的社会主义建设者和接班人。

党的十八大以来，以习近平同志为核心的党中央坚持"教育第一"，不断加大教育优先发展力度。2013年9月，国家主席习近平在联合国"教育第一"全球倡议行动一周年纪念活动上发表贺词，指出教育是人类传承文明和知识、培养年轻一代、创造美好生活的根本途径，强调中国将坚定实施科教兴国战略，始终把教育摆在优先发展的战略位置。2015年3月16日，国家主席习近平在人民大会堂会见哈佛大学校长福斯特时指出，中国一直把教育放在优先发展的战略地位。党的十九大特别强调，优先发展教育事业。建设教育强国是中华民族伟大复兴的基础工程，必须把教育事业放在优先位置，深化教育改革，加快教育现代化，办好人民满意的教育。这充分体现了我们党对时代发展新态势和经济社会发展新形势的精准把握。在2018年的全国教育大会上，习近平总书记深刻指出，坚持把优先发展教育事业作为推动党和国家各项事业发展的重要先手棋，不断使教育同党和国家事业发展要求相适应、同人民群众期待相契合、同我国综合国力和国际地位相匹配。将建设教育强国、人才强国、创新型国家和人力资源强国的整体战略提升到一个新的高度，充分体现了党和国家坚持教育优先发展战略的决心和意志。

三、优先发展教育事业是立德树人的本质要求

教育是培养人的事业，事关培养什么人、怎样培养人、为谁培养人的根本问题。教育是关乎意识形态的上层建筑，是培育年轻一代世界观、人生观和价值观的重要舞台，是公民道德建设的重要阵地。作为培育和践行社会主义核心价值观的主阵地，我国教育事业的根本任务是立德树人，即培养德智体美劳全面发展的社会主义事业合格建设者和可靠接班人。这个根本任务要求教育要为提高人民思想觉悟、道德水准、文明素养服务，为提高全社会文明程度服务，为理想信念教育、中国特色社会主义和中国梦宣传教育、民族精神和时代精神教育、爱国主义教育、集体主义教育、社会主义教育服务，为引导人们树立正确的历史观、民族观、国家观和文化观服务。

2019年3月18日，习近平总书记在北京主持召开学校思想政治理论课教师座谈会并发表重要讲话。他强调，我们党立志于中华民族千秋伟业，必须培养一代又一代拥护中国共产党领导和我国社会主义制度、立志为中国特色社会主义事业奋斗终身的有用人才。这是习近平总书记教育优先发展论断政治性的集中体现，也是优先发展教育的根本任务和方向目标。要将社会主义核心价值观融入各级各类学校教育教学全过程，加强理想信念教育，深化中国特色社会主义和中国梦宣传教育，引导广大师生坚定跟党走。立足学校德育发展的实际，建立完整的大中小学德育一体化体系，把立德树人思想融入学校道德教育、文化知识教育、社会实践教育的各环节之中，引导学生树立正确的世界观、人生观、价值观。加强德育工作队伍建设，用社会主义核心价值

观引领青少年，全面开展多样化实践活动，教育引导广大师生明大德、守公德、严私德。

| 知识链接 |

　　习近平总书记要求各级各类学校必须坚持立德树人。2013年10月1日，他在给中央民族大学附属中学全校学生的回信中，要求学校承担好立德树人、教书育人的神圣职责。2015年6月1日，他在会见中国少年先锋队第七次全国代表大会代表时寄语全国各族少年儿童，要从小学习做人。要学会做人的准则，就要学习和传承中华民族传统美德，学习和弘扬社会主义新风尚，热爱生活，懂得感恩，与人为善，明礼诚信，争当学习和实践社会主义核心价值观的小模范。2016年4月，在致清华大学建校105周年贺信中，他强调，站在新的起点上，清华大学要坚持正确方向、坚持立德树人、坚持服务国家、坚持改革创新。2018年5月2日，在北京大学师生座谈会上的讲话中，他指出："大学是立德树人、培养人才的地方，是青年人学习知识、增长才干、放飞梦想的地方。""要把立德树人内化到大学建设和管理各领域、各方面、各环节，做到以树人为核心，以立德为根本。"

四、优先发展教育事业是改善民生的必然选择

坚持优先发展教育事业，是改善民生的必然选择。2021年，中国共产党迎来了百年华诞，中国全面建成小康社会，圆

了中华民族的千年梦想。人民的温饱问题解决之后，人民的发展需要就逐渐上升到突出的地位。无论是提高文化品位，还是参与公共事务，都需要更高的科学文化素质。而提高全民的文化素质，教育则是关键。当前我国教育领域中发展的不平衡不充分问题，已经成为满足人民日益增长的美好生活需要的主要制约因素。2019年10月31日，党的十九届四中全会公报提出，坚持和完善统筹城乡的民生保障制度，满足人民日益增长的美好生活需要，构建服务全民终身学习的教育体系。优先发展教育事业，就是把人民的需要摆在至高无上的地位，不断满足人民群众对更好教育的新期待。

尤其是进入新时代后，坚持以人民为中心发展教育，就必须实现更高质量的教育公平，着力补上短板，夯实义务教育这个根基，强化农村特别是贫困地区控辍保学工作，完善城乡统一、重在农村的义务教育经费保障机制，着力改善乡村学校办学条件、提高教学质量，注重运用信息化手段使乡村获得更多优质教育资源，在提速降费、网络建设方面给予特别照顾，努力让每个孩子都能享有公平而有质量的教育。要构建适应新时代的教育治理体系，坚持扎根中国大地办教育，坚持深化教育改革创新，努力实现教育治理能力和治理水平现代化，着力解决好教育发展不充分带来的总量问题和教育发展不平衡带来的结构问题。在社会主义制度下，人的发展不是少数人的特权，而是所有人自由而公平的发展。这就必须坚持优先发展教育事业，促进教育向更加公平、更加普惠、更高质量转变。正因为如此，习近平总书记在2018年的全国教育大会上特别强调，在党的坚强领导下，全面贯彻党的教育方针，坚持马克思主义指导地位，坚持中国特色社会主义教育发展道路，坚持社会主义办学方向，立足基本国情，遵循教育规律，坚持改革创新，以凝聚人心、完善人格、开发人力、培育人才、造福人民为工作目标，培养德智体美劳全面发展的社会主义建设者和接班人，加快推进教育现代化、建设教育强国、办好人民满意的教育。

五、如何继续优先发展教育事业

教育现代化是国家现代化的基础和先导，中国特色社会主义进入新时代，教育的这一作用就更加凸显。加快向创新型国家迈进，建设现代化经济体系，建设富强、民主、文明、和谐、美丽的社会主义现代化强国，实现中华民族伟大复兴的中国梦，满足人民美好生活需要，必须优先发展教育事业，加快教育现代化，把我国建设成为教育强国。

（一）坚持教育优先发展的理念不动摇

党的十八大以来，以习近平同志为核心的党中央高度重视教育事业，坚持把教育摆在优先发展战略地位，对教育工作作出一系列重大决策部署。教育是提高人民综合素质、促进人的全面发展的重要途径，是民族振兴、社会进步的重要基石，是对中华民族伟大复兴具有决定性意义的事业；教育决定着人类的今天，也决定着人类的未来；教育传承过去、造就现在、开创未来，是推动人类文明进步的重要力量。这些理念已经成为全党、全国的高度共识。

教育是发展的"助推器"，必须优先发展。教育事业的发达程度，体现着一个地方的经济发展水平，决定着一个地方的综合竞争能力。从经济学的角度讲，教育是投入产出比最大的产业，世界银行研究结果表明，劳动者受教育年限每增加一年，对国内生产总值影响的程度为9%。各地各部门要充分认识教育工作的基础性、先导性、全局性地位和作用，进一步完善保障教育优先发展的相关体制机制，在组织领导、发展规划、资源保障上把教育摆在优先发展地位。各地各部门应继续积极推动教育改革发展，建设优先投入，人才优先引进，困难优先解决，典型优先宣传，切实把教育放在优先发展的战略地位。

（二）坚持增加教育投入的决心不动摇

教育投入是支撑国家长远发展的基础性、战略性投资，并日益成为评价一个国家或地区是否优先发展教育事业的重要指标。近年来，按照党中央要求，公共财政优先保障教育，国家财政性教育经费占国内生产总值的比例始终保持在4%以上，为教育事业发展奠定了坚实的物质保障。在此基础上，我国教育事业得以全面发展，教育公平状况不断改善，中西部和农村教育明显加强。

继续优先发展教育事业，应建立"后4%时代"财政教育经费投入稳定增长的长效机制，巩固其教育经费保障的主渠道作用。继续采用挂钩模式，让国家财政性教育经费占GDP的比例继续保持在4%以上，并逐步达到4.5%。为实现教育现代化，建设成为教育强国并具有可持续发展的前景，建议在"十四五"期间稳定在4.2%以上，2026—2030年稳定在4.3%以上，2031—2035年稳定在4.4%以上，2036—2050年稳定在

4.5%以上。这是我国教育改革发展的现实需要，是保持我国国际竞争力的重要保障。鉴于中国教育国际竞争力提升还存在的巨大发展空间，这一新标准参照了国际教育平均投入水平，也在我国未来不断增长的财力可以承担的范围之内，是一个较为可行且具有可持续性的目标。建议人大在每年审核政府预算时重点关注每年财政教育投入的预算占整个财政预算支出的比例及占GDP的比例。同时，鼓励社会民间教育投入，使之达到GDP的2.5%左右。两者相加达到7%及以上水平。而且，国家应该明确规定教育财政支出维持在地方财政支出的15%—20%，并将其明确写入教育法。要把上述目标继续作为政府工作的数字性指标，进一步增强加大财政教育投入的紧迫感。各级政府应当高度重视财政教育支出的占比，即使不能提高，也要确保基本稳定，坚持做到"两个只增不减"。另外，要统一财政性教育投入的统计口径，不允许随意扩大或减少统计内容，确保实事求是地巩固目标，防止虚假投入的发生。

（三）坚持以人民为中心，增强民众获得感

人民是我们党执政的最深厚基础和最大底气。为人民谋幸福、为民族谋复兴，这既是我们党领导现代化建设的出发点和落脚点，也是新发展理念的"根"和"魂"。优先发展教育事业，必须坚持以人民为中心，切实提高人民群众的获得感、幸福感与安全感。

其一，优先发展教育事业，必须促进教育公平、提高教育质量，办好人民满意的教育。办好公平而有质量的教育，必须优先发展教育事业，持续加大教育投入，优化教育投入结构。

教育经费要坚持向农村地区、贫困地区、民族地区和困难群体倾斜。坚持精准施策，关爱留守儿童、随迁子女、经济困难学生，健全资助制度，实施教育精准脱贫，提升民族地区和边远贫困地区教师待遇。推动教育从规模增长向质量提升转变，着力提升农村教育质量，普及高中教育与学前教育，促进义务教育优质均衡发展；建设一流大学一流学科，促进高等教育内涵发展；加强校企合作、产教融合，提升职业教育质量等，为人人享有更加公平、更高质量的教育打下坚实的基础。

其二，优先发展教育事业，必须回归立德树人的初心。习近平总书记在2016年的全国高校思想政治工作会议上指出，要坚持把立德树人作为教育教学的中心环节。围绕立德树人根本任务，树立健康第一的教育理念，让义务教育回归立德树人的初心。"既把学习搞得好好的，又把身体搞得棒棒的"，这是习近平总书记对全国广大青少年的殷切希望。应切实发挥学校主阵地的作用，突出学校教育为党和国家培养人才的核心作用。学校教育应不断深化课程改革，创新教学方式，让学生在学校实现优质学习。提升学校教育质量，必须根据国家课程计划和课程管理要求，开足开齐开好国家规定课程，建设丰富多元的校本课程，为学生提供丰富的校内学习课程与学习资源。提升学校教育质量，必须扩大义务教育优质资源，促进义务教育优质均衡发展。提升学校教育质量，核心在于通过变革教育教学方式，提高师资队伍水平，抓好课堂质量。

其三，优先发展教育事业，必须高度重视人民群众实实在在的获得感。就学生而言，应切实减轻学生学业负担，促进学生"德智体美劳"全面发展。就教师而言，要努力提高教师政治地位、社会地位、职业地位，让广大教师安心从教、热心从教、舒心从教、静心从教，让广大教师在岗位上有幸福感、事业上有成就感、社会上有荣誉感，让教师成为天底下令人羡慕的职业。教育发展不均衡不充分，已经成为满足人民群众日益强烈的对多样、特色、优质教育需求的主要制约因素。要让人民在教育上有获得感，就要解决教育为人民服务中存在的问题，从人民的利益出发，急人民群众之所急，想人民群众之所想，认真解决好当前在人民群众中普遍存在的教育问题，实实在在地为人民群众的教育排忧解难。要统筹协调好不同资源支持教育，让每个孩子都有人生出彩的机会。

第 6 章

直到天头天尽处,不曾私照一人家

——大力推进有质量的教育公平

要全面贯彻党的教育方针，落实立德树人根本任务，发展素质教育，推进教育公平，培养德智体美全面发展的社会主义建设者和接班人。

——习近平总书记在中国共产党第十九次全国代表大会上的报告（2017年10月18日）

第 6 章 直到天头天尽处，不曾私照一人家——大力推进有质量的教育公平

教育事业是国家、民族的共同事业，发展教育符合全社会的集体利益而不是某一阶层的局部利益。教育涉及千家万户，关乎每一个人。需要满足公民最基本的需要而不是少数人的特殊需要，这就有赖于教育的公平发展。促进教育公平是我国的基本教育政策，亦是实现社会公平的"最伟大的工具"。党的十八大以来，在以习近平同志为核心的党中央坚强领导下，我国义务教育取得了举世瞩目的成就：2021年，我国九年义务教育巩固率为95.4%，义务教育普及程度达到世界高收入国家的平均水平；实施义务教育薄弱环节改善和能力提升项目，发展"互联网+"教育助力城乡教育均衡，全国义务教育基本均衡已经全面实现……让适龄儿童少年有学上、上好学，让每个孩子都能享有公平而有质量的教育，正在成为现实。

一、以教育公平促进社会公平正义

教育公平是社会公平的基础，是维系社会公平正义的坚实基石。努力让人民享有更好更公平的教育，亦是建设社会主义的重要目标。习近平总书记在党的十九大报告中明确指出："增进民生福祉是发展的根本目的。必须多谋民生之利、多解民生之忧，在发展中补齐民生短板、促进社会公平正义，在幼有所育、学有所教、劳有所得、病有所医、老有所养、住有所居、弱有所扶上不断取得新进展，深入开展脱贫攻坚，保证全体人民在共建共享发展中有更多获得感，不断促进人的全面发展、全体人民共同富裕。"这里明确将"幼有所育、学有所

教"视为"补齐民生短板、促进社会公平正义"的范畴。

(一)教育公平是社会公平的重要基础和核心环节

教育公平通常指每个社会成员都享有同等的受教育权利与受教育机会,享有同等的教育资源,享有同等的教育质量,享有同等的就业机会,并向社会弱势群体给予一定的倾斜。教育公平包括教育机会的公平、教育过程的公平和教育结果的公平。从本质看,教育机会的公平属于"起点公平",过程公平强调的是整个过程中的教育制度或安排要平等地对待每一位个体,以消除外部的经济障碍和社会障碍对个体学业的影响。教育结果的公平则通过提供使个人在入学时存在的天赋得以发展的各种机会,使不同社会出身的个体获得进步,进而获得平等的教育效果。

社会公平包括政治公平、经济公平、文化公平、教育公平等,是一个综合性的概念。教育公平隶属于社会公平的范畴,实现教育公平,直接关系到社会公平的实现。从某种意义上说,教育公平既是社会公平的重要基础,又是社会公平的核心环节。没有或者缺少教育公平的社会,不是一个正常的社会。人们无法通过合法的、正常的渠道,实现社会的流动与分层,保持社会的相对稳定,就只能通过非法的渠道,达到改变自身命运的目的,而这就必然爆发冲突、斗争乃至革命,影响社会的稳定。人类的历史已反复证明这一点。只有实现教育机会的公平,社会弱势群体才有可能与社会其他阶层在同一起跑线上起跑,才有可能通过知识改变命运,社会各阶层才有可能实现正常的流动与分化。只有依靠正常的阶层流动,社会各个阶层、各个群体之间保持相互开放及平等进入，互利互惠才能实现。全社会才能充满活力、安定有序，进而实现"天下大同"。

（二）实现有质量的教育公平是一个渐进的过程

随着教育改革的不断深化，我国的教育事业取得了举世瞩目的成就。国民受教育程度和科学文化素质大幅度提高，这不仅为社会主义现代化建设战略目标的实现提供了有力的人才支持和智力保障，也为我国教育的进一步发展奠定了坚实基础。然而，随着社会的进步和观念的转变，人们对教育公平的要求也越来越多，越来越高，不仅要求教育机会均等，不仅对教育公平有"量"（接受义务教育的年限等）上的要求，而且有对教育公平"质"（接受高质量教育）上的要求。从总体来看，不全面、不均衡的教育资源供给与经济及社会发展的多元化需求，特别是与人民群众日益增长的对教育"足量优质"需求之间的矛盾成为当前我国教育的主要矛盾。"人人上好学"，是当前人民群众对教育公平的强烈呼声。

当然，我们也应该看到，教育公平既是现代教育发展的基本原则，又是人们为之不断努力奋斗的目标，同时也是一个渐进的过程。由于教育事业本身具有长期性、迟效性和滞后性，故而有质量的教育公平的实现不可能一蹴而就。如何满足人民群众日益高涨的对于接受优质教育的迫切需求，进而全面实现教育公平，不仅是教育系统的一项长期、艰巨而光荣的任务，而且也是对党和政府执政能力的严峻考验。在中国社会转型过程中，政府应该遵循最大限度地发挥资源优势的原则，大力推进有质量的教育公平，真正履行好教育公平"第一责任人"的职责。

二、优化资源配置,加大投入力度

由于自然、历史和现实等多方面原因,不同区域之间、城乡之间、学校与学校之间存在着教育差距,这是一种客观现实。优化配置各种教育资源,加大财政投入力度,已经成为缩小区域、城乡、校际差距,推进教育公平的有力保障。

<u>(一)优化教育资源配置</u>

我国长期以来城乡分割的二元社会结构所形成的东西部之间、城乡之间教育发展水平的差异,是导致我国教育不公平的重要原因,也是我国政府在相当长的时期内要面对和解决的问题。针对这一问题,习近平总书记以无产阶级政治家的远见卓识作出了明确回答。他在考察北京八一学校时指出,要优化教育资源配置,逐步缩小区域、城乡、校际差距,特别是要加大对革命老区、民族地区、边远地区、贫困地区基础教育的投入力度,保障贫困地区办学经费,健全家庭困难学生资助体系。这就为如何逐步缩小区域、城乡、校际差距,促进教育公平,指出了具体的推进路径。

党的十八大以来,针对区域差距,我国以县域均衡为重点,全面推进义务教育均衡发展。针对城乡差距,我国大力发展农村教育,实施农村义务教育薄弱学校改造计划,全面改善义务教育阶段薄弱学校办学条件和中小学校舍安全状况,"全面改薄"成为我国义务教育学校建设史上财政投入最大的单项工程。针对校际差距,我国全面改善贫困地区义务教育薄弱学校基本办学条件。针对不同学习群体的差距,我国出台了一系列政策关注不同群体之间的教育平衡发展。儿童就学环境改善，各级教育的女性参与率持续提高，性别差距基本消除；随迁子女异地就学障碍逐步消除，留守儿童关爱服务体系初步建立，特殊教育体系初步形成。在针对农村和贫困地区的优质就学机会方面，国家实施了高校定向招收农村和贫困地区学生的专项计划，覆盖所有农村、边远、贫困和民族地区。

推动教育强国建设，仍需进一步优化教育资源配置。我们应根据不同区域的特点和教育发展水平，科学规划，分类指导，统筹东部、中部、西部和东北地区教育发展。对教育发展水平高的东部地区，支持率先实现教育现代化。对中西部地区，要继续加大政策、工程项目的倾斜支持力度，加快补齐中西部落后地区教育发展的短板。在资源配置上，继续支持新增教育资源重点向革命老区、民族地区、边疆地区、原集中连片特困地区倾斜。要兜住底线，着力从中西部最困难的地方和最薄弱的环节做起，把提升最贫困地区教育供给能力、提高最困难人群受教育水平作为优先任务，促进教育基本公共服务均等化，保障每个孩子的受教育权利。注重县域内义务教育均衡发展，通过"名校带薄弱校"，以名校为核心，托管若干农村薄弱学校，以信息化为支撑统筹优质教学资源，组建共同管理、共同发展的教育联合体，促进城乡教育高位均衡发展。

（二）继续加大投入力度

在财政投入上，党和政府始终坚持把教育作为财政支出重点领域予以优先保障。近几年来，国家财政性教育经费使用坚持"保基本、补短板、促公平、提质量"，坚持向农村、边远、贫困和民族地区倾斜。"十三五"时期，我国的教育财务工作取得的成绩是历史性的，发生的变革也是历史性的。五年来，保障发展的水平更高了，促进公平的措施更实了，提升质量的导向更强了，推进改革的力度更大了。国家财政性教育经费支出占GDP比例连续10年保持在4%以上。实践证明，坚持系统谋划推动是加大教育投入的有效策略，坚持服务国计民生是优化支出结构的根本遵循，坚持制度机制并重是资金安全有效的重要保障。

推进教育强国建设，各级政府要明确自己的职责，继续加大财政投入，确保国家财政性教育经费支出继续保持在4%以上，并逐步达到4.5%，为促进教育公平、提高教育质量提供基本的经费保障。同时，各级地方政府也应严格按照《中华人民共和国教育法》的规定要求，保证教育投入的"三个增长"，即各级政府教育财政拨款的增长要高于同级财政经常性收入的增长，在校学生人均教育经费逐步增长，教师工资和学生人均公用经费逐步增长。各级人大要加强对同级政府落实教育经费"三个增长"的法律监督，以确保教育公平的实现。要优化教育投入结构，改变以往教育资源过于集中投向少数重点中小学和大学的局面，确保在重点学校与非重点学校，义务教育与非义务教育，基础教育、职业教育与高等教育，基础教育内部小学、初中与高中，高等教育内部专科、本科与研究生之间，都应有个合理的比例，不宜畸轻畸重。

三、追求有质量的教育公平

发展更高质量、更加公平的教育公共服务，既是《"十四五"公共服务规划》明确部署的重点任务之一，也是加快推进教育现代化、建设教育强国、办好人民满意教育的重要方面。追求有质量的教育公平，需要巩固教育扶贫成果并建立解决学生相对贫困的长效机制、促进学前教育普惠优质发展、加快推进城乡义务教育一体化步伐、全面普及高中阶段教育，真正让适龄儿童少年有学上、上好学，让每个孩子都能享有公平而有质量的教育。

（一）巩固教育扶贫成果并建立解决学生相对贫困的长效机制

教育扶贫能让贫困地区的孩子掌握知识、改变命运、造福家庭，是最有效、最直接的精准扶贫。联合国教科文组织研究表明，不同层次受教育者提高劳动生产率的水平不同：本科300%、初高中108%、小学43%，人均受教育年限与人均GDP的相关系数为0.562。教育在促进扶贫、防止返贫方面的作用，可说是基础性、根本性、可持续的。党的十八大以来，党中央、国务院空前重视扶贫工作，完成了教育脱贫攻坚目标任务，为全面打赢脱贫攻坚战贡献了教育力量。建设教育强国，需巩固教育扶贫成果并建立解决学生相对贫困的长效机制。

其一，认真巩固教育扶贫成果。进一步夯实各级党委和政府对教育扶贫的主体责任，使地方政府不敢造假；严格执行和实施教育扶贫的标准和程序，减少和避免数字脱贫及虚假脱贫；适当引入第三方专业机构参与教育扶贫的督导与监测评估，加强媒体、社会组织和扶贫对象等对脱贫过程的社会监督，通过公开脱贫的标准细则、允许扶贫对象申诉等方式做实教育扶贫的社会监督；教育督导要督促整改、依法问责。

其二，教育扶贫目标要聚焦于城乡薄弱学校和相对贫困家庭子女。教育扶贫目标应逐渐由集中连片特困地区的农村学校和建档立卡贫困学生转向城乡并重的薄弱学校和相对贫困家庭子女，确保所有城乡薄弱学校的基础设施得到明显改善、相对贫困家庭子女能和优势阶层子女一样接受公平而有质量的教育。建立动态调整的城乡薄弱学校和相对贫困学生的认定标准，将"改薄"目标进一步扩展到所有城乡薄弱学校，补齐城乡教育基础设施的短板；完善精准识别工作机制，运用大数据、人工智能和区块链等先进技术，确保城乡所有相对贫困家庭子女都能享受到学生资助政策。将城乡民办学校全部纳入资助政策范围，实现所有学段和公办、民办学校学生资助全覆盖；改变以往"一刀切"、标准化的资助方式，实行差异化的学生资助政策，充分满足相对贫困家庭子女多元化需求。

其三，教育扶贫任务是提高城乡薄弱学校教育质量、促进相对贫困学生全面发展和保证相对贫困大学生"就好业"。实施城乡薄弱学校质量提升工程，推动新技术支持下教育的模式变革和生态重构，有效实现城乡薄弱学校"开好课"的目标；下大力气引进优秀年轻教师，深入推进信息技术与教育教学的深度融合，稳步提升城乡薄弱学校的教学质量。重点关注相对贫困学生综合素质培养，加强口头表达、健康知识、生活习惯、团队合作等方面的训练。重视"互联网＋"环境下相对贫困学生创新能力和批判思维的培养，利用人工智能、物联网和区块链等新技术开展智慧教学。科学制定相对贫困大学生职业发展规划，提高他们的就业竞争力；鼓励他们积极创业就业，给予他们创业就业培训补贴、担保贷款和一次性创业补贴等。

(二)促进学前教育普惠优质发展

加强学前教育发展的顶层设计。研究制定《学前教育现代化2035》,科学规划未来十五年学前教育宏观发展战略。制定城乡学前教育发展战略规划,严格落实房地产开发中公共设施建设标准,特别是幼儿园建设配套标准。加快研制出台促进0—3岁托育服务的相关政策和配套措施,完善托育服务机构的设立标准和服务规范,加快推动婴幼儿托育服务体系的构建。

扶持民办幼儿园,提供普惠性服务。引进优质民办幼儿教育机构办园,积极培育本地优质民办幼儿园,让优质民办园通过兼并、合作等形式不断扩大规模、走集团化发展道路,提高规模化办园效益。完善普惠性幼儿园办园认定标准,逐年确定一批普惠性幼儿园。根据分类管理的原则,建立差别化优惠政策体系,完善制度政策,在政府补贴、政府购买服务、基金奖励、捐资奖励、土地划拨、税费减免等方面对普惠性民办幼儿园给予支持;根据经济社会发展的需要和公共服务需求,通过政府购买服务及税收优惠等方式对营利性民办幼儿园给予支持。加强监管和引导,将提供普惠性学位数量和办园质量作为奖励和支持的依据,确保财政投入发挥普惠实效。

优化城乡学前教育布局。科学规划农村幼儿园布局,做好城乡接合部幼儿园布局规划;加大新建住宅小区建设和管理力度,切实保障配套幼儿园建设质量;每个乡镇至少办好一所公办幼儿园,扶持乡镇中心园和大村幼儿园建设,形成与周边各村中小型幼儿园互助联动的合理布局和管理机制。充分利用农村中小学布局调整富余的校舍进行改扩建,使农村幼儿园发展布局结构更为合理,学前教育资源配置更加优化。

(三)加快推进城乡义务教育一体化步伐

实施乡村振兴战略教育行动。根据国家新型城镇化发展总体部署和本地城镇化进程,强化省级政府统筹,把农村义务教育纳入经济社会发展规划,与乡村振兴战略的布局融为一体,持续推进"改薄"工作。

乡村教育遵循梯次发展的逻辑。资源密集型乡村教育可以树榜样,建特色,走示范引领之路,探索以名师工程为核心的乡村教师培育基地,培育乡村教育的民族自信。资源普通型乡村教育可以走强基础、保质量之路,建设以骨干教师队伍为核心的攻坚团队,以自我质量提升获得更多社会关注,进而争取更多社会资源的投入,瞄准最近发展区逐步向上一层次的教育类型靠拢。资源贫瘠型乡村教育可以走并校发展之路,以实现教育公平为基础的联校合理布局,先争取获得适宜的规模效应,利用好规模效应的话语权,整合各类型资源快速改善教师队伍,争取稀缺资源的精准投放,并逐步向上一层次的教育类型靠拢。[1]

乡村教育注重乡土文化的挖掘。支持乡村学校挖掘乡土文化、构建乡土教材。借用本土民间手艺人的乡村文化元素,定期开展传统乡土文化讲座,拓宽学生知识面的同时接受乡土文化熏陶。积极建设校本教材,激活乡土元素,以丰富不同的课

---

[1] 陈时见,胡娜.新时代乡村教育振兴的现实困境与路径选择[J].西南大学学报(社会科学版),2019,45(03):69-74+189-190.

程内容来源。实施"乡村引智"工程，在宏观上支持研究者关注乡村教育，以高校丰富的智库资源为支撑，帮助乡村教育挖掘有价值的乡土元素，支持乡村教育的文化自信建设。

补齐城乡教育发展的短板。针对乡镇寄宿制学校工勤和教学辅助岗位严重不足的问题，通过政府购买服务等方式为乡镇寄宿制学校提供工勤和教学辅助服务；针对农民工随迁子女所在城市学校资金不足、办学积极性不高的问题，利用全国中小学生学籍信息管理系统数据，实行"两免一补"资金和生均公用经费基准定额资金随学生流动可携带，坚持以公办学校为主安排随迁子女就学，对于公办学校学位不足的，通过政府购买服务的方式安排在普惠性民办学校就读，保证农民工随迁子女和城市孩子享受同样的优质教育；针对城镇学校大班额的问题，通过城乡义务教育一体化、实施学区化集团化办学或学校联盟、均衡配置师资等方式，加大对薄弱学校和乡村学校的扶持力度，促进均衡发展，限制班额超标学校招生人数，合理分流学生。

（四）全面普及高中阶段教育

实施全面普及高中阶段教育攻坚计划，解决落后地区教育资源短缺、大班额比例高、学校运转困难问题，提高教育基础薄弱地区特别是高中阶段教育毛入学率较低地区的普及程度，提高特殊群体接受高中阶段教育的机会。以"三区三州"为重点，在西部欠发达地区夯实基础教育和中等职业教育学生资助政策体系基础，在巩固九年义务教育"两免一补"和营养改善等项目成果的基础上，加快实行从中职学校到普通高中全免学杂费和其他助学措施，让绝大多数青少年顺利完成高中阶段学业。深入探索新课改背景、新高考背景和信息化背景下的高中教学改革和人才培养模式创新，适应课程结构调整，改进高中教学组织形式，进一步推进选课走班，悟透新课程标准，培育学生核心素养。

在充分考虑中国经济转型对中等职业教育毕业生的需求和要求的基础上，正视中等职业教育在全面普及高中阶段教育过程中应有的地位和作用，调整中等职业教育规模、质量管控和发展方式；推进普通高中学校通过不断挖掘和丰富内涵实现多样化发展，打破"重点高中""示范性高中"政策所带来的以分层为主导的高中教育格局，逐步走向分类为主的发展态势。针对不同地区的不同教育基础，采取有针对性的措施提升高中教育发展水平，避免因对各种"率"的片面追求而牺牲高中教育生态的做法，推进高中阶段教育有质量的普及，丰富和发展高中教育改革发展的中国模式。

第 7 章

奋楫笃行，臻于至善

——全面提升教育质量

要把教育摆在更加重要位置，全面提高教育质量，注重培养学生创新意识和创新能力。

——习近平总书记在科学家座谈会上的讲话（2020年9月11日）

第 ⑦ 章   奋楫笃行，臻于至善——全面提升教育质量

实现我国从教育大国向教育强国转变、从人力资源大国向人力资源强国转变，规模是基础，质量是关键。《国家中长期教育改革和发展规划纲要（2010—2020年）》明确提出，要"把提高质量作为教育改革发展的核心任务"。2020年10月，党的十九届五中全会审议通过了《中共中央关于制定国民经济和社会发展第十四个五年规划和二〇三五年远景目标的建议》，第一次明确提出"建设高质量教育体系"，这是新时代教育发展的新主题、新方向、新目标、新任务。[1] 2021年3月正式发布的《中华人民共和国国民经济和社会发展第十四个五年规划和二〇三五年远景目标纲要》也进一步明确了这一提法。全面提高教育质量，是教育规模扩张基础上教育发展的必然选择，是办好人民满意的教育的根本要求，是建设教育强国的重要保障。由此可见，全面提高教育质量已成为中国教育的战略任务和政策取向。

一、推动基础教育优质均衡发展

基础教育是整个国家教育体系中的奠基工程。我国基础教育体系主要分为学前教育、义务教育（含小学和初中教育）以及普通高中教育三个阶段。相较于其他阶段的教育，基础教育是受教育者的教育启蒙和原始积累时期，它的学制最长，体系更为稳定、成熟，体量和规模也较为庞大。党的十八大以来，以习近平同志为核心的党中央高度重视基础教育，作出了一系

---

1. 周洪宇.建设高质量教育体系 迈向教育发展新征程［N］.中国教育报，2020-11-12（6）.

列重大部署，出台了若干重磅文件，在巩固提高义务教育普及水平的同时，加快普及学前教育和高中阶段教育，着力发展公平而有质量的教育，推动我国基础教育改革发展取得了显著的成就，主要体现在：学前教育方面，强化了公益普惠属性；义务教育阶段"乡村弱""城镇挤"的状况正在好转，我国农村学校办学条件大幅改善，义务教育基本实现免试就近入学全覆盖。建设教育强国，需进一步推动基础教育优质均衡发展。

（一）促进学前教育公益普惠发展

1.完善公益普惠的学前教育公共服务体系

党的十九大报告提出，要在"幼有所育"上不断取得新进展。"幼有所育"，指的是对0—6岁学龄前儿童的保育和教育，包括3—6岁儿童的学前教育和0—3岁婴幼儿的托育服务。因此，完善公益普惠性学前教育公共服务体系主要从以下两个方面来入手。

首先，以县（区）级行政区划为单位制定幼儿园布局规划，将普惠性幼儿园建设纳入城乡公共管理和公共服务设施统一规划，构建覆盖城乡、布局合理、公益普惠的学前教育公共服务体系，公平配置学前教育资源，努力保障所有适龄幼儿受教育的权利。强化各级政府在普惠性学前教育制度建设和资源供给方面的主责，推行中西部农村"一村一园"策略。在确保公办园、民办园依法运作的同时，鼓励支持街道、村集体、有实力的国有企事业单位、普通高校等开办公办园，为员工和居民子女提供入园便利，也向社会提供普惠性服务。

其次，建立0—3岁幼儿的托幼服务体系，明晰政府职能，充分发挥政府的作用,扩大服务资源供给。探索公办示范机构、市场托育机构、幼儿园拓展机构、社区服务机构、家庭"邻托"等多种方式,以多样化的托育服务,尽快扩大服务覆盖范围。鼓励和引导社会力量参与托育服务。建立可持续的投入保障机制,采取财政补贴和税收减免的方式,在资金、场地、人员等方面对各种托育机构实施补贴和优惠,发挥财政投入对托育的引导作用和托底作用;建立服务成本分担机制,为低收入家庭、多子女和兼顾老人照料等特定家庭提供服务支持。强化对相关从业人员的培训,建立合理的薪酬待遇体系和职业发展规划,积极发展志愿服务队伍,重视对家庭成员的技能培训和支持服务。

2.充分保障弱势群体学前教育权利

为经济困难家庭儿童接受普惠性学前教育提供资助,保证孤儿、事实无人抚养儿童、特困人员中的儿童接受免费学前教育。细化特殊儿童分类标准,依托网格化管理,畅通特殊儿童发展和上报机制,确保"精准到户",采用物资发放、生活补贴、家庭入户指导和干预等方式,为有特殊需要的儿童的生存、发展、学习提供支持和保障。关注进城务工人员随迁子女儿童等特殊群体发展的需要,逐步推进实行城市"住房租购同权"政策,赋予符合条件的承租人子女接受优质学前教育的权益。

3.提高幼儿园保教质量

强化学前教育专门监管机构,对各类幼儿园准入、安全、师资、收费、卫生保健及质量等方面进行日常指导和监管,并实行信息公开制度,强化社会监督。以教育部门为主,协同有关部门建立常规性的、全覆盖的督导评估制度,将民办幼儿园纳入教育督导评估体系,保证公办幼儿园和民办幼儿园的质量不断提高。坚持实施科学保育行为,坚决杜绝学前教育"小学化",遵循幼儿教育规律,以游戏为基本活动,寓教育于各项活动之中,保证幼儿生活得到照料并养成良好的习惯。保证对幼儿实施科学保育保教,关注幼儿的心理和情绪状态,保障幼儿身心健康发展,为幼儿成长提供丰富、多样、个性和适合的教育。

(二)统筹推进义务教育城乡一体化发展

义务教育水平的高低,决定着一个国家国民的整体素质,决定着一个国家的未来发展,决定着一个民族的荣辱兴衰。义务教育是国民教育的基础,人人接受平等、高质量义务教育,是全体公民所具有的基本权利。

1.扎实推进义务教育优质均衡发展

第一,均衡配置城乡义务教育资源。依据《中华人民共和国义务教育法》,确保各级人民政府担负起实施主体责任,合理配置公共教育资源,改善薄弱学校办学条件,缩小校际办学条件差距,继续保障农村地区、民族地区以及经济困难家庭和残疾适龄儿童按规定接受义务教育。适当上移教育资源的统筹力度,健全与居民区建设同步的教育用地储备机制、"钱随人走"的教师编制调配机制,使义务教育资源与学龄人口分布趋向一致。

第二,优化城乡义务教育布局规划。根据国家新型城镇化发展总体部署和本地城镇化进程,强化省级政府统筹,把义务教育纳入经济社会发展规划,与乡村振兴的战略融为一体。优化城乡义务教育学校布局规划,加强乡村小规模学校和乡镇寄宿制学校建设,推动脱贫攻坚成果与乡村教育振兴有效衔接。

第三，加快义务教育标准化建设。鼓励有条件的地方在省域内全面巩固义务教育公办校标准化建设，在县域内强化公办校零择校、择校到非营利学校、公办校和民办校同招等制度，多点划片遏制学区房热炒现象。推动有条件的地区从县域拓展到市域范围，并推广到九年一贯对口招生、九年一贯制学校，实现常住人口基本公共教育服务全覆盖，努力办好每所学校尤其是乡村学校。

第四，全面提升义务教育质量。在整合优质教育资源的基础上，借助人工智能技术、教育大数据和区块链技术，根据学生的学习基础和学习特性推送适切的优质教育资源，从而实现大规模个性化教育，全面提升义务教育质量。

2.统筹推进义务教育城乡一体化发展

第一，牢固树立城乡义务教育一体化发展观。无论是新型城镇化还是乡村振兴，人才都是基础和支撑，而基础教育则是国民素质整体提升、培养高素质人力资源和人才的根本途径和重要保障。因此，各级政府应站在城乡一盘棋的战略高度上，突出推进城乡一体化发展的价值导向，坚持以促进乡村振兴为核心和根本方向，牢固树立城乡义务教育一体化发展观，统筹推进城乡义务教育一体化发展。

第二，制定统筹协调的城乡义务教育一体化发展规划。地方政府本着顶层统筹、全域一体的思路，立足当前、着眼长远，做到"八规合一、三规协调"。"八规合一"，即不仅地方政府经济社会发展规划要与教育部门规划相一致，而且要落实到当地发改、财政、人社、编制、自然资源、住建等部门规划，这六部门的规划须贯彻落实地方经济社会发展规划，与教育部门城乡义务教育一体化发展规划相统一；"三规协调"，是指城乡义务教育一体化发展规划之下应配套两个子规划，即城乡义务教育学校布局一体化规划和城乡教师队伍建设一体化规划，它们要与城乡义务教育发展规划形成一体，相互协调，保障城乡义务教育一体化发展规划的落地落实。

第三，深入研判，有效推进。紧密结合城乡经济社会发展实际，科学预测当地人口变化、教育资源现状和需求趋势。组织协调发改、教育、自然资源、住建、财政、人社、编制等部门，共同发力，统筹推进城乡义务教育一体化发展实施与落地。当地方行政区划和市政发展规划调整时，教育部门应深度参与，将城乡义务教育一体化规划与地方行政区划、市政发展规划等统筹考虑、协同调整，严格执行同步规划、同步设计、同步建设。在规划实施推进的过程中，各地政府应本着"效果导向"的原则，广泛听取意见建议，及时评估规划与实施的适宜性与有效性，及时深入研究解决问题，切实推进农村义务教育发展。

第四，以信息化推进城乡义务教育一体化。加大对乡村薄弱学校的信息化投入力度，消除"数字鸿沟"现象。充分利用教育信息化的技术优势，解决农村优质教育资源短缺问题，进一步提升乡村学校信息化水平，全面提升乡村教师信息技术能力，利用信息技术共享优质教育资源，使优质教育资源覆盖到偏远地区规模较小的学校，着力解决乡村小规模学校及教学点无法开足开齐课程的问题。准确把握教育信息化新形势和新要求，引入"平台＋教育"的服务模式，实现数字资源、优秀师资、教育数据、信息红利有效共享，助推乡村教育在信息化时代与城市教育共建共享。

(三) 促进普通高中教育特色多元

高中阶段是学校教育体系中极为重要的阶段,上承培养尖端人才的高等教育,下接为国民素养奠定基础的义务教育,处于连接过渡位置。国务院办公厅印发的《关于新时代推进普通高中育人方式改革的指导意见》指出:"办好普通高中教育,对于巩固义务教育普及成果、增强高等教育发展后劲、进一步提高国民整体素质具有重要意义。"对于其中的普通高中教育而言,最重要的是建设特色多元的教育体系。

1.多措并举保障优秀初中生升学,巩固提升高中阶段教育普及水平

党的十八届五中全会提出了到2020年普及高中阶段教育的任务,当时采用的普及高中阶段教育的总体思路是"政府主导、补齐短板、普职并重、关注内涵"。《中华人民共和国国民经济和社会发展第十四个五年规划和二〇三五年远景目标纲要》进一步明确提出:"巩固提升高中阶段教育普及水平,鼓励高中阶段学校多样化发展,高中阶段教育毛入学率提高到92%以上。"针对"巩固提升高中阶段教育普及水平"的任务,应在前述策略基础上做好宏观统筹并下好全国"一盘棋",同时结合区域实际,分区、分层、分类地差异化推进。此外,学校科学布局是重要的教育资源配置方式。要立足普通高中教育的基础性地位,强化普通高中教育的公共性功能,以县域为单位,以人口规模为基数,原则上每10万人设立一所普通高中学校,实现高中学校布局适度均衡。取消跨县(区)招生,改善普通高

中学校办学生态，促进普通高中健康发展。

2.以人才培养为中心，支持并加强高中学校特色建设

多样化与特色化发展是普通高中教育发展的方向。在新时代，一所普通高中只有根据自身发展实际，在"为学生适应社会生活、接受高等教育和未来职业发展打好基础"上，做到让学生受益、家长满意，才能真正称得上是有特色的学校。学校特色发展的过程是校长带领全体教职员工可持续地提供高品质教育服务，以不断满足学生、家长教育需求的过程。普通高中特色定位应遵循的思路是：特色定位以教育理念（理念因素）为出发点，以有关普通高中的国家和区域政策（政策因素）为依据，以人才培养目标（背景因素）为中心，以统整办学资源（资源因素）为依托，以充分发挥校长和师生员工（主体因素）在特色定位中的主体作用为要领。一些地区的特色高中建设经验可资借鉴，如在区域层面应注意统筹规划，优化高中教育资源的布局与结构，不断激发区域高中学校特色创建活力。对于学校自身，应自觉探寻内生动力，以办学品质为旨归。

3.结合乡村振兴战略，进一步加强县域普通高中建设

县域高中对于乡村振兴、促进带动义务教育均衡发展至关重要。根据基础教育司司长吕玉刚在2021年3月31日国务院新闻办公室新闻发布会上发布的有关数据，我国的普通高中共1.42万所，其中县域高中0.72万所，占了半壁江山，在校生规模为1468.4万人，超过了一半。一个县的高中发展不好，这个县的基础教育很难发展好。2022年《政府工作报告》特别强调要加强县域普通高中建设。要结合实施乡村振兴战略，专门研究制订县域普通高中发展提升行动计划，从优化结构布局、改

善办学条件、加强教师队伍建设、完善政策保障等方面发力，全面提升县中的办学水平。在建设过程中，要注意区分"县中塌陷"的内外原因，对应施策：有些是出于外部原因，比如，省城或者地市的"超级中学"把好师生都给"吸"走了，城市化或者城镇化导致人群发生异常的流动，教育投入"偏科"严重、重硬件不重软件等；有些是出于内部原因，如县域教育行政管理水平的低下或者学校领导管理水平的不足，师资的老化或者能力的固化等等。

在研制县域普通高中发展提升行动计划时，应注意推进普通高中标准化建设，加快消除普通高中大班额，整体提升县域普通高中办学水平；同时统筹实施普通高中改造计划和教育基础薄弱县普通高中建设项目，重点支持中西部农村地区、边远地区和革命老区改善学校办学条件，扩大普通高中教育资源，巩固提升高中阶段教育普及水平。注意合理分担普通高中基建支出责任。此外，还将把规范普通高中招生秩序作为建设高质量教育体系的重要工作任务，坚持标本兼治，突出问题导向，遵循因地制宜，着力规范普通高中的招生秩序。2019年的中发26号文件对普通高中"公民同招"提出了明确要求。要认真落实中央政策要求，进一步严肃招生工作纪律，坚决制止违规跨区域掐尖招生行为，促进普通高中教育持续、健康、协调发展。

二、促进职业教育特色鲜明发展

职业教育也称为"职业技术教育""技术职业教育""技术教育"等，是国民教育体系和人力资源开发的重要组成部分，是广大青年打开通往成功成才大门的重要途径，肩负着培养多样化人才、传承技术技能、促进就业创业的重要职责。党的十八大以来，我国职业教育和培训事业的改革实现了历史性新跨越，取得了举世瞩目的成就，形成了世界上规模最大的职业教育和培训体系，构建了人才成长的"立交桥"。党的十九大报告提出，"完善职业教育和培训体系，深化产教融合、校企合作"。《中华人民共和国国民经济和社会发展第十四个五年规划和二〇三五年远景目标纲要》指出："增强职业技术教育适应性。"2021年10月发布的《关于推动现代职业教育高质量发展的意见》明确提出："到2025年，职业教育类型特色更加鲜明，现代职业教育体系基本建成，技能型社会建设全面推进。""到2035年，职业教育整体水平进入世界前列，技能型社会基本建成。"在新发展阶段，全球新一轮科技革命和工业变革加剧，经济社会发展对技能的需求在不断提升，中国需要加强技能建设，大力培养技术技能人才。在建设教育强国进程中，职业教育的发展意义重大。

（一）完善职业教育和培训体系

新修订的《中华人民共和国职业教育法》已于2022年4月由全国人大常委会审议通过，并于2022年5月1日起实施。该法的修订实施对促进职业教育的发展有着重大意义。新修订的《中华人民共和国职业教育法》进一步完善了职业教育的内涵，凸显职业教育培养技术技能人才的特色；强调优化职业教育学生升学就业的社会环境，加大对积极开展职业教育企业的激励；强调加大对农村职业教育支持力度，助力乡村振兴。

进一步完善职业教育培训体系，要突出"五个关键"，即：一是"标准化"，职业教育要适应最新职业岗位要求的培训目标细化，以及标准等级之间的规范划分；二是"课程包"，职业教育要按照培育标准制定系列课程包，以便能作为相对独立的教学模块，分专业、分层次进行教育与培训；三是"学分制"，职业教育必须大力实施教务、学籍、就业等方面的改革，以便能够通过学分银行、学分互认等制度创新，使职业教育和培训有机结合起来；四是"开放性"，职业教育必须切实打破教育资源在学校之间、专业之间、教研部门之间、校企合作之间的封闭性，着眼于以人为本、人人出彩、学生全面终身发展的要求，去为职业教育和培训真正有机整合服务；五是"激励性"，职业教育和培训各自的运行方式、计量方式和教育付出方式各不相同，职业院校必须在顾及教育规范管理的同时，充分重视培训的特点，通过大力度的机制体制改革创新，制定规范制度，形成激励机制，调动各方积极性，从根本上改变培训在学校中的边缘化地位。

（二）深入推进职业教育管理体制改革

积极推进职业教育管理体制改革，实现职业教育和培训学校系统管理的有机统一。将职业教育资源系统整合起来，避免行政分割、政出多门、各自为政、以邻为壑的职业教育管理格局。统筹职业教育和培训的管理，继续强化职业教育的培训功能，坚持学校教育与职业培训并举，全日制教育与非全日制教育并重，实现培养培训一体化。

要坚持集中全社会力量办大事的制度优势，从舆论宣传、立法、行政、经费等方面为推动职业教育改革提供全面保障。

利用各类媒体加强对我国职业教育的宣传，努力改变人们轻视职业教育的思想观念，为职业教育发展提供思想认识保障。此外，政府发挥统筹作用，制定相应的政策去引导、推动职业培训市场发育，并以准入制的有效标准去评估、监督、规范培训市场；行业要充分发挥指导作用，从专业建设、课程开发、质量评价等方面做好标准供给；企业与学校要共同发挥主体作用，从导师管理、学徒保障、培养过程等方面做好制度与资源供给。

| 知识链接 |

2021年4月，习近平总书记对职业教育工作作出重要指示强调，在全面建设社会主义现代化国家新征程中，职业教育前途广阔、大有可为。要坚持党的领导，坚持正确办学方向，坚持立德树人，优化职业教育类型定位，深化产教融合、校企合作，深入推进育人方式、办学模式、管理体制、保障机制改革，稳步发展职业本科教育，建设一批高水平职业院校和专业，推动职普融通，增强职业教育适应性，加快构建现代职业教育体系，培养更多高素质技术技能人才、能工巧匠、大国工匠。各级党委和政府要加大制度创新、政策供给、投入力度，弘扬工匠精神，提高技术技能人才社会地位，为全面建设社会主义现代化国家、实现中华民族伟大复兴的中国梦提供有力人才和技能支撑。

（三）探索中国特色学徒制

中国特色学徒制是针对职业教育中学生所学滞后于社会需求开出的"一剂良方"，探索中国特色学徒制，要适应国家经济社会发展需要。让职业教育"长入"经济、"汇入"生活、"融入"文化、"渗入"人心、"进入"议程，是当前职业教育的发展方向。中国特色学徒制，要以创新创业能力培养为引领，让学徒在师傅的带领下，逐步从掌握传统技能知识到具备创新创业创造、解决实际问题等综合能力。探索以应用为核心导向的人才培养模式，拓展到包括人文社会科学在内的更多专业和行业领域，为经济社会发展提供全方位支撑。

探索中国特色学徒制，还要形成体系性的评价标准和监测体系。要真正调动导师"教"和学徒"学"的积极性，必须要有明确的、可预期的、可执行的质量标准。为了确保学徒培养质量获得行业领域内的一致认可，其质量评价标准必须基于公认且健全的国家专业教学标准。规定全国统一的职业技术教学办学标准，为开展学徒制培训提供标准化遵循，提高职业技术教育教学质量、教学实践，形成一套成熟的、可操作性的评价体系。建立纵横交叉的管理体系，明确组织管理机构及其职责，使中国特色学徒制落地见效，有效保障学徒制高质量发展。政府执法部门要加强执法力度，按照履职尽责情况对相关政府部门、企事业单位、行业协会及时奖惩。同时，教育行政部门要委托行业协会或社会专业组织等第三方评估机构，对学徒制实施效果进行年度监测和阶段评估，督促相关部门真正担负起责任，齐心协力推动中国特色学徒制的高质量运行。

（四）深化统筹职普融通、产教融合、校企合作

1.统筹职普融通

鼓励各校开展志愿填报互通、学籍互转、学分互认、学科

互学、结对开通的普职互通工作，探索区域内普职两类学校师资、设备、场地共享，打通学生跨校选课、认定学分的制度通道。在义务教育阶段，依托当地职业教育资源，有效开展中小学生职业体验，逐步加强职业启蒙教育。在普通高中或高等教育课程中，设置进入中职或高职院校必备的基础课程，同样在中职或高职院校的课程中，设置进入普通高中或高等教育必备的基础课程，引导学生在学习中发现自己的志趣特长，确定自己的发展方向，使他们有机会重新选择学习方向。鼓励学生在高中就读期间考取职业资格证书，促进学生多样化发展。

2.全面深化产教融合和校企合作

第一，完善产教融合的制度和法规。把产教融合建成职业教育发展的新特点，需要相关的法律保障。国家在立法方面需要考虑周全，既要考虑教育领域的立法，同时兼顾经济、劳动、人事等方面的立法，做到相互呼应和制约，抓紧出台《职业教育校企合作促进条例》，引领和规范校企合作行为。地方政府须根据区域经济社会发展的需求，制定具有地方特色的法规，明确校企合作的权责利，规范企业补充机制，通过财政与税收政策等吸引和鼓励企业深度参与职业教育。

第二，以产业需求优化人才培养结构。统筹布局规划，根据区域经济社会发展需要和实际，引导各地结合区域功能、产业特点探索差别化职业教育发展路径。遵循职业教育发展的内在规律，注意优化不同区域的产业结构和教育结构，同步规划实施，进一步找准职业院校发展方向，引导职业教育资源逐步向产业和人口聚集区集中。各省通过招生计划的增量倾斜、存量调整，支持高校及时科学调整专业布局，扩大符合产业规划、就业质量高和贡献力强的专业招生，对非优势、非特色专业实施暂缓招生、限制招生。

第三，注重发挥产业企业主体作用。大力加强行业部门对本行业职业教育与培训工作的指导。提高行业指导能力，建立职业院校、教育主管部门以及行业的联动机制，促进技术技能的积累与创新。通过职能转移、授权委托、购买服务等方式，培育和支持行业组织履行好发布行业人才需求、推进校企合作、参与指导教育教学、开展质量评价的职责。鼓励多元主体组建职业教育集团。研究制定学校、行业、企业、科研机构、社会组织等共同组建职业教育集团的支持政策。探索组建全产业链、跨行业、跨部门、辐射区域发展的职业教育集团。支持企业通过校企合作共同培养培训人才，推进校企一体化育人。对举办职业院校的企业，其办学符合职业教育发展规划要求的，通过政府购买服务等方式给予支持。对职业院校自办的、以服务学生实习实训为主要目的的企业或经营活动，按照国家有关规定享受税收优惠。

三、推动特殊教育公平融合发展

特殊教育是促进残疾人全面发展、更好融入社会的基本途径，是衡量一个国家与社会政治、教育、文化、经济、科技、卫生保健、福利等水平的重要标志之一。推进融合教育，办好特殊教育也是实现基本公共教育服务均等化的重要政策。党中央、国务院高度重视特殊教育，党的十八大提出"支持特殊教育"，十八届三中全会要求"推进特殊教育改革发展"，十八届五中全会要求"办好特殊教育"，十九届五中全会和《纲要》提出"完善普惠性学前教育和特殊教育"。2022年的《政府工作报告》再次强调要"办好特殊教育、继续教育"。大力发展特殊教育是推动教育均衡发展、促进教育公平的有效举措。

（一）扩大特殊教育办学资源，加大经费投入

加大教育资金投入，切实保障残疾儿童少年受教育权利。其中要特别注意加强国家的财政投入，形成特殊教育事业经费投入保障的长效机制。同时也要积极引入社会力量参与办学，放宽社会公益组织、企业、个人创办特殊教育的条件。吸收一切可利用的资源办好特殊教育。2009年，国务院办公厅转发教育部等八部门《关于进一步加快特殊教育事业发展意见》，提出"积极鼓励个人、企业和民间扶持特殊教育，广泛动员和鼓励社会各界捐资助学"。2012年，《教育部关于鼓励和引导民间资金进入教育领域促进民办教育健康发展的实施意见》要求"采取积极有效措施，鼓励和引导民间资金进入教育领域，形成以政府办学为主体、全社会积极参与、公办教育与民办教育共同发展的格局"。构建政府与市场相互平衡的教育体制与资源配置机制，就显得更为重要。进一步充分调动社会力量，培养完善市场机制，从而真正建构"充分活力"与"更加开放"的特殊教育体制。应通过加强政府购买特殊教育服务的方式，或出台针对民办特殊教育学校发展的专项措施，鼓励民办学校招收残疾学生，积极支持民办特殊教育学校的发展，充分调动特殊教育发展的社会力量与培育市场机制。近年来，中央财政一直将特殊教育作为保障和倾斜的重点。早在《特殊教育提升计划（2014—2016年）》中，就提出了义务教育阶段的特校生均预

算内公用经费标准不低于每年6000元,该标准基本是普通义务教育学校生均标准的8倍,应确保落实。此外,应加强特殊教育学校、特殊教育资源中心和普通学校资源教室建设,不断优化布局结构,持续扩大特殊教育资源供给,改善办学条件。开展特殊教育中央专项资金检查整改,规范资金使用管理。

(二)加强特殊教育师资队伍建设,提升教育质量

引导特殊儿童融入社会,拥有合格的、充足的特教老师队伍更为关键。要根据中共中央、国务院《关于全面深化新时代教师队伍建设的意见》和教育部《特殊教育教师专业标准(试行)》的要求,进一步加强特殊教育教师队伍建设,全面提升教师专业化水平,促进特殊教育质量提高。要建立和完善专业证书制度,逐步实行"持证上岗"。各省级有关部门要结合地方实际制定特殊教育学校教职工编制标准。要落实三类特殊教育学校教学标准,加强特殊教育新课标教材培训和师资队伍建设,提高特殊教育质量。合格的特教老师首先要尊重并理解特殊儿童,掌握特殊教育需要学生发展阶段特点与成长规律;其次要能理解并执行我国特殊教育的方针、政策和法规,了解国内外特殊教育发展的趋势与理论动态;最后还应具备从事特殊教育实践教学、管理、康复和服务工作的基本能力,能够顺利与特殊教育需要人群沟通并进行相应的社区、家庭服务。在高等师范院校的教师培养课程体系中,系统、广泛地开设特殊教育知识或学科专业知识的选修课和必修课。各级师范院校、教师培养机构的职前职后教师教育以及各级教育相关的学位、学历教育中应明确包含特殊教育课程模块,将特教知识系统地纳入普

教教师培养与教师资格考核制度中来,使之成为教师教育中不可缺少的必修课程。

此外,不断提升我国特殊教育管理能力和教育教学水平。要根据党的十九大提出的"发展素质教育"的新要求,全面贯彻党的教育方针,坚持五育并举,立德树人,全面执行国家课程计划和课程标准,推进素质教育导向的教学改革,提高特殊教育的合适性,创新特殊教育人才培养模式,促进每一个残疾学生生动、活泼、全面发展。为了进一步完善课程标准、深化教学改革以及提升教师专业化水平,可以借鉴英国基于表现等级(Performance Scale)的特殊教育评价模式,构建特殊教育的内在质量保障体系和充满活力的特殊教育竞争机制。发挥特殊教育专家委员会作用,不断规范残疾儿童少年入学安置工作。利用信息化手段进一步规范全省特殊教育管理和残疾儿童少年入学动态比对核查工作,加强随班就读、特校就读、送教上门教学质量监管。

(三)特殊教育往融合教育发展,全面推进随班就读工作

融合教育不仅是特殊儿童少年接受教育和融入社会的重要途径,更是实现教育公平、促进教育均衡发展的必由之路。融合教育也称全纳教育,是一种新发展理念,要求"充分开发人的潜力,培养自尊自重精神,加强对人权、基本自由和人的多样性的尊重;最充分地发展残疾人的个性、才华和创造力以及智能和体能;使所有残疾人能参与一个自由的社会"。[1]为实

1.中国残疾人联合会编.残疾人工作基本知识读本[M].北京:华夏出版社,2009:344.

现2015年《国务院关于加快推进残疾人小康进程的意见》的政策需要，教育部等部门在原有政策的基础上进一步推出了两项"提升计划"，即《特殊教育提升计划（2014—2016年）》和《第二期特殊教育提升计划（2017—2020年）》（以下简称《提升计划》）。《提升计划》在"全面推进全纳教育"总体目标方向下首次提出了"使每一个残疾孩子都能接受合适的教育"这样一项全纳教育的具体战略，具体提出了"送教上门"的积极教育措施。应根据学生不同需求，制订个别化教育计划，包括个别化教学、合作教学、差异教学等。随班就读是一个中国特色的全纳教育模式。2020年教育部印发《关于加强残疾儿童少年义务教育阶段随班就读工作的指导意见》，对新时代进一步加强随班就读工作，完善随班就读机制，提高随班就读工作水平作出详细部署，为发展具有中国特色的融合教育指明了方向。

（四）探索适宜的教育模式，提高特殊儿童非义务教育阶段受教育机会

积极探索适宜残疾儿童发展的学前教育模式。同时加快推进残疾人高等教育建设，不断拓宽残疾儿童少年受教育渠道，提升非义务教育阶段残疾人接受教育的比例，推进适龄残疾儿童少年教育的全覆盖。特殊教育要从娃娃抓起，让特殊儿童和其他儿童一样从小接受平等教育，让普通学校和特殊学校在素质教育层面尽快实现融合互补。针对目前我国学前阶段在特殊教育体系中还较为薄弱的现状，应该提高认识，采取一定的方法让学前特殊儿童接受有质量的教育。学前阶段的融合教育特别适合轻度自闭症儿童，有针对性地制定干预方案，刺激特殊幼儿的身心发展，可

以改善其感知运动、语言、社会交往等能力。

（五）建立统一的特教事业领导机构，加快质量标准和督导评估机制建设

建立统一的特教事业领导机构，并加快特殊教育教学质量标准的制定和相关质量评估体系与督导检查长效机制的建设，落实各级政府法定责任。第一，首先要强化政府责任。以政府为主导，建立相对独立的特教督导体制。各区县要把特殊教育纳入当地经济社会发展规划，把特殊教育发展列入重要议事日程。教育行政部门具体负责特殊教育实施工作，发展改革、公安、民政、财政、人力资源社会保障、卫生、税务、残联等部门和有关社会团体要各司其职，通力合作，共同推进特殊教育事业科学发展。第二，要加强督导考核，形成积极的评价模式。把发展特殊教育措施落实情况和残疾儿童少年义务教育普及率完成情况作为义务教育工作的重要内容，纳入各区县党政领导干部基础教育工作责任考核的内容。市政府教育督导室将对各地特殊教育发展状况进行督导检查，并公布检查结果。注重发展性监督评价，从过去强调外部监督评价走向为学校主动地自我评价、自我发展行为，将"你做我评"转变为"全程服务"，促进特殊教育的健康发展。此外，还可以合作建立特殊教育服务中心。第三，建设多元化的督导队伍，形成民主监督的制度；实现督学队伍专业化，制定特殊教育监督评价人员的专业标准。

（六）借鉴已有经验，全方位保障特殊教育事业发展

为了全方位保障我国特殊教育事业的发展，可以借鉴我国某些地方发展特殊教育的经验。比如，2018年4月，安顺市人民政府办公室印发的《关于转发市教育局等单位安顺市第二期特殊教育提升计划实施方案的通知》（安府办函〔2018〕33号）提出：建立认定评估制度、完善教师管理制度、优化特殊教育功能布局、提高随班就读质量、规范开展送教上门工作、推行"医教结合"改革等措施，为进一步推动全市特殊教育改革发展提供了重要遵循和有力保障。一些学者也对此表示支持，提出要促进医教结合，建立多部门多领域合作机制。[1] 促进医教结合政策落实，完善特殊教育服务体系。汕头市教育局关于进一步加快特殊教育事业发展的实施意见提出：加快完善残疾人教育体系、加快特殊教育学校建设、完善残疾学生随班就读服务体系、加强特殊教育师资队伍建设、进一步完善经费保障机制、加强组织领导和督导考核。这些措施都可以为建设高质量的特殊教育体系提供参考，全方位促进特殊教育事业发展。

四、发展民族教育，铸牢中华民族共同体意识

民族教育承担着民族文化传承和促进民族复兴的历史重任，因此其与国家教育工作和民族工作密不可分。在新时代背景下，习近平总书记发表了一系列关于民族团结和民族工作的重要论述，提出了"铸牢中华民族共同体意识"的要求。铸牢中华民族共同体意识是新时代民族教育发展的出发点和着力

---

1. 薛二勇，李健，单成蔚，樊晓旭.实现基本公共教育服务均等化——《中国教育现代化2035》的战略与政策［J］.中国电化教育，2019（10）：1-7.

点，民族教育要牢牢把握铸牢中华民族共同体意识这一工作主线，以立德树人为根本任务，努力培养具有深厚中华优秀文化、热爱社会主义祖国、能够担当中华民族伟大复兴重任的时代新人。

（一）民族教育取得的历史成就

新中国成立以来，经过70多年的发展，我国建立了包括幼儿教育、基础教育、职业技术教育、成人教育和高等教育在内的相对完整的具有中国特色的民族教育体系。少数民族地区受教育人群规模不断扩大，人民素养不断提高。教育部最新公布的2021年教育统计数据显示，全国各级各类学校中，少数民族学生人数高达3602万余人，其中，高等教育在校少数民族学生4665804人，约占学生总数的8.9%；中等教育在校少数民族学生12601535人，约占学生总数的11.2%；初等教育在校少数民族学生13333944人，约占学生总数的12.4%；特殊教育在校少数民族学生124817人，约占学生总人数的14.2%；学前教育在校少数民族学生5301102人，约占学生总人数的11%。由此可见，我国已经建立涵盖学前教育、特殊教育、初等教育、中等教育和高等教育各类层次的民族教育体系。同时，随着党和国家对民族教育事业的重视和关心，我国少数民族教育各级各类少数民族在校学生占全国在校学生的比例不断增长，与全国平均水平的差距不断缩小。

少数民族专门人才对民族地区经济社会的发展至关重要，为此，我国于2006年启动了少数民族高层次人才培养计划。2006年，全国68所重点高校共计招收860多人，其中硕士研究生640多人，博士研究生220多人。2021年，全国高等学校少数民族学生人数总计175001人，其中硕士研究生146783人，博士研究生28218人。实施少数民族高层次人才计划十几年过去了，我国少数民族高层次干部的规模不断扩大。新中国成立初期，各少数民族都没有自己本民族的博士生的历史已经被翻过去，各少数民族都有了自己本民族的博士生。另外，民族自治地方高等学校在校生从1952年的0.45万人增加到2018年的223.42万人，增长了495倍多。经过70多年的发展，少数民族事业得到了空前的发展，一大批由党和国家培养出来的少数民族高层次人才涌现出来，为民族地区的经济和社会发展提供了最坚实的基础和最强劲的动力。

（二）加强国家通用语言文字教育

党的十八大以来，习近平总书记多次作出重要指示批示，强调要"推广国家通用语言文字，努力培养爱党爱国的社会主义事业建设者和接班人"，"要搞好民族地区各级各类教育，全面加强国家通用语言文字教育"，"要认真做好推广普及国家通用语言文字工作"。"十四五"规划纲要也提出，要"提高民族地区教育质量和水平，加大国家通用语言文字推广力度"。

全面加强国家通用语言文字教育，有利于帮助各族群众学好、用好国家通用语言文字，有利于扩展交际范围、提高交际效能、畅通信息获取渠道，有利于提升学习能力、提高劳动技能、提高科学文化素养，进而促进人的全面发展。推动国家通用语言文字全面推广普及，有利于消除民族间、地区间的语言交际障碍，更加全面深入地实现各民族交往交流交融，构建中华民族共有精神家园，进一步铸牢中华民族共同体意识，筑牢民族团结之根，凝聚民族和睦之魂，以全面认同为民族复兴凝聚合力，推动各民族共同团结奋斗共同繁荣发展。提升国家通用语言文字普及水平和质量，营造良好的语言环境，有利于促进资源要素顺畅流动，更好地引进先进生产技术和文明生活方式，进一步解放和发展生产力，更好地融入国内大循环为主体、国内国际双循环相互促进的新发展格局，推动区域经济社会加快发展、协调发展、高质量发展。

（三）全面铸牢中华民族共同体意识

要全面加强党对民族地区教育工作的领导。始终坚持社会主义办学方向，紧紧围绕"培养什么人、怎样培养人、为谁培养人"这一根本任务开展工作。坚持从政治上全局上把握民族关系、看待民族教育，立足总体国家安全观思考把握民族地区教育领域意识形态斗争形势和特点，立足中华民族伟大复兴使命谋划推进民族地区教育改革发展，全面加强民族地区学校思想政治工作和意识形态阵地建设，确保新时代党的教育方针和民族政策在民族地区各级各类学校不折不扣得到贯彻落实。

铸牢中华民族共同体意识是马克思主义民族理论中国化最新成果，是做好民族地区工作的长久之策、固本之举，具有基础性、战略性意义。建设教育强国，要大力发展中华民族共同体教育，统筹推进大、中、小学民族团结进步教育一体化建设，把以爱国主义为核心的中华民族共同体教育贯穿落实到各级各类学校教育全过程，积极培育和践行社会主义核心价值观，教育引导各族师生树立正确的国家观、历史观、民族观、文化观、宗教观，切实增强各族师生对伟大祖国、中华民族、中华文化、中国共产党、中国特色社会主义的认同，把爱我中华的种子埋入每个青少年的心灵深处。要着眼于培养爱党爱国的社会主义建设者和接班人，巩固义务教育阶段三科国家统编教材使用成果，加强民族文字教材管理；坚持推广普及国家通用语言文字从娃娃抓起，帮助各族学生掌握国家通用语言文字，学到更多科学文化知识，更好融入现代社会，实现各民族交往交流交融；认真梳理排查教育领域涉民族因素风险点，防范抵御宗教极端思想和民族分裂势力向校园渗透。

（四）全面提高民族地区人才培养质量和水平

推动民族教育高质量发展，要扩大普惠性学前教育资源供给，改善高寒山区、边远牧区义务教育教学条件。全面加强教师培养培训，精准提升民族地区教师教学能力，组织开发统编教材数字资源、教师用书、学生学习辅助资源，向民族地区免费提供优质教育教学资源服务，重点做好三科国家统编教材使用和国家通用语言文字教育教学支持。深入推进"互联网＋教育"行动，发挥5G和人工智能等技术优势，不断缩小民族地区与内地教育教学差距。围绕服务"一带一路"建设，支持民族地区完善高等教育体系。提升边境地区教育战略地位，制定支持边境地区教育加快发展举措，加强教师队伍和国门学校建设，发挥教育稳边成边重要作用。统筹内地与边疆民族地区人才培养，总结评估内地民族班办班成效，更加注重内地民族班学生思想政治教育，完善内地班管理制度，深入推进混班教学混合住宿，加强内地班骨干教师和管理人员培训。坚持改革创新，推进高校民族预科教育和少数民族高层次骨干人才培养计划改革，服务国家战略和区域经济社会发展。坚持共建共享，完善教育对口支援工作机制，持续做好教育人才"组团式"援藏工作，加强东中部省市职教集团、本科职业院校对口支援工作协调推进，推动"团队式"对口支援高校工作取得新成效。加强家庭教育指导服务，加大特殊困难群体帮扶，巩固教育脱贫工作成果，有效衔接乡村振兴。

| 知识链接 |

2021年3月5日，习近平总书记在参加十三届全国人大四次会议内蒙古代表团审议时强调，文化认同是最深层次的认同，是民族团结之根、民族和睦之魂。要认真做好推广普及国家通用语言文字工作，全面推行使用国家统编教材。要在各族干部群众中深入开展中华民族共同体意识教育，特别是要从青少年教育抓起，引导广大干部群众全面理解党的民族政策，树立正确的国家观、历史观、民族观、文化观、宗教观，旗帜鲜明反对各种错误思想观点，凝聚"建设亮丽内蒙古，共圆伟大中国梦"的合力。

第 8 章

不拘一格降人才

——加快分类建设双一流大学

教育兴则国家兴，教育强则国家强。高等教育是一个国家发展水平和发展潜力的重要标志。今天，党和国家事业发展对高等教育的需要，对科学知识和优秀人才的需要，比以往任何时候都更为迫切。我在党的十九大报告中提出要"加快一流大学和一流学科建设，实现高等教育内涵式发展"。当前，我国高等教育办学规模和年毕业人数已居世界首位，但规模扩张并不意味着质量和效益增长，走内涵式发展道路是我国高等教育发展的必由之路。

——习近平总书记在北京大学师生座谈会上的讲话（2018年5月2日）

第 ⑧ 章　不拘一格降人才——加快分类建设双一流大学

建设高等教育强国是加快从教育大国到教育强国、从人力资源大国到人力资源强国迈进的重大战略部署和国家行动。改革开放以来，我国的高等教育事业取得了辉煌成就，高等教育办学规模和毕业人数已居世界首位，成为名副其实的高等教育大国，然而还不是世界高等教育强国。党的十九大报告明确提出："加快一流大学和一流学科建设，实现高等教育内涵式发展。"《中华人民共和国国民经济和社会发展第十四个五年规划和二〇三五年远景目标纲要》提出，"提高高等教育质量"，"分类建设一流大学和一流学科，支持发展高水平研究型大学"，"推进基础学科高层次人才培养模式改革，加快培养理工农医类专业紧缺人才"。2021年12月17日，习近平总书记主持召开中央全面深化改革委员会第二十三次会议，审议通过了《关于深入推进世界一流大学和一流学科建设的若干意见》，强调"要突出培养一流人才、服务国家战略需求、争创世界一流的导向，深化体制机制改革，统筹推进、分类建设一流大学和一流学科"。这是新时代我国高等教育发展新的动员令，也是当前我国高等教育最紧迫的任务。

一、加强分类引导，促进分类发展

2015年国务院印发的《统筹推进世界一流大学和一流学科建设总体方案》明确提出："到2030年，更多的大学和学科进入世界一流行列，若干所大学进入世界一流大学前列，一批学科进入世界一流学科前列，高等教育整体实力显著提升；到本世纪中叶，一流大学和一流学科的数量和实力进入世界前列，基本建成高等教育强国。"在新发展阶段，高等教育的作用已经从基础支撑发展到支撑引领并重。建设教育强国，须加快分类建设一流大学和一流学科。

（一）建设分类办学体系，强调特色发展

第一，建设分类办学体系，注重错位发展。针对不同类型层次高校的办学特点和区域需求，加快形成分类评价的体系标准和管理政策，构建起与教育强国地位相适应的高等教育层次体系结构，引导不同类型不同层次的高校办出特色、办出水平。以人才培养定位为基础，推进研究型、应用型和职业技能型三大类型高等教育共同发展。研究型高等学校主要以培养学术研究的创新型人才为主，开展理论研究与创新，学位授予层次覆盖学士、硕士和博士，且研究生培养占较大比重。应用型高等学校主要从事服务经济社会发展的本科以上层次应用型人才培养，并从事社会发展与科技应用等方面的研究。职业技能型高等学校主要从事生产管理服务一线的专科层次技能型人才培养，并积极开展或参与技术服务及技能应用型改革与创新。各高校应当做大做强优势领域，找准办学定位，与其他高校形成错位竞争、多元化办学、个性化办学、特色化办学，构建动态平衡、良性竞争的高等教育生态系统。

第二，重点关注地方高校建设，注重以特取胜。在统筹推进我国"双一流"建设过程中，要打破高校固有身份限制，为地方参与"双一流"建设提供机会和平台。加大对地方高校经费支持力度，综合推进中央与地方财政事权和支出责任划分改革，参照中央高校生均拨款系数，实施地方公办普通高校生均

财政拨款基本定额,探索建立以绩效评价为基础的学科专业建设长期支持机制。建立中央和地方财政捐赠配比制度体系,制定专门面向高等教育捐赠的税收政策;加快推动地方普通本科院校向应用技术类型院校转型,真正做到人才培养和产业需求联动。

(二)深化改革,探索一流大学建设之路

其一,一流大学须增强服务重大战略需求能力。一流大学应主动对接国家和区域重大战略,加强统筹管理,优化学科专业结构,完善以社会需求和学术贡献为导向的学科专业动态调整机制。推进高层次人才供给侧结构性改革,优化不同层次学生的培养结构,适应需求调整培养规模与培养目标。加强国家战略、国家安全、国际组织等相关急需学科专业人才的培养,超前培养和储备哲学社会科学特别是马克思主义理论、传承中华优秀传统文化等相关人才。

其二,完善中国特色现代大学制度。进一步完善学校内部治理结构,更好地落实和扩大学校办学自主权。要以"权力下放"为中心,推进大学治理体系和治理能力现代化。要坚持和完善党委领导下的校长负责制,健全完善各项规章制度,贯彻落实大学章程,规范高校内部治理体系,推进管理重心下移,强化依法治校;要形成合理的大学治理结构,促进各利益主体平等多元和互依共存,使政府、大学与其他利益相关者相互协调并相互制约,理顺各利益主体间的地位和关系,明确各自的职能;创新基层教学科研组织和学术管理模式,完善学术治理体系,保障教学、学术委员会在人才培养和学术事务中有效发挥作用；建立和完善学校理事会制度，进一步完善社会支持和参与学校发展的组织形式和制度平台。总之，要通过协调政治权力、学术权力、行政权力三者的关系，促进对高等教育权力的重新分配，打造中国特色的一流大学。

其三，推进高校办学主体多元化，创新高等教育发展动力。高等教育普及化的纵深发展需要谋求行政、市场与学校多方的动力平衡。对于中国来说，形成财政经费为主力、市场资金为引力、高校自主创收为助力的高等教育发展多元动力结构，是有效促进高等教育普及化纵深发展之路，也是符合我国国情的最佳选择。我国公立高校无论是在院校数量还是在学生规模方面，都是高等教育普及化过程中名副其实的中坚力量。民办高校在我国高等教育扩张的过程中发挥的作用是无可替代的。民办高校的市场敏感性满足了高校学生多样化的职业发展需求，且具有选拔标准较低的优势，为众多无法通过其他途径获得高等教育入学机会的学生提供了新的发展平台，是我国高教普及化进程中的有效补充者、辅助者。公办为主、民办为辅，共同扮演了高等教育普及化进程的实施者和承担者。从办学主体的角度看，要不断完善政府、社会、学校相结合的共建机制，形成多元化投入、合力支持的格局。通过提高办学主体的多元化，创新发展动力，使数千所高等院校组成一个多样化的有效率的高等教育体系，满足数以亿计受教育者千差万别的需求，在有限资源的前提下尽可能提高满足多样化需求的深度。

（三）强化内涵建设，打造一流学科高峰

其一，突出学科优势与特色。国内领先、国际前沿高水平的学科，加快培育国际领军人才和团队，实现重大突破，抢占未来制高点，率先冲击和引领世界一流；国内前列、有一定国际影响力的学科，围绕主干领域方向，强化特色，扩大优势，打造新的学科高峰，加快进入世界一流行列。在中国特色的领域、方向，立足解决重大理论、实践问题，积极打造具有中国特色中国风格中国气派的一流学科和一流教材，加快构建中国特色哲学社会科学学科体系、学术体系、话语体系、教材体系，不断提升国际影响力和话语权。

其二，打造高水平学科团队和梯队。完善开放灵活的人才培育、吸引和使用机制，着眼长远，构建以学科带头人为领军、以杰出人才为骨干、以优秀青年人才为支撑，衔接有序、结构合理的人才团队和梯队，注重培养团队精神，加强团队合作。充分发挥学科带头人凝聚方向、引领发展的重要作用，既看重学术造诣，也看重道德品质，既注重前沿方向把握，也关注组织能力建设，保障学科带头人的人、财、物支配权。

其三，增强学科创新能力。围绕国家和区域发展战略，提出学科重大发展问题，加强对关键共性技术、前沿引领技术、现代工程技术、颠覆性技术、重大理论和实践问题的有组织攻关创新，实现前瞻性基础研究、引领性原创成果和建设性社会影响的重大突破。加强重大科技项目的培育和组织，积极承担国家重点、重大科技计划任务，在国家和地方重大科技攻关项目中发挥积极作用。积极参与、牵头国际大科学计划和大科学工程，研究和解决全球性、区域性重大问题，在更多前沿领域引领科学方向。

| 知识链接 |

2021年12月17日，习近平总书记主持召开中央全面深化改革委员会第二十三次会议。会议强调，办好世界一流大学和一流学科，必须扎根中国大地，办出中国特色。要坚持社会主义办学方向，坚持中国特色社会主义教育发展道路，贯彻党的教育方针，落实立德树人根本任务。要牢牢抓住人才培养这个关键，坚持为党育人、为国育才，坚持服务国家战略需求，瞄准科技前沿和关键领域，优化学科专业和人才培养布局，打造高水平师资队伍，深化科教融合育人，为加快建设世界重要人才中心和创新高地提供有力支撑。

二、优化结构层次，培育紧缺人才

高等教育体系是一个有机整体，其内部各部分具有内在的相互依存关系。针对当前我国高等教育层次类别结构中存在的问题，应进一步调整高等教育的教育结构，优化学科专业结构，加快培养理工农医类专业紧缺人才，稳步扩大专业学位研究生规模，构建更加开放多元的高等教育体系。

（一）调整高等教育的教育结构

第一，调整高等教育类型结构。围绕新一代信息技术、智能制造、新材料、新工艺等战略新兴产业，鼓励科教融合、产教融合和学科融合。面向国际产业布局，重点培养国际贸易、国际物联网、国际航运等方面高层次人才。面向社会建设需要，重点扩大生态环境保护、防灾减灾、文化创意产业、健康产业领域的招生规模，培养各类急需紧缺人才。全面提升技术技能人才的培养能力和水平，急需发展专业学位研究生，实现学术型硕士和专业硕士培养规模大体相当。

第二，调整高等教育层次结构。适当调整高等教育专、本、研的招生层次结构，博士研究生比例和硕士研究生比例也要进行微调。进一步提高硕士博士研究生培养质量，缩小与发达国家特别是美国在研究生培养规模上的差距，提高基础学科拔尖创新人才培养水平。

第三，调整高等教育地区结构。加强中央对中西部地区高等教育发展的规划支持、政策支持和财政支持力度，大力支持民族地区高等教育发展和高层次人才培养。加快实现地方高等学校转型发展。面向国家和地方产业转型重点及重点方向，面向公共服务发展需要，选择一批地方普通高等学校向应用技术类型高等学校转型，培养一批具有理论水平和实践能力的高层次应用技术人才。

（二）优化学科专业结构

要坚持把社会需求作为学科专业设置和调整的重要因素，把落实国家标准作为学科专业建设的底线要求，形成与经济社会发展相协调的学科专业布局：一是推进基础学科专业持续稳定发展，引导高等学校高起点布局支撑国家原始创新能力和可持续发展能力的基础学科专业；二是增强应用学科专业快速响应需求能力，推动基础学科专业与应用学科专业融合发展，加强应用学科专业与行业产业、区域发展的对接联动，引导高等学校重点布局先进制造业、能源交通、现代农业、公共卫生与医药、新一代信息技术、现代服务业等社会需求强、就业前景广、人才缺口大的应用学科专业；三是加强哲学社会科学学科专业建设，加快完善支撑哲学社会科学发展的学科专业，打造中国特色哲学社会科学学科体系；四是积极发展新兴交叉学科专业，推动高等学校立足科技与学术前沿，打破学科壁垒，促进哲学社会科学与自然科学融合发展。围绕人工智能、国家安全、国家治理、储能技术等领域培育新兴交叉学科专业。积极推进"新工科、新医科、新农科、新文科"建设，紧扣国家发展需求，主动适应新一轮科技革命和产业变革，着力布局一批在重点战略需求和战略必争领域中支撑关键核心技术突破的学科专业，重点建设一批事关公共安全、卫生健康、生态环保、食品安全等重大民生需求的学科专业。优先设置一批前沿、新兴、交叉、边缘以及薄弱的学科专业，引领人才培养方向。

三、加快转型升级，提高办学质量

当前我国高等教育已经进入普及化发展阶段，且不断向更高质量迈进，新发展阶段更加呼唤高等教育在培养创新人才、推进科技研发、提升综合国力等方面发挥关键作用。为建设优质多元的高等教育体系，实现由高等教育大国向高等教育强国转变，要推动高等教育内涵发展，实现质量变革、效率变革、动力变革，全面提高办学质量，切实提高高等教育服务国家战略和经济社会发展的能力。

（一）建立科学评价体系，促进高等教育内涵式发展

第一，建立科学的"双一流"评价体系。扎根中国大地，在适当借鉴国际经验和指标的基础上，立足我国国情，建立以我为主、兼收并蓄、突出特色的"双一流"评价体系，引导高校把中国特色问题跟世界一流目标融合在一起，着力解决好国家和民族面临的时代问题。突出服务国家需求，强化实践标准，淡化数字化指标导向，突出为国家和区域经济发展创造价值的评价。聚焦人才培养质量，坚持把一流本科教育作为评价方向，以培养符合社会需要的高素质专门人才和拔尖创新人才作为根本使命。学科建设更加注重内在素质的提升，即实现以追求规模、数量的表象特征为主向追求质量、水平和特色的转变，实现学科建设在发展模式、投入方式、产出效益、评价标准等方面的转变。

第二，从体制机制入手促进高等教育内涵式发展。注重四条原则：坚持扎根中国与融通中外相结合、坚持目标导向与问题导向相结合、坚持顶层设计与基层探索相结合、坚持"放管服"改革。并且，要把培养创新精神和实践能力，以及创新创业教育贯穿整个高等教育领域人才培养的全过程，通过学科专业动态调整机制、课程建设与教学改革，推进协同育人、促进人才培养的提升。

（二）加强技术研发平台建设，提高高等教育办学质量

建设教育强国，高校科技工作要以服务新发展格局和高质量发展为主攻方向，以提升原创能力为导向，加快构建高质量高校科技创新体系，着力打造国家战略科技力量，建设顶尖学

科。要着力加强基础研究，深入推进"高等学校基础研究珠峰计划"，完善前沿科学中心布局建设，组织高水平研究团队开展前瞻性基础研究。要着力加强关键核心技术攻关和供给能力，建设一批集成攻关大平台。围绕国家重大战略需求和关键领域组织集中攻关。要用好学科交叉融合的"催化剂"，加强基础学科培养能力，打破学科专业壁垒，对现有学科专业体系进行调整升级，瞄准科技前沿和关键领域，推进新工科、新医科、新农科、新文科建设，加快培养紧缺人才。

为增强我国高等教育服务经济社会发展的能力，各级各类高校都应该根据自身问题，深化改革创新，提高人才培养质量，坚持把立德树人作为高等教育的根本任务，全面振兴本科教育，提高专科生和研究生培养质量。总体来看，共同目标是培养符合新时代需要的社会主义建设者和接班人。高校要构建德智体美劳全面发展的育人体系，落实立德树人根本任务。面向新发展格局，面向经济主战场和社会发展需要，高校应加快推进多层次人才供给侧结构性改革，大力培养复合型、创新型、应用型人才。"双一流"建设高校要特别注重高层次拔尖人才的培养。其他研究型高校也要注重培养学生的综合素养和研究能力。应用型高校要注重提高学生的专业技术能力和实践能力。

第 9 章

教之有道，则人才济济

——加快推进高素质专业化创新型教师队伍建设

教师是人类灵魂的工程师,承担着神圣使命。

——习近平总书记在全国高校思想政治工作会议上的讲话(2016年12月7日)

第 ⑨ 章　教之有道，则人才济济——加快推进高素质专业化创新型教师队伍建设

百年大计，教育为本。教育大计，教师为本。教师是教育工作的中坚力量，承担着传播知识、传播思想、传播真理的历史使命，肩负着塑造灵魂、塑造生命、塑造人的时代重任，是教育发展的第一资源，是国家富强、民族振兴、人民幸福的重要基石。荀子曾言："国将兴，必贵师而重傅。"习近平总书记也指出："一个民族源源不断涌现出一批又一批好老师则是民族的希望。"他也多次强调，有高质量的教师，才会有高质量的教育。高素质教师是我国发展高质量教育、建设教育强国的重要保障。

党的十八大以来，国家先后出台了较为全面的加强教师队伍建设的政策措施，例如，建立完善中小学教师师德建设的长效机制，将师德建设和考核贯穿日常教育教学全过程；继续实施"特岗计划"和师范生公费教育，健全农村中小学教师补充机制；开展五年一周期不少于360学时的全员培训，持续实施"国培计划"，不断提高教师的专业素养和水平；完善各级各类教师准入制度，加强义务教育教师交流，下放高校教师职称评审权，不断规范教师管理；建立乡村教师荣誉制度，不断提升教师待遇和从业地位。但是，目前教师队伍建设中还存在一定问题，比如有些地方对教育和教师工作重视不够，在教育事业发展中重硬件轻软件、重外延轻内涵的现象仍存在；教师素质能力难以适应新时期人才培养的需要，思想政治素质和师德的水平需要提升，专业化水平需要提高，亟须加快推进高素质专业化创新型教师队伍建设。

一、加强师德师风建设

教育发展，教师为本；教师素养，师德为先。师德是教师职业的灵魂，是一个地区教育发展环境的风向标，是当前我国教师队伍建设的首要任务。党的十九大报告明确提出："加强师德师风建设，培养高素质教师队伍，倡导全社会尊师重教。"

为深入贯彻习近平新时代中国特色社会主义思想和党的十九大精神，深入贯彻落实全国教育大会精神，进一步增强教师的责任感、使命感、荣誉感，引导广大教师努力成为有理想信念、有道德情操、有扎实学识、有仁爱之心的好老师，着力培养德智体美劳全面发展的社会主义建设者和接班人，2018年11月，教育部印发《新时代高校教师职业行为十项准则》《新时代中小学教师职业行为十项准则》《新时代幼儿园教师职业行为十项准则》。制定教师职业行为准则，明确新时代教师职业规范，针对主要问题、突出问题划定基本底线，是对广大教师的警示提醒和严管厚爱，是深化师德师风建设，造就政治素质过硬、业务能力精湛、育人水平高超的高素质教师队伍的关键之举。

虽然各地学校师德师风建设取得明显成效，但也要清醒地看到，在教育工作中也还存在一些不尽如人意的方面，教师师德师风建设与新时代人民群众的新需求相比还存在一些差距，完善大中小学教师师德师风建设的长效机制任重道远。基于此，应将师德师风建设作为高素质专业化创新型教师队伍建设的第一标准。

其一，实施师德师风建设工程，认真落实好高校、中小学

第 ⑨ 章 → 教之有道,则人才济济——加快推进高素质专业化创新型教师队伍建设

和幼儿园新时代教师职业行为十项准则,注重加强思想政治教育,突出全员全方位全过程师德养成,推动师德师风建设常态化、长效化。把育人本领作为高素质专业化创新型教师队伍建设的关键标准,引导教师在培育学生坚定社会主义信念、厚植爱国主义情怀、加强品德修养、增长知识见识、培养奋斗精神、增强综合素质上下功夫,努力培养一批又一批德智体美劳全面发展的社会主义建设者和接班人。

其二,要把准则要求落实到教师管理具体工作中。把好教师入口关,在教师招聘、引进时组织开展准则宣讲活动,确保每位新入职教师知准则、守底线。将准则要求体现在教师聘用、聘任合同中,明确相关责任。强化考核,要将师德师风建设作为职称评定的指标之一,从严使用师德考核结果。和其他评价标准一起,形成以人才培养为核心,以品德、能力和业绩为导向的高校教师职称制度。2021年1月人力资源社会保障部、教育部印发的《关于深化高等学校教师职称制度改革的指导意见》特别强调,要把牢师德之舵。进一步改进师德考核方式方法,避免形式化、随意化。完善师德考核指标体系,提高科学性、实效性,推动师德建设走上规范化、法制化轨道。

其三,建立完善教师师德建设长效机制,构筑覆盖各级各类学校的师德建设制度体系;加强思想政治工作,引导广大教师带头践行社会主义核心价值观,增进对中国特色社会主义的思想认同、理论认同和情感认同,坚决杜绝在课堂上发表违反党的路线方针政策等错误言论;着重加强对教师思想政治素质、师德师风等的监察监督,体现诚信承诺和失信惩戒机制,着力解决师德失范、学术不端等问题。

| 知识链接 |

2016年9月9日,习近平总书记来到北京市八一学校看望慰问师生时强调,教育决定着人类的今天,也决定着人类的未来。希望广大教师认清肩负的使命和责任,教育和引导学生热爱祖国、热爱人民、热爱中国共产党,教育和引导学生心中要有国家和民族、意识到肩负的责任,牢固树立为祖国服务、为人民服务的意识,立志成为党和人民需要的人才。

二、提高公办中小学教师的法律地位和社会地位

2018年1月20日,中共中央、国务院发布《关于全面深化新时代教师队伍建设改革的意见》,其中第五条第20款明确"确立公办中小学教师作为国家公职人员特殊的法律地位",这是我国教师人事制度顶层设计的重大突破,为建立教师特殊公务员(教育公务员)制度奠定了法律基础,迈出了重要一步,具有里程碑的重大意义。但是,在确立公办中小学教师作为国家公职人员特殊的法律地位之后,还应趁热打铁,再进一步,尽快配套建立教师特殊公务员(教育公务员)制度,完善教师管理制度,明确教师的职责权利,吸引更多优秀人才加入教师队伍,推进我国教育的高质量发展。

公立中小学教师既是专业人员,又是公务人员,承担着将公共知识和国家意识形态传授到中小学生头脑中去的重要任务。专业性和公务性是中小学教师职业所具有的双重特性,这是它与医生、工程师、律师等专业人员不同的地方。为了保证义务

教育的公共和公务性质，由政府聘任公立中小学教师作为特殊公务员（教育公务员），建立特殊公务员（教育公务员）制度。同时，也要明确，特殊公务员（教育公务员）与一般公务员还是有明显区别的，有其专业属性和特点，要保障他们继续享有原有的寒、暑假，享有进修提高的机会，并参加专业职称考试和评聘，不能完全将公立中小学教师当成一般的公务员来管理，完全使用行政手段，对教师也搞行政本位，要防止行政本位对教师专业化带来的不良影响。

三、深入实施《乡村教师支持计划》

2021年4月通过的《中华人民共和国乡村振兴促进法》明确要提高乡村教师学历水平、整体素质和乡村教育现代化水平，以保障乡村全面振兴的人才支撑。2021年5月，教育部、财政部联合印发的《关于实施中小学幼儿园教师国家级培训计划（2021—2025年）的通知》指出，秉承"示范引领、雪中送炭、促进改革"的宗旨，推进教师队伍高质量发展和教师培训提质增效，为助力乡村振兴持续发力，是"十四五"期间"国培计划"的根本任务。这一举措有利于将巩固拓展脱贫攻坚成果同乡村振兴有效衔接，为乡村振兴和中西部欠发达地区农村教育改革发展提供坚强师资支撑。2021年8月，教育部等9部门联合印发通知，启动中西部欠发达地区优秀教师定向培养计划（简称优师计划）。从2021年起，教育部直属师范大学与地方师范院校将采取定向方式，每年为832个脱贫县和中西部陆地边境县中小学校培养1万名左右师范生，从源头上改善中西部欠发达地区中小学教师队伍质量。伴随乡村振兴战略的实施，乡村教师在乡村社会建设中被赋予更大的责任，乡村教师在加强乡村文化建设、阻断贫困代际传递中的重要性更加凸显。

（一）优化乡村教师队伍建设投入机制

党的十九大报告指出："推动城乡义务教育一体化发展，高度重视农村义务教育。"要继续优化教育投入结构，进一步加大乡村教师队伍建设投入力度，将新增教育经费主要向乡村教师的工资待遇和专业发展上倾斜。充分考虑乡村学校学生适龄人口结构和空间变化，提前对乡村教师队伍建设经费需求进行预测，建立更加合理的转移支付制度，教育投入力度加大的同时，地方政府努力程度不降低，在保证乡村教师工资和专业发展标准逐步增长的基础上，避免经费结构性和地域性短缺。建立法定的长效拨款机制，确保中央政府增加投入力度的同时，地方政府的努力程度不降低，避免各项专项经费因政策变化、地方财政收入减少和人事变动等因素的影响而波动，影响乡村教师队伍建设的可持续发展。同时，充分调动社会力量投入的积极性，建立民办教育分类补助机制，形成有利于社会捐赠的宏观氛围和制度环境，有效激励民间资本和企业投入乡村民办学校教师队伍建设。设立专项资金支持乡村师范教育发展，通过财政支持改善乡村师范院校办学条件，提升办学水平，吸引优秀学生报考乡村师范院校。完善乡村教师队伍建设经费投入和使用的考核制度，明确经费投入和使用过程中的责任，定期督查经费投入和使用情况，切实解决地方政府及教育管理部门推卸责任甚至权力寻租的问题。

（二）大力提升乡村教师社会地位和工资待遇

第一，大力提升乡村教师工资待遇。适当上移财政责任，加大转移支付力度，由中央和省级政府重点承担缩小同一省域内不同县（区）域乡村教师收入差距的责任，保障同一省域内乡村教师收入大致相同。认真落实义务教育教师平均工资收入水平不少于本地公务员的平均工资收入水平政策，督促县（区）级政府将教育经费新增部分重点向乡村教师工资待遇上倾斜。适当提高奖励性绩效工资在绩效工资总额中的比例，并将教师奖励性绩效工资重点向乡村学校和乡村一线教师以及班主任倾斜。

第二，实行差异化的农村教师津贴和乡村教师生活补助倍增计划。根据乡村学校的偏僻程度和生活艰苦程度，给予乡村教师数额不等的乡村教师生活补助，位置越偏僻、条件越艰苦的乡村教师生活补助越多，并且实行定期倍增政策，提高乡村教师薪酬待遇水平，确保乡村教师工资收入与付出能够对等。

第三，健全医疗养老保险等社会保障制度。认真落实《国务院关于机关事业单位工作人员养老保险制度改革的决定》《机关事业单位职业年金办法》等文件精神，充分保证乡村教师的住房公积金和养老保险、职业年金等按时足额到位。加强对乡村教师社会保障政策的监督和管理，充分保障乡村教师的切身利益。实施"乡村学校教师安居工程"，在县镇建设一批乡村教师经济适用房，在乡村学校建设一批教师周转房。完善相关配套设施，如运动器材和活动场所等，提高乡村教师参与体育锻炼的积极性。加大乡村学校文化、娱乐、交流场所建设力度，为乡村教师提供和谐健康的文化环境，充分利用文娱活动、教研活动、专题活动等促进乡村教师回归公共生活，增进情感交往，丰富乡村教师的精神生活；建设书香校园、文化校园，为乡村教师营造积极健康的文化生态，积极引导乡村教师进行健康的休闲活动。

第四，给予乡村教师综合性奖励。一方面，我们要通过税收减免等多种方式，积极鼓励和引导社会力量建立专项基金，给予优秀乡村教师物质性奖励和荣誉表彰；另一方面，我们还要给予乡村教师综合性奖励。例如，在社会公共服务方面，建议给予乡村教师特殊的优惠措施。对乡村教师进行定期身体检查，以学区为单位建立乡村教师心理辅导中心。同时，对于从教20年的乡村教师子女，在县（区）内乡村教师招考时，同等条件下优先录取；对于从教20年以上的乡村教师，在政策性保障住房、住房贷款利率等方面享受优先的权利；对于从教30年以上的乡村教师，在出外乘车、乘船等方面享受打折等优惠政策。

（三）着力破除乡村教师管理体制障碍

第一，明晰职能部门乡村教师管理职责。在乡村教师管理上实行事权、人权与财权相统一，真正做到"到位而不越位"，让各项权利准确"归位"。编办部门主要是根据乡村学生数量，综合考虑乡村小规模学校、寄宿制学校和农村留守儿童等实际情况，科学核定乡村教师编制总量，切实做到及时补充、调整，避免有编不补。在保证乡村学校基础课程开齐开足的前提下，综合考虑农村学生特殊发展需求和学校新课程改革要求，合理增加乡村学校特殊类型编制。继续完善市场化教师补充方式，鼓励地方政府购买服务，解决乡村学校临时性短缺或工勤人员不足的问题。人力资源和社会保障部门对乡村教师进行岗位核定，控制乡村教师总量。人力资源和社会保障部门通过"自上而下"的方式负责教师总量控制，乡村学校则通过"自下而上"的方式反映教师实际需求。财政部门依据国家和县（区）级政府有关规定及时划拨教育经费，并对乡村学校人员经费的使用进行审计、监督。教育行政部门则依法管理乡村教师，主要包括乡村教师的资格认定、招聘任用、培养培训、职务评聘、轮岗交流和业务考核等。

第二，深化乡村教师职称评聘改革。简化乡村教师职称评定程序，除去纷繁复杂的程序和名目众多的评审材料，减少乡村教师在职称评定过程中的烦恼。充分考虑乡村教师的教学实际，破解乡村教师因教学成绩、优质课、评比活动等短板带来的职称评定困境，为他们提供较为公平的职业发展环境。乡村教师职称评定主要依据工作年限和实际贡献，在乡村学校从教20年以上，任中级专业技术职务满10年，较好完成教学任务并且考核合格的乡村教师，可以直接聘用到高级专业技术岗位上；教龄30年的乡村教师可以直接认定为高级专业技术职称；对于乡村学校紧缺的音体美等学科教师格外关注，应专门制定符合音体美等学科的职称评定条件，顺畅其职业发展通道，提升乡村音体美等紧缺学科教师岗位的吸引力。并且，教师职称评定的指标要向乡村学校倾斜，要有具体的比例和指标，避免口惠而实不至。

（四）进一步优化乡村教师资源配置

第一，创新乡村教师招聘方式。针对乡村教师"留不住"的问题，建议加大有本地户籍的地方师范院校毕业生招聘力度，这一举措能够有效防止乡村教师流失，有利于维护乡村教师队伍的稳定性。针对村小和教学点乡村教师招聘难的问题，国外的经验有很好的启示。澳大利亚"一师一校"型小学的教师招聘，会综合考虑以下因素：自身受教育经历、复式教学水平、口头和书写表达能力、音乐等艺术才能。也就是说，村小和教学点教师招聘的时候，更注重教师是否适应全科型教学以及年复一年坚守教学岗位的耐心。针对乡村学校音体美教师"进不来"的问题，可以借鉴英国的经验——英国为了鼓励教师去条件艰苦的学校，在教师津贴中设有专门的"特别困难学校津贴和冷门学科教授津贴"，为此，可以通过给予特殊学科补贴的方式吸引音体美专业的高校师范类毕业生来乡村学校任教。

第二，创新乡村教师配置方式。根据城乡统一的教师编制政策和乡村学校特殊需要进行配置。例如，寄宿制学校和农村留守儿童偏多的乡村学校要配备一定数量的生活教师，对于10—30人的教学点至少配备2名教师，在校生在10人以下的至少配备1名教师。同时，要创新乡村教师配置方式，例如，对于的确需要保留但学校规模偏小、班级学生人数不足5人的教学点，可以采取"一班一师"包班的办法配备教师；对教学点的音体美及外语、计算机等教师，可以采取"一校设岗、多校使用、巡回走教"的办法配置教师。还有，利用信息技术手段，通过同步互动专递课堂、同步互动混合课堂、有组织的慕课和"双师"教学等多种模式，优化中心学校和教学点教师资源配置。

第三，完善乡村教师退出机制。主要包括两个方面：一是完善"准乡村教师"退出机制。确立面向乡村学校的公费师范生考核与淘汰机制，被淘汰者必须偿还培养费用并缴纳违约金。对经过考核确实不适合从事乡村教育的学生，经省级教育行政部门审查批准后允许退出地方公费师范生行列，按照规定退还已享受的免费教育费用，缴纳违约金，并在其人事档案中予以记录。二是完善在职乡村教师退出机制。实行乡村教师师德一票否决制，对有严重失德行为、影响恶劣者按有关规定予以严肃处理直至撤销教师资格。对于年龄偏大、长期生病且不适应信息化时代乡村学校教学的教师，采取弹性退休机制，实行"养老金＋退休金"保障制度，确保退出教学岗位的乡村教师工资待遇不少于在岗时的工资待遇。对于不能适应乡村学校岗位要求的中年教师，退出教学岗位，通过转岗培训、进修和跟岗等多种形式，成为寄宿制学校生活教师或留守儿童心理辅导教师等。

（五）重视乡村教师乡土文化意识

对于乡村教师培养来说，特别重要的一点是应当重视教师的乡土文化意识，注意将地域元素融入培训课程，进而提高乡村教师的相关素养。有学者认为，在汇聚着多样文化的民族地区乡村中，教育面临着多样化的需求，该需求的满足依托于民族地区乡村教师的特殊素养，要求民族地区乡村教师除一般素养外，还应具备由本土化知识、跨文化能力及乡土情怀构成的特殊素养。建议从特殊素养显现于培养目标中、本土文化融合于课程内容中、挖掘利用民间资源、丰富校园民族文化、融本土实践于课程教学中、悟教育智慧于实践环节中六方面着手培养新时代民族地区乡村教师的特殊素养。国际上一些国家在设计教师教育课程中也注重融入和渗透大量本土文化，开设针对原住民教育的教师培养课程，使教师真正成为多元文化的理解者、传授者和行动研究者。在乡村文化建设过程中，要发挥教师的知识和文化优势，在教与学的过程中，以乡土文化为媒介，传承文化脉络、振兴乡村教育；鼓励和引导乡村教师积极参与乡村振兴的建设，减少乡村教师与乡村社会的区隔，成为乡村振兴的主力军。

此外，建立乡村教师共同体可进一步增强乡村教师的主体意识。通过体制机制的转变提升其对自身的身份认同和价值认可，解决乡村教师专业情感淡漠、教学投入不足以及自我更新能力缺乏等问题。加强乡村教师群体的学习和合作，通过校本培训、省培国培等活动形式，积极提升自己的专业素养。乡村教师培训要注重教师职业倦怠、心理亚健康、班级管理困惑、家校合作矛盾、计算机能力低下等问题，同时关注复式教学、小班教学和多科教学等现实需求。

我们坚信，一支专业素质优良、甘于自我奉献、乐于扎根乡村的教师队伍，必定是一支拥有专业实力和教育情怀的优秀教师队伍，是一支在教育的较量中能够赢得未来的教师队伍。伴随着《乡村教师支持计划》的深入实施，这个目标一定能够实现。

| 知识链接 |

2015年4月1日，习近平总书记主持召开中央全面深化改革领导小组第十一次会议，审议通过《乡村教师支持

计划（2015—2020年）》。会议指出，要把乡村教师队伍建设摆在优先发展的战略位置，多措并举，定向施策，精准发力，通过全面提高乡村教师思想政治素质和师德水平、拓展乡村教师补充渠道、提高乡村教师生活待遇、统一城乡教职工编制标准、职称（职务）评聘向乡村学校倾斜、推动城市优秀教师向乡村学校流动、全面提升乡村教师能力素质、建立乡村教师荣誉制度等关键举措，努力造就一支素质优良、甘于奉献、扎根乡村的教师队伍。各级党委和政府要加强组织领导，因地制宜制定符合乡村学校实际的有效措施，把准支持重点，着力改革体制，鼓励和引导社会力量参与支持乡村教师队伍建设。

四、加快构建高质量教师教育体系

教师教育是教育事业的工作母机，是提升教育质量的动力源泉。我国教育事业已经进入高质量教育发展阶段，建设教育强国，教师教育必须加快改革步伐，不断提高教师教育质量，构建高质量教师教育体系。2018年，教育部等五部门印发了《教师教育振兴行动计划（2018—2022年）》，对教师教育工作的发展进行了具体的部署，提出了明确目标，即"经过5年左右努力，办好一批高水平、有特色的教师教育院校和师范类专业，教师培养培训体系基本健全，为我国教师教育的长期可持续发展奠定坚实基础。师德教育显著加强，教师培养培训的内容方式不断优化，教师综合素质、专业化水平和创新能力显著提升，为发展更高质量更加公平的教育提供强有力的师资保障和人才支撑"。2022年5月，教育部发布《关于公布师范教育协同提质计划重点支持院校名单及组团安排的通知》，32所地方薄弱师范院校获重点支持，有助于推进实施新时代基础教育强师计划，构建高质量教师教育体系。

（一）根据教育发展需要，提升培养培训体系的层次

《教师教育振兴行动计划（2018—2022年）》明确将"提升培养规格层次""夯实国民教育保障基础"作为提升教师队伍素质的目标之一。2021年5月，发改委印发的《"十四五"时期教育强国推进工程实施方案》中的"高等教育内涵发展"工程特别强调，服务疫情防控、健康中国和教育强国建设需要，加快培养国家急需的医学和教师人才；支持一批本科师范院校（含综合类院校中的师范学院）加强教学科研设施建设；重点支持建设一批国家师范教育基地。聚焦到具体实现路径，可从以下几方面着手。

第一，对于教师学历层次的提升，从整体来看，本科教师教育和硕士及以上教师教育都应得到加强。具体到各级各类教育，需要稳步推动幼儿园教师专科化、小学和初中教师本科化、高中教师研究生化，提高师范类专业本硕连读的比例，扩大教育硕士、教育博士的培养规模，有计划地逐步缩减专科、中专层次的招生规模。

第二，对于加大对师范院校支持力度，在行动计划方面，我国已经实施了教师教育振兴行动计划，"实施新时代强师计划"是一个新的提法，需要进一步明晰内容，保障落实。

此外，"重点支持建设一批国家师范教育基地，进一步发挥

第 ⑨ 章　→ 教之有道,则人才济济——加快推进高素质专业化创新型教师队伍建设

教育部直属师范大学师范生公费教育示范引领作用",也是很好的举措,需要配套相应的资金和示范基地筛选机制,在实践中不断总结经验。

(二)注重协同创新,建立开放协调联动的教师教育体系

中国特色教师教育体系是一个开放的大系统,要进一步优化教师教育体系的结构,建立开放协调联动的教师教育体系,保障教师教育。

第一,从具体实现路径来看,首先应厘清政府、大学、区域教研机构和中小学幼儿园在职前教师培养和职后教师发展中的角色,协同政府、大学、区域教研机构和中小学幼儿园的职能,使其相互衔接从而发挥整体功能。在职前培养方面,政府应以立法的形式明确中小学幼儿园在师范生培养中的法定权利、义务和责任,将中小学幼儿园接纳师范生实习作为绩效评估指标之一,并为其提供相应的资源支持、政策激励。其次,在新的教师教育体系中,应充分利用教育学院、教师进修学校等中国特色的教师发展机构,以一定的机制与制度将其与师范院校的职前培养统整起来,助推职前职后教师教育一体化。再次,在统筹教师教育职前与职后有机衔接的体制机制建设过程中,也应加强培训体系建设,注重县级教师发展机构的建设,统合高校、学校等多元主体的教师教育资源。建立以区县教师专业发展机构为核心的教师专业发展学校、校本教师专业发展中心和名师工作室(坊)构成的区县教师教育体系,与一流师范大学和一流综合性大学的教师教育体系相呼应,强化县级教师发展机构对乡村教师专业发展的支撑作用。此外,还应加强

教师发展机构内涵建设，制定发展性建设标准，设计引领教师发展的培养项目，实施示范性教师培训活动，开展教师发展问题研究。

第二，教师教育机构注意招生与教育系统需要、招生与输出的联动，协同数量和质量需求。美英职前教师教育注重对生源的考核和筛选，多渠道确保生源，我国可以此为鉴，考虑建立师范专业招生"研判"制度，切实提高生源质量，对符合相关政策规定的，采取到岗退费或公费培养、定向培养等方式，吸引优秀青年踊跃报考师范院校和师范专业。改革招生制度，鼓励部分办学条件好、教学质量高院校的师范专业实行提前批次录取、通过自主招生增加面试环节或采取入校后二次选拔方式，选拔有志于从教的优秀学生进入师范专业。建议以"强基计划"政策为契机，招收认同教师职业价值、有志于从事教育行业的学生。同时加强宣传力度，考虑跟高中合作，定期派教员到高中开展师范专业的介绍和宣讲活动，吸引优秀学生报考师范专业。

第三，完善教师编制政策，让教师编制与招生培养与就业相衔接。做好了这项工作，将有助于减轻教师教育供需数量不均衡的问题。虽然这个问题还涉及潜在教师的从教意愿问题，相对复杂，不能简单预测，但让教师编制更加灵活，与招生培养衔接的大方向值得肯定。建立完善"师范生就业出口和教师编制入口"之间的协同体系有助于实现"入职协同"。

第四，专业优质的教师教育体系应该具有多样化和灵活性属性。中国特色教师教育体系的建设必须立足国情，扎根中国大地走适合国情的教师教育发展道路。对于幅员辽阔的国家来说，教师教育体系建设既要有宏观方面的统一要求，也要有因地制宜的灵活性。东部地区与中西部地区对教师的需求，城市学校和乡村学校对教师的需求，边远、贫困、民族地区教育精准扶贫对教师的需求，各有侧重、各有重点，在层次、结构、规模的需求上都存在差异性。因此，应充分考虑区域、城乡、校际差异，充分考虑学段、学校类型的差异，根据各级各类教师的不同特点、需求特征和发展实际，提高教师教育政策的精准性和实效性。

（三）确定教师教书育人素质目标，通过质量保障体系建设严把培养培训质量

教育强国目标的实现要求我国教师教育质量层级向专业化、高端化跃进。严把质量是高质量教师教育体系建设的核心任务，可以从以下几个方面开展工作。

第一，建立和完善各类教师教育标准，将教育素养目标与教师教育课程标准等标准结合起来，统一推进职前教师教育标准建设和在职培训标准建设。具体来看，有两点需要注意：其一，从细化目标来看，需要考虑将反思能力、研究能力、教育判断力、评价素养等素养融入总体思路中。其二，教师专业标准是一个系统概念，应该覆盖整个教师生涯，突出标准的完整性和层次性。需要建立和完善的标准包括教师专业标准、教师资格标准、招生标准、课程标准、认证标准和评估标准等，除此之外还有资助标准等其他保障职前教师教育质量的标准。世界主要发达国家都非常注重以标准来规定准入，将教师资格要求内化到培养过程之中，以标准来衡量教师培养质量。

第二，建立起更加完善的教师教育质量保障体系。保障体系特别关键，包括设立标准、投入、监管、评价和改进等环节。建议建立完善的教师资格和国家统一考试制度、师范生生源质量保障制度、教师教育课程和教学标准制度、师范类专业质量认证和评估制度；建立完善教师教育学术学科制度和教师教育专业学科制度，建设好幼儿园、小学、中学、中职、特教等五个教师教育专业；建立完善的教师教育体系资源保障制度，不断夯实教师教育学科资源、制度资源、人力资源。其中特别重要的是，要建设科学合理的教师教育质量指标体系和教师教育机构质量评价体系，开展循证教师教育决策。

第三，建议设立专门的教师教育质量管理机构，在原有的三级五类师范专业认证标准基础上开展更多工作，鼓励第三方评价机构参与评价工作。不仅建立教师教育质量标准，也要开展全国师范类专业质量监测，建立有效的培训评价体系，以评价推动发展。世界发达国家通过科学的专业认证来确定职前教师教育机构的设立资质，并以此为依据对机构及其项目进行阶段性考核，对机构和项目的效能进行反馈和问责，包括是否落实国家政策和有关标准、是否为中小学输送了高质量教师等，公开评估结果并建立数据库。建议建立"校级、省级、国家级"三级教师教育质量年度报告制度，同时继续按政策要求建立师范生培养质量监控体系和师范生教学状态数据库。评估管理流程可借鉴英国教育标准局经验，每六年为一个评估周期，评估结果作为教师培训局下一年学额分配、拨款以及招生资格认证的参考。而且，应该特别重视以评价推动质量提升，建立起质量改进的激励相容机制，鼓励多元主体参与质量保障体系建设，

第 ⑨ 章　→ 教之有道,则人才济济——加快推进高素质专业化创新型教师队伍建设

建立持续改进的质量文化,让质量标准融入每个教师的心中,融入培养培训的各个环节。应吸取国际经验教训,发挥政策和管理的正向引导功能,避免强制的刚性管理,以免造成对专业活动自主发展能力的损害。

第四,从提高培养培训质量的角度,我们要注意解决现有的问题。例如,关于教师的具体培养路径方面,应该突出探索、研究等创新精神以及仁爱、和谐等人文素养。建议将前沿学科、综合学科、跨学科的研究成果内容整合进教师教育的课程内容、教学方式和实践之中。将批判能力、创造性思维、问题解决能力和合作交流能力的课程纳入教师教育课程体系。又如,本科师范院校要增加实习时间,实习时间需要更加灵活。学生长时间地深入教学一线,可以充分了解和锻炼教学实践中需要的各种技能,增强自身的教育胜任能力。此外,培训目标有针对性,培训方法灵活,关注不同学员的需要,提供个性化服务;组织活动时指令清晰,有利于不同观点表达;及时对学员的问题和作业进行反馈,评价客观合理;与学员关系融洽,营造良好的培训氛围;培训内容反映学科教育前沿,体现时代特征。对教师培训课程的设置进行反思,推进"国培计划"改革与评价,以教师自主学习、系统提升、持续发展为导向,实行分层分类精准培训,建立教师自主发展机制,探索教师自主选学等模式,推进人工智能与教师培训融合发展。而且,在提高质量的实践中,需要扎根中国,融通中外。一方面,可以通过注入优秀传统文化灵活创新地实施各类素养教育,特别是道德素养教育,把习近平新时代中国特色社会主义思想尤其是习近平总书记关于教育的重要论述纳入师范生培养和"国培

计划"等各级各类教师培养和培训课程内容中，让师范生和广大在职教师认识中国教育的成就与不足，在对比分析、借鉴学习中更好地扎根中国大地，更有力地研究、服务、支撑中国教育。另一方面，可以借鉴国际先进的教师教育模式，提高教师培养培训水平。

（四）构建"互联网＋"教师教育体系，以信息化助力教师教育发展

在新时代教师教育发展路径创新的过程中，政策决策者和研究者注意到了信息化的作用。建议构建"互联网＋"教师教育体系，以信息化助力教师教育发展。

第一，构建国家在线教师教育体系，形成"互联网＋"教师教育体系，将大数据、云计算、虚拟现实、增强现实等现代信息技术应用于教师教育的课程、教学、实践等不同环节中。2018年《教师教育振兴行动计划（2018—2022年）》的十大举措中包括"互联网＋教师教育"创新行动，明确提出要"创新教师教育模式，培养未来卓越教师"。2019年3月，教育部办公厅关于印发《2019年教育信息化和网络安全工作要点》的通知，启动实施"互联网＋教师教育"创新行动。2020年的《中小学幼儿园教师在线培训实施指南》也强调要充分利用互联网、大数据等信息技术开展在线培训。"互联网＋"教师教育体系的建设过程中需要注意以下问题：（1）加强线上与线下教师教育体系的联动，注重学习共同体的建设，让每个教师与这个体系充分连接。（2）建立在线教师教育国家标准和国家推荐资源库。由专业团队把资源整合起来，实现最大程度的资

源互补与共享、资源筛选与推荐等。(3)建立基于在线教师教育体系的评价制度,及时发现教师学习者的知识缺陷,帮助他们改进学习。(4)创新教师教育形式,促进教师学习者深度参与。以用户为中心,强调跨界和交互思维,鼓励众创精神,支持教师学习者做课堂的参与者。(5)为教师学习者提供个性化的学习环境。利用互联网技术,研究教师学习者在学习风格、学习路径上的差异,给每位学习者个性化指导,实现学习者个性化学习。

第二,借助信息技术助推线下教师教育。随着信息技术的发展,信息技术被用于教师的反思实践之中,以帮助教师提升反思能力。例如,研究表明网络档案袋等技术能够有效提升职前教师的反思能力。建议进一步研究助推式教师教育,该模式关注了技术与教师教育之间潜移默化的双向影响,基于目的性原则和非强制性原则构筑了教师教育者、教师与技术三者双向互动的三角助推网络。也可以借助现代教育条件创新培训方式,建构人工智能与教师治理、教师教育课程和教学、师范生实习实践、教师研修高度融合的体系。重视TPACK(整合技术的学科教学法)培训,继续提升教师信息素养,加强信息化平台建设,开启"智能+教师培训"新时代。

第 10 章

问渠那得清如许,为有源头活水来

——在坚持和加强党的领导中发挥制度优势,提高治理效能坚持党对一切工作的领导。党政军民学,东西南北中,党是领导一切的。必须增强政治意识、大局意识、核心意识、看齐意识,自觉维护党中央权威和集中统一领导,自觉在思想上政治上行动上同党中央保持高度一致,完善坚持党的领导的体制机制,坚持稳中求进工作总基调,统筹推进"五位一体"总体布局,协调推进"四个全面"战略布局,提高党把方向、谋大局、定政策、促改革的能力和定力,确保党始终总揽全局、协调各方。

——习近平总书记在中国共产党第十九次全国代表大会上的报告(2017年10月18日)

一、坚持党的全面领导

中国共产党是中国特色社会主义各项事业的领导核心，代表了最广大人民群众的根本利益。党对教育的领导，是社会主义性质决定的，也是教育本质的内在要求。中共十九届二中全会强调，中国共产党领导是中国特色社会主义最本质的特征，是中国特色社会主义制度最大的优势。历史和现实告诉我们，办好中国的教育，关键在党，根本在于党对教育的全面领导。

加强党对教育工作的领导，是中国教育事业科学稳定可持续发展的根本保证。具体来讲，教育部门和各级各类学校的党组织要增强"四个意识"、坚定"四个自信"，坚定不移维护党中央权威和集中统一领导，自觉在政治立场、政治方向、政治原则、政治道路上同党中央保持高度一致。要坚持党管办学方向、管改革发展、管干部、管人才，牢牢掌握党对教育工作的领导权，使教育系统成为坚持党的领导的坚强阵地。明确党是领导教育事业发展的核心力量，强调办好新时代中国特色社会主义教育要牢牢掌握党对教育工作的领导权这一根本要求。党对教育工作的领导主要包括以下几个方面。

（一）确立教育指导思想，保证教育事业沿着正确方向前进

《中国共产党章程》指出："大力发展教育、科学、文化事业，推动中华优秀传统文化创造性转化、创新性发展，继承革命文化，发展社会主义先进文化，提高国家文化软实力。牢牢掌握意识形态工作领导权，不断巩固马克思主义在意识形态领域的指导地位，巩固全党全国人民团结奋斗的共同思想基础。"

教育方面，就是全面贯彻党的教育方针，坚持社会主义办学方向，加强思想政治教育，坚持用发展的马克思主义武装师生头脑，把培养社会主义建设者和接班人贯穿学校党组织活动始终，牢牢把握党对学校意识形态工作的主导权。只有走中国特色社会主义教育道路，才能实现教育现代化；只有加强和改善党的领导，才能保证现代化教育沿着社会主义方向前进，才能确保中国教育现代化走向成功。

（二）加强学校党的建设，推进学校领导班子和干部队伍建设

明确高校实行党委领导下的校长负责制，要求中小学党组织充分发挥政治核心作用，规定民办学校必须加强党组织建设。各级政府要定期向同级人民代表大会或其常务委员会报告教育工作情况，建立各级党政领导班子成员定点联系学校制度。着力扩大党组织的覆盖面，推进工作创新，增强生机活力，不断提高学校领导班子和干部队伍的思想政治素质和办学治校能力，坚持德才兼备、以德为先用人标准，选拔任用学校领导干部。发挥学校基层党组织战斗堡垒作用和党员先锋模范作用，加大学校领导干部培养培训和交流任职力度，在优秀青年教师、优秀学生中发展党员，重视学校共青团、少先队工作。

（三）建立健全领导体制，制定符合实际的教育发展规划政策

加强党和政府对教育工作的领导，就是要根据中国的实际，

而不是照搬外国的经验和模式，制定正确的路线、方针和政策，并坚决地贯彻执行。在中国这样一个人口大国建设社会主义现代化，首先要研究解决教育改革发展的重大问题和群众关心的热点问题，在不同的教育发展阶段，明确基层群众不同的教育诉求，因时因地制定各级党委和政府推进教育事业科学发展的规划和政策，完善考核机制和问责制度，组织动员全社会共同推动教育事业科学发展。

（四）强化思想政治建设，严格执行教育党风廉政建设责任制

营造中国特色社会主义教育事业顺利发展的政治局面和社会环境，是推进教育强国建设不可缺少的前提条件。把教育系统党组织建设成为学习型党组织，深入推动中国特色社会主义理论体系进教材、进课堂、进头脑，深入开展社会主义核心价值体系学习教育。各级党委和政府要以马克思主义为指导，高瞻远瞩，加强自身廉政建设，带领各部门切实履行职责，支持教育改革和发展，扩大人民群众对教育事业的知情权、参与度。坚持标本兼治、综合治理、惩防并举、注重预防的方针，完善体现教育系统特点的惩治和预防腐败体系。严格执行党风廉政建设责任制，加大教育、监督、改革、制度创新力度，坚决惩治腐败。凝聚全国人民力量，真正把握和处理好各种复杂社会矛盾和问题，协调好各方面的利益关系，维护教育系统和谐稳定，有效地组织和领导教育现代化建设事业的顺利进行，从而保证社会安定团结，保证国家长治久安。

二、全面推进依法治教

依法治教是依法治国方略在教育系统的具体体现，是建设教育强国的迫切要求，也是长期以来教育事业改革发展的经验总结。简单地说是国家机关以及有关机构按照法律规定，在法定权限范围内按照合法程序管理和发展教育事业，各级各类学校及其他教育机构、社会组织和公民也按照法律规定，从事办学活动、教育教学活动以及其他有关教育的活动。

党的十九大指出，全面依法治国是中国特色社会主义的本质要求和重要保障。加强教育法治建设，是完善中国特色社会主义法律体系，推进依法治国的重要议题。当前，我国的教育法律体系已基本形成，教育法律已覆盖了我国教育基本领域，其中包括全国人大、地方人大的法律，国务院、地方政府的法规，部门的规章等。但总体来说，相对于人民群众的期盼和依法治教的要求还有一定距离，现有的教育法律体系还不能完全适应经济社会发展和教育改革发展的需要，现有的教育法治建设仍需要完善。

（一）健全教育法律体系建设

按照全面依法治国的要求，制定教育法治体系建设规划，加快教育法治建设进程，尽快形成基本完善的中国特色社会主义现代化教育法律法规体系。根据经济社会发展和教育改革的需要，"十四五"期间，提请全国人大及其常委会修改完善义务教育法、民办教育促进法，制定特殊教育法、学校法、终身学习促进法、国家教育考试法、社会教育法。促进教育法律法规与其他法律法规有机对接，推进其他领域和地方法规与教育法律法规有机对接。

（二）加快推进教育行政执法体制机制改革

在全面推进执法治教过程中，亟须深化改革，尽快健全行政执法的体制机制，推动教育管理加快建立教育综合执法机制，鼓励有条件的地方教育行政部门，调整内部机构设置和人员编制，整合执法力量，设立专门的执法机构，充实执法人员，实现相对集中行使执法权，对学校违规办学、违规招生、不执行国家课程标准、侵犯学生权益，以及违背师德规范、违规有偿补课等行为开展综合执法。探索建立联合执法机制，积极会同财政、公安、工商、民政等部门，针对教育经费法定增长不到位、非法办学办班、义务教育学生辍学、教育辅导（服务）市场混乱等现象，按照属地管理原则，开展联合执法。积极创新执法体制与方式，鼓励地方根据实际需要，探索建立市县一体化的行政执法体制。严格执行重大行政执法决定法制审核制度，未经法制审核或者审核未通过的，不得作出决定。推行行政执法责任制，建立行政执法案卷归档、评查制度，建立行政执法责任制和责任追究制度。

（三）依法保障学校自主办学

依法明确学校的权责边界，制定学校权利清单。落实学校面向社会自主办学的法人地位，学校在人事管理、经费使用、工资分配、资源配置、专业调整、考试招生、教学改革等方面享有自主权。建立学校章程和各项配套管理制度，使学校的教育教学和管理工作有据可依、有章可循。依法履行教育教学和管理职责，建立健全教育救济制度。依法加强对教师和学生的管理，切实保障教师和学生的合法权益。

三、深化人才培养模式改革

人才是经济社会发展的第一资源，综合国力竞争说到底是人才竞争。国家发展靠人才，民族振兴靠人才。人才培养模式改革是全面深化教育体制机制改革的重要组成部分。习近平总书记在十八届中央政治局第九次集体学习时指出："要深化教育改革，推进素质教育，创新教育方法，提高人才培养质量，努力形成有利于创新人才成长的育人环境。"建设教育强国，须进一步深化人才培养模式改革，全面提高人才培养质量。

（一）坚持正确的育人总方向

党的十九大报告指出："要全面贯彻党的教育方针，落实立德树人根本任务，发展素质教育，推进教育公平，培养德智体美全面发展的社会主义建设者和接班人。"深化人才培养模式改革，必须以正确把握"培养什么样的人，如何培养人，以及为谁培养人"为前提。立德树人是教育的根本任务，是中国特色社会主义教育事业的核心所在，是提高国民素质、建设人力资源强国的战略行动，也是适应教育内涵发展，实现教育现代化的必然要求。创新和改革人才培养模式，必须坚持立德树人这一正确的政治方向，将社会主义核心价值观贯穿到人才培养全过程，坚持文化知识学习与思想品德修养相统一，理论学习与社会实践相统一，全面发展与个性发展相统一，为不断提高学生的创新创业精神与实践动手能力，培养德智体美劳全面发展的社会主义建设者和接班人探索更加有效、适合的培养方法、途径和机制。

（二）树立正确的人才培养观念

正确的人才培养观念主要包括：树立全面发展观念，努力构建德智体美劳全面培养的教育体系；树立人人成才观念，有教无类，促进学生成长成才；树立多样化人才观念，因材施教，不拘一格培养人才；树立终身学习观念，为持续发展奠定基础；要树立系统培养观念，推进小学、初中、大学有机衔接，教学、科研、实践紧密配合，加强学校之间、校企之间、学校与科研机构之间以及中外合作等多种联合培养方式，形成体系开放、机制灵活、渠道互通、选择多样的人才培养体系。

（三）采取积极措施鼓励学生创新

政府应该鼓励学生创新，制定对学生创新行为的奖励措施、办法，以政策引导学生创新，为学生创新营造良好环境，让学生愿意创新；政府和学校应联合社会力量为学生建立创新实验室和创业、创新孵化器等创新平台，让学生有条件创新；学校和家庭要保护好学生的好奇心，鼓励学生探究，欣赏学生的怀疑，包容学生的批判。有了良好的创新氛围，才能涵养和激发学生的创新勇气，培养创新人才的目标才能真正实现。

（四）探索有利于个性发展的人才培养模式

其一，发展学生的核心素养。顺应时代要求，以社会主义核心价值观教育为指导，继承和发扬优秀传统文化和世界先进文化，紧紧围绕学生发展的核心素养及培养要求，构建完善的课程教材体系，深入研究、确定各不同教育阶段学生必须掌握的核心内容，形成教学内容更新机制，确保教学内容紧跟时代发展步伐，满足文化传承发展和学生健康成长需要。尊重教育规律和学生成长规律，坚持因材施教，注重学思结合，引导知行统一，创新教学方法，推进分层教学、走班制、导师制等教学管理改革，推广启发、讨论、参与的教学方式，开展自主、合作、探究的学习方式。

其二，改革教育教学方式。当前人才培养模式的创新应以正确教育思想的坚守与过时教育思想的扬弃为重点。全面落实素质教育，促使学生德智体美劳全面发展，养成健全人格；重视实践、重视创新，鼓励学生从实践中发现和探究问题，养成创新思维和习惯，形成创新能力；关注学生个性特点，促进学生特色特长发展，养成良好个性；帮助学生在坚守社会主义核心价值观的基础上，学习、吸收国际多元文化精髓，拓展学生的国际视野，培养学生国际理解、国际合作和参与国际竞争的意识和能力。

其三，创新教育教学方法。要注重因材施教，教师面对的是性格爱好、脾气秉性、兴趣特长、家庭情况、学习状况不一的学生，必须精心加以引导和培育，平等对待每一名学生。要注重学思结合。无论在学校还是在社会，都要把学习同思考、观察同思考、实践同思考紧密结合起来，保持对新事物的敏锐，学会用正确立场方法观点分析问题，培养学生解决问题的意识与能力。要注重知行合一，注重理论与实践相结合，坚持教育教学与生产劳动和社会实践相结合。

四、加快考试招生制度改革

改革开放40多年来,我国考试招生制度不断完善,初步形成了相对完整的考试招生体系,为学生成长、国家选才、社会公平作出了历史性贡献,对提高教育质量、提升国民素质、促进社会纵向流动、服务国家现代化建设发挥了不可替代的重要作用。党的十八大以来,我国进一步加快考试招生制度改革步伐。2013年11月,党的十八届三中全会对考试招生制度改革又作了全面部署,指出要"推进考试招生制度改革,探索招生和考试相对分离、学生考试多次选择、学校依法自主招生、专业机构组织实施、政府宏观管理、社会参与监督的运行机制,从根本上解决一考定终身的弊端"。2014年9月,国务院印发了《关于深化考试招生制度改革的实施意见》,进一步推动考试招生制度改革。2019年国务院办公厅发布的《关于新时代推进普通高中育人方式改革的指导意见》明确提出,"统筹推进普通高中新课程改革和高考综合改革,全面提高普通高中教育质量"。

为深入贯彻落实习近平总书记关于教育的重要论述和全国教育大会精神,完善立德树人体制机制,扭转不科学的教育评价导向,坚决克服唯分数、唯升学、唯文凭、唯论文、唯帽子的顽瘴痼疾,2020年10月,中共中央、国务院印发了《深化新时代教育评价改革总体方案》,明确提出:"稳步推进中高考改革,构建引导学生德智体美劳全面发展的考试内容体系,改变相对固化的试题形式,增强试题开放性,减少死记硬背和'机械刷题'现象。加快完善初、高中学生综合素质档案建设和使用办法，逐步转变简单以考试成绩为唯一标准的招生模式。完善高等职业教育'文化素质＋职业技能'考试招生办法。"该方案的出台为新时代全面深化高考改革指明了方向。

（一）推进高考综合改革，减轻学生负担

以育人方式改革为重点推动普通高中深度变革，需要做好四个方面的工作，包括建立健全立德树人落实机制，推动德智体美劳"五育"融合发展；深化普通高中课程改革，构建学生全面发展的育人平台；深化课堂教学改革，着力创新人才培养方式；深化教育评价改革，破解唯分数、唯升学顽瘴痼疾。转变育人模式仍面临应试行为失偏、教育资源失衡、教育评价失格、学生发展指导失位等现实困境，需要从贯彻立德树人根本任务、学校课程体系整体建构、"留白式"学校治理、综合素质评价育人功能的发挥、学生发展指导多方面入手，抓住关键环节撬动育人模式变革。在建设教育强国过程中，加快推进教育评价改革，需要运用系统观念推进育人方式、办学模式、管理体制改革，扎实推进保障体制改革。正如习近平总书记在看望参加政协会议的医药卫生界教育界委员时强调的，要围绕建设高质量教育体系，以教育评价改革为牵引，统筹推进育人方式、办学模式、管理体制、保障机制改革。2020年中共中央、国务院印发的《深化新时代教育评价改革总体方案》提出："到2035年，基本形成富有时代特征、彰显中国特色、体现世界水平的教育评价体系。"除了教育系统内部改革以外，学校、家庭和社会应该形成合力，共同关注高中生的身心健康，合理引导高中生释放压力，为孩子的身心健康发展营造良好的环境。

（二）加强评价指标体系建设和制度建设

为保证评价体制改革的推进，应着重加强评价指标体系建设和制度建设。在评价指标体系建设方面，应逐步降低考试量化分数在评价中的比重，更加关注学生在全学习过程中的综合表现，同时加强对学生情感、态度、价值观方面的质性评价，更加重视过程性评价。《国家中长期教育改革和发展规划纲要（2010—2020年）》指出，高校要建立健全有利于促进入学机会公平、有利于优秀人才选拔的多元录取机制，指出了未来招录改革的方向。对不同类型的学生采取自主录取、推荐录取、定向录取、破格录取等多种录取方式。农村学生或者城市低收入家庭子女等弱势群体由于占有的社会资源相对有限，缺少个性化发展机会，在设计多元录取的高考制度时，也要注意要向弱势群体倾斜。在制度建设上，围绕党委和政府、学校、教师、学生、社会五类主体，坚持破立结合。"立"的是科学履行职责的体制机制。完善党对教育工作全面领导的体制机制，完善政府履行教育职责评价，坚决纠正片面追求升学率倾向。管理体制改革最关键的是政府要放权，要尽可能下放人事管理权，大幅减少各级各类检查、评估、评价，加强对办学方向、标准、质量的规范引导，为学校潜心治校办学营造良好的环境。

（三）进一步规范普通高中的招生秩序，强化招生管理工作

教育部在《关于做好2021年普通高校招生工作的通知》中提出要标本兼治"高考移民"。一方面，有关部门应该采取严厉措施进行打击，维护高考的公平与正义。具体做法可以

借鉴地方经验，比如福建省严防通过非正常学籍迁移、空挂学籍、违规落户、提供虚假学籍证明材料等手段跨省获取高考资格的"高考移民"违规行为。借鉴福建的做法，可以要求各地强化资格审查，坚决打击违法违规跨省（区、市）获取高考资格的"高考移民"行为。对于中介机构有组织地进行"高考移民"的违规行为，有关部门将对其依法严肃处理；对于民办学校有组织地进行"高考移民"的违规行为，教育主管部门将对其进行严肃惩处；而若有公职人员在户口问题、学籍问题上把关不严、监管不力甚至参与涉嫌利益输送的，将依法追究责任。另一方面，需要对不公平的分省指标体制进行改革，将各省区市高考考生人数与高考招生指标直接挂钩，公平分配招生名额。

（四）结合户籍制度改革，完善随迁子女异地高考相关政策

教育部应该督促各地，结合国家户籍制度改革，进一步落实并完善进城务工人员随迁子女接受义务教育后在当地参加升学考试的配套政策，细化各项操作办法和工作流程，提高服务水平。教育部应该做好全国性的统筹性规划，适当向随迁子女较多的省份增加计划数，由点到面逐步推开"异地高考"。不过，需要注意的是，推进"异地高考"需考虑协调好本地生源与外地生源的利益等问题。对此，可以借鉴我国部分地区放开异地高考的经验，稳中求进实现高考机会公平。考虑到流入地的高中教育资源相对短缺、高等教育资源比较紧张，在此背景下，解决流动人口子女异地考试问题，需要因地因时制宜。

| 知识链接 |

2014年8月18日,习近平总书记在中央全面深化改革领导小组第四次会议上的讲话中指出,考试招生制度是国家基本教育制度。总体上看,我国考试招生制度符合国情,同时也存在一些问题。必须通过深化改革,促进教育公平、提高人才选拔水平,适应培养德智体美全面发展的社会主义建设者和接班人的要求。深化考试招生制度改革,总的目标是形成分类考试、综合评价、多元录取的考试招生模式,健全促进公平、科学选才、监督有力的体制机制,构建衔接沟通各级各类教育、认可多种学习成果的终身学习立交桥。

五、加快办学体制机制改革

办学体制改革是教育体制改革的重要组成部分,是国家对设置教育机构的制度性安排,主要涉及由谁办教育、由谁进行投资、是否允许有收益、学校产权关系、经营管理权的范围等诸多问题。办学体制改革是对现有教育机构设置制度进行调整,改变单一的政府包揽办学的体制,进一步优化教育资源配置,提高教育资源利用效率,化解教育投入不足与资源不均衡之间的矛盾,处理好政府与社会之间的关系,逐步建立以政府办学为主、社会各界参与共同办学、公办教育与民办教育共同发展的新体制和新格局,使之更加符合社会发展需要。

办学体制是教育行政体制中的一个重要问题,常见的办学形式主要有三种:公立、民办以及混合制办学体制(其中包括国有民办、教育集团、大学城制、混合股份、公办民助等形式）。改革开放40多年来，我国的民办教育经历了从无到有再到扩张提质的发展历程，但当前，民办教育的发展状况与社会期望相比仍有一定的距离。民办教育存在的主要问题有：办学质量不高，办学特色不够鲜明，办学的公益性不强，办学的公平性有待进一步改进，办学经费渠道单一，等等。深化办学体制改革，对民办教育依法实行分类管理、扩大办学自主权是促进民办教育健康稳定发展的重要途径。

（一）对民办教育进行分类管理

其一，严格行业准入。地方各级政府列明本地准予营利性幼儿园、普通高中和普通高校的具体办学领域，鼓励各地根据当地各级各类教育总容量、统计同类公办和私立营利性学校办学状况，分阶段、有区别地放开营利性办学领域。通过准入公告，明确稀缺人才和新型市场模式办学机构的鼓励性政策措施。

其二，放开办学过程。根据营利性学前教育、高中教育和高等教育的办学特点，尽可能详细列出"负面清单"，明确说明何种类型、何种程度的操作构成"禁止的办学行为"，分别对应何种惩罚与制裁，而"负面清单"之外的办学道德风险和营利性学校内部风险，交由市场和行业自行决定。

其三，强化红线约束。地方政府设置民办教育督导小组，定期分类督导。针对营利性民办学校的督导在于前瞻性指导和服务，督促其保障和提高办学质量，主要包括监督经费使用、监控教育教学质量、监管校园安全。

其四，保护消费者权益。培育独立的专业化营利性教育消费者协会,制定明确的维权清单,建立教育服务投诉渠道,健全教育纠纷解决机制,为营利性学校的家长和学生提供便捷有效的投诉、申诉、援助程序和司法保护。对维权清单明确列出的违法违章行为,严格追究有关方责任,并予以惩罚。同时,通过资料收集与网络平台建设,增强营利性教育市场的信息透明度,保障消费者的知情权。强化对营利性(尤其是在线教育)消费者的宣传教育,提高其自身的风险意识和自我保护能力。

(二)建立民办教育法人制度

其一,建立独立完整的产权制度。民办学校作为具有独立法人地位的法人,要具备独立享有民事权利、承担民事义务的能力,就必须在理论上、立法上和实践中被赋予各种财产权利,包括对各方面投入所形成的学校资产的占有、使用、处分和收益等权能。

其二,建立民主科学的决策制度。完善学校章程,健全决策机构,优化决策机制,规范决策程序,从而实现决策的民主化、科学化,是完善民办学校法人治理结构、构建民办学校法人治理制度的核心内容。

其三,建立专业高效的执行制度。建立董事会领导下的校长负责制,推动校长队伍职业化发展,提高以校长为核心的行政管理团队的执行力和战斗力,是维系民办学校稳健运行和科学发展的重要载体,也是构建民办学校法人治理制度的重要内容。

其四,建立多元制衡的监督制度。作为法人治理制度不可或缺的重要组成部分,民办学校监督制度的建立,除了要普遍设置监事会等独立的内部监督机构之外,还要从实际出发适时建立起强有力的外部公共问责制。相关部门可以探索建立民办学校独立董事会制度，进一步完善向民办院校派遣政府督导专员和党组织负责人制度。

六、建立现代学校制度

现代学校制度作为一种适应时代要求的学校制度安排，反映的是现代社会和教育快速发展的一般趋向和需要，强调以学生发展为核心、注重协调学校内外部关系，是一种改进了的、进步的、能适应时代要求的和向着未来的学校制度[1]。因此，现代学校制度，特指在知识社会初见端倪和全面建成小康社会的大的社会背景下，能够适应市场经济和建设学习型社会的基本要求，以完善的学校法人制度为基础，以现代教育观念为指导，学校依法自主、民主管理，能够促进学生、教职工、学校、学校所在社区的协调和可持续发展的一套完整的制度体系。建立现代学校制度，有利于从根本上消除长期制约学校发展的制度性障碍，为学校发展创设优良的内部环境，提升教育质量。

（一）大力实施教育去行政化

首先，进一步加大试点推广校长职级制改革的力度，保障校长职业的专业化水平。取消校长的行政级别，由教育部门归口管理，最大限度减少与教育无关的事务，让校长真正摆脱行

1.李兴洲.反思"建立现代学校制度"[J].教育学报，2007（04）：51-56.

政束缚，专心致志办学。摘掉官帽不是让所有校长就地免职，而是只取消行政级别，然后针对校长个人综合能力来确定校长职级，这样有利于引导校长不是一味地迎合上级，而是更加关注学校、教师和学生的发展。实行校长职级制打破了校长职务终身制，有利于形成符合校长成长规律的、稳定有效的考核激励机制。

其次，赋予校长权责相当的人权、事权、财权，按照现代学校制度的要求，把学校副校长的提名、中层干部聘任等人事权交给校长。将教师岗位聘任、职称评聘、评优表彰、考核评价、绩效工资分配等管理权，招生录取、学生评优等学生管理权，课程设置、教学规划、课堂改革等教学管理权还给学校，实现责权利有效统一，解除体制性障碍，厘清政府和学校的关系，促使校长自主发挥创造性，深入研究教育教学、规划学校发展。

（二）依法落实和扩大办学自主权

第一，依法保障和扩大高校办学自主权。进一步保障和扩大高校自主权，增强高校办学活力，是完善中国特色现代大学制度、全面提高高等教育质量的基础，是教育部门加快职能转变、深化简政放权改革的基础。首先，要以转变职能和简政放权为重点，加强部门协同，确保放权到位。深化考试招生制度改革，支持高校公平、科学选拔学生。支持高校特色办学，根据经济社会发展需要调整优化学科专业。支持高校自主开展教育教学，促进学生更好地成长成才。扩大高校人事管理权限，发挥各类人才的积极性创造性。为高校自主开展科学研究、技术开发和社会服务创造更好条件，不断提高科研水平。扩大高校管理使用财政经费权限，发挥经费最大效益。支持高校开展国际交流合作，提高国际化水平。其次，要坚持放权和监管同步，避免"一放就乱，一乱就收"。在加大放权的同时，政府要探索建立新的管理体制和工作机制，创新管理方式，更多地运用法律法规、政策、标准、拨款、信息服务等手段，加强和改善宏观管理，确保放而不乱。要完善社会对高校的监督，通过深化校务公开、完善高等学校质量年度发布制度、成立理事会或董事会、专业机构实施评估等手段，确保高校权力在阳光下运行。高校要完善内部治理结构，改革管理体制，坚持和完善党委领导下的校长负责制，完善高校章程建设，加强学术组织和教职工代表大会建设，不断健全自主权有效行使的自律机制。最后，要优化高校服务流程，规范办事环节。要让高校教学科研人员从过多过苛的要求、僵硬的考核、烦琐的表格中解放出来，依托"互联网+"大数据等现代科学技术，积极推动高校服务网上办理，为高校办学、教师教学和学生学习创造更加良好的环境。

第二，依法保障和扩大普通高中和中等职业学校办学自主权。普通高中和中等职业学校属于非义务教育阶段的学校，扩大它们办学自主权，实现它们的自主管理对于推进教育改革，培养具有创新能力、适应社会发展需要的人才具有特殊的意义。因此，今后应该扩大普通高中和中等职业学校的办学自主权，在办学模式、育人方式、资源配置、人事管理、合作办学、服务社区等方面给予更多的自主决策空间。

第三，依法保障和扩大中小学办学自主权。进一步落实和扩大中小学在育人方式、资源配置、人事管理等方面的自主权。要打破中小学长期以来千校一面、千人一面的育人模式，切实从学校、学生的实际出发，自主配置、开发课程资源，自主组织教学，真正实现"为每个学生提供适合的教育"；一改过去"买酱油的钱不能打醋"的资源配置方式，学校拥有更多的支配权，因情施策，使有限的教育资源发挥更大效益；改变过去"能进不能出""能多不能少"的人事和薪酬管理状况，极大地调动学校教职工的积极性和创造性。实行中小学校行政人员全员聘任制，减少人员调配中的不合理行政干预。

（三）加强学校章程和配套制度建设

建立学校章程和各项配套管理制度，使学校的教育教学和管理工作有据可依、有章可循，是深化教育领域"放管服"改革、推进教育治理现代化的基本条件。在制定学校各项规章制度时，应充分体现民主，在广泛征求、听取各方面合理化建议的基础上，集体研究决定章程制度的建立。学校的规章制度内容不仅应包括教代会制度、校务公开制度等在内的直接表现学校民主管理内容的制度，还要建立健全与之配套的制度。另外，学校的规章制度要符合学校的实际，做到切实可行，可操作性强。目前各校已基本具有了自己的学校章程，问题在于学校章程是否得到有效执行，不流于形式。因此，目前不仅要加强学校"建章立制"工作，更要对章程实施进行有效监督，监督学校章程在办学目标、内部治理要素以及内外部关系的规定等方面是否有明确的、符合自身特点的准确规定，监督学校办学是否严格按照章程规定进行依法办学。

(四)完善学校内部治理结构

学校依法自主办学,关键在于形成多方参与、协同治理的内部治理结构。对于普通中小学而言,基于多元参与的学校治理理念,客观上要求在教育行政部门向学校下放自主权的同时,健全与完善校长负责制,鼓励和引导校长向教师、学生、家长和社会让渡权力,推进学校多元参与治理机制建设,完善学校理事会、校务委员会、教职工代表大会、家长委员会制度,逐步建立起教师、家长、学生、社区代表和教育专家参与的学校治理机制。在学校重大事务决策层面,探索实施由教师、家长、社区代表、教育专家组成的校务委员会,健全学校重大决策例行公众参与、专家论证、风险评估、集体研究决定等程序,建立学校重大决策、重要合同和文件的合法性审查机制,确保学校依法依规办学。在决策执行的过程中,通过权力与责任清单管理,明确不同主体在不同管理事务、管理环节上具有的权力、义务和职责,构建由不同主体、不同部门构成的权力矩阵,提高利益相关者在学校治理中的参与度。推进教师学生组织建设,设置校长学生助理、值周校长,成立教师委员会等。

在高等学校领域,需要深入落实《关于坚持和完善普通高等学校党委领导下的校长负责制的实施意见》《高等学校学术委员会规程》《学校教职工代表大会规定》《普通高等学校理事会规程(试行)》等文件、规章,推动党委会、校长办公会议等规则的完善,推动学术委员会、教职工代表大会以及理事会等制度的完善落实,积极发挥大学教授协会的学术管理作用,构建行政权力与学术权力相互平衡、良性互动的机制,形成决策、执行、监督相互独立、相互制约的法人治理结构。依法健全各类社团、协会及其他社会组织在学校中组织及开展活动的规则与要求，完善监督机制。

（五）积极探索教育家办学

有关研究表明，强烈的社会需求、自主的管理体制、宽松的教育外部环境，是影响教育家成长的关键社会环境因素。因此，首先，要为各级各类学校涌现一大批教育家提供宽松的体制环境。为鼓励教育工作者尤其是校长坚定教育信念，终生献身教育事业，专心致志探索教育改革发展新路，需要妥善处理校长任期问题，为那些有潜力、有抱负、肯努力的校长创造更好的条件。其次，完善绩效导向的教育人事管理制度。为增强教育家成长的及时性和有效性，需要建立教育家管理的规章制度，如教育家的培养、聘任、使用、奖惩等，确保教育家队伍的稳定和健康发展。制定《校长任职资格条例》，建立校长职业准入制度，在第一时间把不合格的人排除在校长队伍之外，为造就一大批教育家型校长奠定良好的基础。设立"优秀教育人才能力提升工程"，每年遴选一定数量的优秀校长、教师，进行有针对性的培训，提高其综合素质和能力，为他们尽快成长为教育家提供指导、支持和帮助。成立教育家专业组织，提供相应的经费支持，鼓励校长、教师组织起来，逐步增强教育家专业组织在教育领域的影响力，使其对校长、教师的专业发展起到真正的引领作用。最后，为提高教育家的社会地位，营造尊师重教的风气，强化教育家思想与实践的传播机制，鼓励和支持更多的教育工作者成为教育家，建议设立国家级、省级、县级等不同级别"人民教育家"荣誉称号，建立教育工作者国家荣誉制度，表彰和鼓励为我国教育发展作出杰出贡献的优秀教育工作者。

七、深化教育领域"放管服"改革

善政必简，政贵有恒。在推进教育强国建设进程中，要着力解决教育行政权力配置的科学性与效率性问题。权力下放不充分，则抑制教育发展活力；财权、人权、事权不匹配，则制约教育改革。要真正释放基层教育改革的活力和创造力，就要敢于自我革命，要积极实行简政放权，把该放的放掉，把该管的管好，做到不缺位、不越位、不错位，构建"政府管教育、学校办教育、社会评教育"的新型关系。在教育领域简政放权的同时，也需要"放管结合"，即在"放"的基础上，对"管"进行变革和创新。着力破解体制机制弊端，提高公共教育服务水平，满足人民群众对优质教育的需求，已成为当前政府和民众的普遍共识。这就需要深入推进教育领域"放管服"改革。"放"是政府部门角色定位问题，就是要厘清政府、学校、社会的边界和相互关系，重点是如何补缺位、纠错位、控越位，让政府归位，考验的是政府定力和推动改革的动力。"管"的核心是政府监管转型问题，监管变革要适应经济社会新常态、科技新进展和全面深化教育改革的新形势，涉及管理体制、政府层级、部门职责、运行机制、法制保障等方方面面，目的是激发学校的活力和社会创造力。"服"的核心是政府通过树立教育治理理念、构建有效教育治理机制和体制，全面提升教育治理能力，不断优化教育服务水平。

（一）推进政府转变教育行政职能，促进教育领域简政放权

其一，着力推进政府转变教育行政职能，将强势政府对学校的单方面控制转变为政府、学校、市场以及教师、学生、家长、社区等共同参与的多方共同治理。

其二，大力削减教育行政审批事项，进一步系统清理教育规章和规范性文件，减少教育行政审批申请材料，规范教育行政审批事项和流程，取消不合理的研究课题与成果奖项申报限额制，切实方便学校和群众办事。

其三，依法用好"三个清单"，即实施教育"权力清单"，厘清政府的教育"责任清单"，实行"负面清单"制度，依法管好"看得见的手"、用好"看不见的手"、挡住"寻租的黑手"。

（二）完善社会组织激励约束机制，提升社会组织教育参与能力

其一，完善社会组织参与教育治理的法律规范，放开教育社会组织登记和管理的限制，不断加强教育社会组织的行业自律和行业规范，以及公众和社会组织参与教育治理的社会资本培育，为社会组织参与教育治理营造良好的制度环境。

其二，建立有效的激励机制，促进教育社会组织的不断发展和成熟；引入监管约束机制，建设社会组织参与教育治理的监管体制。

其三，不断强化教育社会组织的使命感和责任感，积极发挥第三方教育治理的志愿性、非营利性等功能；坚持自主管理，强化社会组织的内部治理机制；不断提升社会组织的专业技能和服务能力，满足民众基本公共教育需求。

其四，大力发挥教育中介组织、教育行业协会和教育智库等社会组织的作用，调动社会组织参与教育改革与发展的积极性，建设良好的教育公共治理机制。

（三）加快完善国家教育标准体系，适时修订教育标准

其一，按照统筹设计、分步实施、重点突破、滚动发展的工作方针，加快完善国家教育标准体系，实现我国教育事业发展的法治化、规范化和标准化。

其二，提升国家教育标准的发布主体层级，由国务院发布国家重要教育标准，以确保国家教育标准的权威性、强制性和执行力。

其三，根据社会经济发展对人才的需求，以及教育自身的发展阶段性特征，动态修订和完善教育标准。

（四）探索"互联网＋"教育监管新体制，构建事中事后监管体系

其一，利用信息技术促进监管理念创新，实现监管的过程化和精确化；运用信息化手段促进监管线上线下结合，实现数据采集自动化、数据处理与分析智能化、评估结果可视化；利用信息技术实现现有数据累计和大数据分析，提升监管的全面性和准确性。

其二，切实构建教育领域权力下放后与运行相配套的事中事后监管体系，明确教育治理相关主体的权责边界，确保事有人管责有人负，防止推诿掣肘和懒政行为。

（五）积极优化教育服务环境，健全政府购买教育服务机制

其一，完善教育服务供给机制，搭建审批事项少、行政效率高、运行行政成本低、办事行政过程公正透明的政务服务平台；精简审批环节、压缩办理时限，实现同标准审核、无差别审批，推行容缺预审、并联审批，确保下放至学校的权力能落地、学校及师生有获得感。

其二，建设统一的"全国教育公共服务平台"，加强教育数据库建设，为教育治理现代化提供便捷高效的公共服务和科学的数据支撑。

其三，健全政府购买教育服务机制，建立公平、公开、公正的招投标制度以及政府相关部门的监管制度，形成教育服务购买的财政保障制度，满足了公众在教育领域的多元化和个性化的需求。

（六）坚决克服"五唯"顽瘴痼疾，积极推进第三方教育评估

科学合理的教育评价体系是我国建设教育强国的重要保障。其一，进一步扭转不科学的教育评价导向，坚决克服唯分数、唯升学、唯文凭、唯论文、唯帽子的顽瘴痼疾，从根本上解决教育评价指挥棒问题。

其二，建立第三方教育评价的资质认证机制、管理体制和发布机制，实现教育评价公开、公正和公平，进一步促进管、办、评分离。

其三，实施国家义务教育质量监测，健全高中学生综合素质评价制度，研究一流大学和一流学科建设成效评价体系和评

价办法，构建更加科学有效的教育评价制度体系。

（七）构筑一体化教育督导体系，健全教育监督问责机制

其一，完善督政、督学、监测"三位一体"的督导新机制，健全现代教育督导机构，提高教育督导队伍的专业化水平，形成一体化的教育督导体系。

其二，建立多种形式问责的法律制度，确立公正、公开的问责程序，进一步加大督导报告公布力度，提高教育督导的权威性和实效性。

其三，科学设计督导评估的内容、项目与标准，整合督导方式方法，加强对地方政府履行教育职责的过程管理，合理利用考核结果，督促地方政府依法履行教育职责。

第 11 章

百尺竿头须进步，十方世界是全身

——继续加大教育投入

中国将坚定实施科教兴国战略，始终把教育摆在优先发展的战略位置，不断扩大投入，努力发展全民教育、终身教育，建设学习型社会，努力让每个孩子享有受教育的机会，努力让13亿人民享有更好更公平的教育，获得发展自身、奉献社会、造福人民的能力。

——国家主席习近平在联合国"教育第一"全球倡议行动一周年纪念活动上发表的视频贺词（2013年9月25日）

第 ⑪ 章　→ 百尺竿头须进步,十方世界是全身——继续加大教育投入

持续稳定的教育投入是新时代加快建设教育强国最基本、最有力的前提保证。自1992年确立了优先发展教育事业的战略地位以来,教育事业的优先发展成为党和国家长期坚持的一项重大方针。党的十八大以来,以习近平同志为核心的党中央坚持"教育第一",不断加大投资于人的力度,努力让每个孩子享有受教育的机会,努力让13亿人民享受更好更公平的教育,获得发展自身、奉献社会、造福人民的能力。党的十九大再次重申,"优先发展教育事业。建设教育强国是中华民族伟大复兴的基础工程,必须把教育事业放在优先位置"。教育优先发展的前瞻性特征,决定了其内涵必然随着社会的前进和时代的变迁而不断丰富发展。但无论如何,投入都是衡量教育优先发展的一个重要指标。教育投入是支撑国家长远发展的基础性、战略性投资,是教育事业的物质性基础,是公共财政的重要职能。教育优先,投入先行。作为支撑国家长远发展的基础性、战略性投资,对教育的投入日益成为评价一个国家、一个地区教育事业是否优先发展的重要标尺。

2012年以来,我国财政性教育经费投入占GDP的比重一直保持在4%以上的水平,各级各类学校的办学条件得到了明显改善,学生资助体系也不断完善。但是,我国财政性教育经费占GDP的比例与发达国家和部分发展中国家相比,仍然存在不小的差距。从世界发达国家和发展中国家公共财政支出占GDP的比例来看,不仅普遍高于4%,且有进一步提高的趋势。主要市场经济国家公共教育支出占GDP比例年均大体在4%—6%之间。联合国《2030年可持续发展议程》和《教育2030行动框架》提出,各国应根据国际和区域的分配基准,将至少

4%—6%的国内生产总值或15%—20%的公用支出用于教育。2012年世界各国公共教育支出比例占GDP比例的平均数为5.05%。与发达国家相比，我国国家财政性教育经费占GDP的比例并不高。由此可见，我国教育投入依然偏低，与我国建设教育强国的目标不相匹配。因此，根据加快建设教育强国的目标，我们要完善教育投入的稳定增长机制，合理划分省域内各级政府教育领域的财政事权和支出责任。

一、健全以质量为导向的经费投入体制

从经济社会发展形势要求和教育改革发展实际来看，我国教育投入的稳定增长机制尚待建立，主要表现在：义务教育经费保障机制有待进一步完善，部分地方教育投入缺乏长效机制，"三个增长"和"两个提高"未落实的情况还存在，农村中小学生均公用经费标准偏低，难以满足日益增长的办学需要；部分地区公用经费政策执行不到位、不规范，公用经费被挤占、挪用来聘请代课教师和食堂工作人员等现象依然存在；农村义务教育教师待遇普遍不高，直接影响他们工作积极性；等等。这些客观存在的问题，要求我们进一步健全以质量为导向的经费投入机制。

（一）完善以政府投入为主，多渠道筹集经费的体制

第一，国家持续加大对教育的投入。国家财政性教育经费占GDP的比例逐步达到4.5%；在加大政府教育投入的同时，通过购地建校优惠、税收优惠、捐献抵扣等优惠政策，吸引社会资本进入教育领域，鼓励社会民间教育投入，使之达到2.5%

左右，两者相加达到7%以上水平。而且，国家应该明确规定教育财政支出维持在地方财政支出的15%—20%，并将其明确写入教育法。

第二，建立以发展高质量教育为目标的教育投入标准。改变"以收定支"的财政保障思路，建立以"充足"为标准的结果导向的财政投入思路，即确保每位学生获得作为个体和社会成员所必需的、达到一定质量标准的教育为目标，以发展高质量教育为绩效依据来确定经费投入标准。

第三，探索适合我国国情的教育生均经费充足标准的核算办法。建立以县级政府为单位的、综合考虑地方教育需求与财政能力的经费需求测算方式，解决长期困扰教育发展的基本教育财政保障充足标准缺失等问题。

（二）依法保证"三个增长"和"两个提高"

第一，应保证教育投入做到"三个增长"和"两个提高"。所谓"三个增长"，即教育财政拨款增长明显高于财政性经常性收入增长，在校学生人均教育费用逐步增长，教师工资和学生人均公用经费逐步增长。所谓"两个提高"，即国家财政性教育经费支出占国内生产总值的比例随着国民经济的发展和财政收入的增长逐步提高，各级财政支出总额中教育经费所占比例随着国民经济的发展逐步提高。

第二，加强对教育经费的监测和管理。各地区要加强对落实教育投入法定增长、提高财政教育支出比重、拓宽财政性教育经费来源渠道各项政策的监测分析和监督检查，及时发现和解决政策执行中的相关问题。财政部要会同有关部门制定科学合理的分析评价指标,对各省(区、市)财政教育投入状况作出评价,并作为中央财政安排转移支付的重要依据。

二、建立需求多元化、个性化的教育财政拨款机制

进一步提高教育经费的使用效率,须设计更加精细和富有弹性的教育拨款机制,逐步建立公办学校拨款和民办学校补贴联动机制,建立需求多元化、个性化的教育财政拨款机制。

(一)设计更加精细和富有弹性的教育拨款机制

建立基本教育服务拨款和个性化服务付费相统一的机制。即使在实施了免费教育政策的学段,也应该进行更加科学和精细的教育成本测算,厘清其中基本性的教育服务和满足个性化需求的教育服务,制定公共财政对于基本教育服务的保障标准,按照个性化需求应由个人付费的原则赋予公立学校适宜的制度弹性。

(二)建立公办学校拨款和民办学校补贴联动机制

完善公共财政对民办教育的财政支持与激励制度体系,建立公立学校拨款标准、民办学校财政补贴标准的联动机制,保障民办学校的健康发展,同时对民办学校的生源和收费施以适当的监管,鼓励更多的公益性、普惠性和创新性导向的民办学校。

(三)逐步落实"教育财政应为教育活动而非教育机构提供资金"的原则

近年来,随着我国教育供给主体逐渐从实体学校转变为

"实体学校+课外补习机构+虚拟化项目与机构+国际化供给",我国教育财政政策的瞄准对象和瞄准方式也应进行相应调整。在调整过程中,需要将技术从教育财政体系设计的边缘位置移动到中心,需要鼓励数字化学习活动本身,需要考虑为非传统的但是符合公共财政负担原则的教学活动付费。

三、优化财政性教育经费支出结构

当前,在教育投入结构方面,教育经费配置不合理,结构性矛盾日益凸显,重高等教育、轻基础教育和职业教育的局面依然存在。在基础教育领域,学前教育和高中教育投入不足。推动教育高质量发展,建设教育强国,须进一步优化财政性教育经费支出结构。

(一)适当调整财政性教育经费支出结构

根据人口规模、生育率、社会经济发展水平等影响教育的重要指标,建立健全普通教育与职业教育之间,初等教育、中等教育和高等教育之间的生均动态调整机制。在制定生均教育经费基准标准和生均财政拨款基本标准的基础上,确立各级各类学校公用经费与物价水平联动的拨款机制和正常增长机制。改变以往重高等教育和义务教育财政性经费支出、轻学前教育和职业教育财政性经费支出的做法,新增财政性教育经费支出主要向学前教育和职业教育倾斜。改变过去重视教育公用经费的支出、轻教育人员经费的做法,新增教育事业性经费支出中主要向教育人员经费支出倾斜。

（二）优先保障教师工资待遇

坚持把教师队伍建设作为基础性工作，教育投入更多向教师倾斜。要将教师队伍建设作为教育财政重点保障，完善支出保障机制，确保党和国家关于教师队伍建设的重大决策部署落实到位。优化经费投入结构，优先支持教师队伍建设最薄弱、最紧迫的领域，重点用于教师工资待遇保障。

（三）建立学前教师工资增长机制

提高学前教师工资水平，实现非在编学前教育教师与在编学前教育教师"同工同酬"。完善义务教育教师绩效工资总量核定办法，建立联动增长机制，在分配年终绩效时需要考虑义务教育教师平均收入水平不低于当地公务员平均收入水平。完善绩效工资分配办法，绩效工资增量主要用于奖励性绩效工资分配。在进行绩效工资分配时，向农村偏远学校和一线教师适度倾斜。坚持绩效工资分配向班主任倾斜，班主任工作量按当地教师标准课时工作量一半计算。依法保证民办教育教师合法待遇，落实好民办教育教师"五险一金"。充分结合能工巧匠的薪酬标准，适当提高职业院校教师经费。努力提高从事特殊教育工作教职工的地位和待遇，落实并完善特殊教育津贴等工资倾斜政策，核定绩效工资总量时向特殊教育学校倾斜。建立体现以知识价值为导向的收入分配机制，扩大高校收入分配的自主权。

四、合理划分省域内各级政府的教育事权和支出责任

党的十八大以来，我国教育支出责任不断上移，中央均衡

性转移支付力度持续加大,教育经费充足性有了较大提高,教育不平衡不充分问题有所缓解。但是,我国政府间教育财政责任划分体制不尽合理,区域之间、学校之间、群体之间教育资源差距还很大。2019年6月,国务院办公厅发布《教育领域中央与地方财政事权和支出责任划分改革方案》,对中央与地方共同承担的义务教育以及学生资助、其他教育三个方面的财政和支出责任进行了合理划分,但省级以下各级政府财政关系、教育支出责任有待进一步理顺。因此,推动教育强国建设,我国亟待合理划分省域内各级政府教育领域的财政事权和支出责任,充分发挥省域内各级政府的积极性,促进省域内各级各类教育健康稳定发展。

(一)赋予学前教育同其他教育级次同等地位

划清学前教育政府与市场责任边界,明确学前教育的公益性性质,将学前教育纳入公共事务范畴,政府对其承担相应的事权和支出责任。按照义务教育的做法,分项目按比例合理划分中央、省、县(区)政府的支出责任。受财力限制,各级政府所承担学前教育的支出水平可低于义务教育拨款水平,以后年份随着财力增加逐年提高其拨款水平。

(二)合理划分市县义务教育和高中教师工资制度负担比例

为切实减轻市县义务教育和高中教师工资性支出负担过重问题,借鉴日本的做法,即义务教育和高中教师的基础工资支出可由中央和省各承担一半,市县全额承担绩效工资,这也符合《国务院关于推进中央与地方财政事权和支出责任划分改革的指导意见》中提出的"激励地方政府主动作为"的要求。另外,应扩大"国培计划"骨干教师的范围,增加中央和省"国培计划"财政专项支持的力度,进一步明晰省与市县在师资培训上的支出责任:"国培计划"所需资金应由中央和省国培专项支出全额负担,市县主要负担一般师资培训。

(三)合理分担普通高中基建支出责任

借鉴义务教育的做法,中央和省增设普通高中基建专项,并要求市县按一定的比例配套,适当将高中基建支出责任上移,由上级财政和市县财政共同负担。另外,所有针对市县的中央和省的教育专项资金(尤其是支出较大的基建专项),要求市县配套均应采用区别对待的政策,即财力较好市县配套比例高,国家级贫困县配套比例低或不要求配套,以解决贫困县"反承诺"问题。所谓"反承诺"是指假承诺配套以获取上级的专项资金,上级专项资金得到后又要求教育部门承诺不要找本级财政配套。

第 12 章

飞入寻常百姓家

——以教育技术现代化引领推动教育现代化

因应信息技术的发展,推动教育变革和创新,构建网络化、数字化、个性化、终身化的教育体系,建设"人人皆学、处处能学、时时可学"的学习型社会,培养大批创新人才,是人类共同面临的重大课题。

——国家主席习近平致国际教育信息化大会的贺信（2015年5月22日）

第 ⑫ 章　→ 飞入寻常百姓家——以教育技术现代化引领推动教育现代化

党的十八大以来，在党中央、国务院的高度重视和坚强领导下，在教育系统和社会各界的共同努力下，教育信息化顶层设计和体制机制不断完善，基础环境建设取得突破性进展，数字资源供给质量显著提升，管理信息化工作机制基本建立，解决难点问题能力大大增强，网络安全支撑体系持续优化，网信工作保障水平有效提升，教育信息化发展理念获得国际认可，逐步形成了具有中国特色的教育信息化发展路子，取得了历史性成就。推进教育强国建设，促进新时代教育信息化高质量发展，需要多方合力高效实施教育信息化2.0行动，探索"互联网+"教育发展新模式，大力发展智慧教育，全面提升师生信息素养，以信息化支撑引领教育现代化，加快信息化时代教育变革。

一、多方合力高效实施教育信息化2.0行动

党的十九大作出了中国特色社会主义进入新时代的战略判断，开启了加快教育现代化、建设教育强国的新征程，教育信息化也进入了新的发展阶段。按照《中国教育现代化2035》行动纲要，教育部启动实施了《教育信息化2.0行动计划》。该计划目标是要在1.0的基础上，推动教育信息化转段升级，以"三全两高一大"为发展目标，通过"三个转变"，最终使我国教育信息化进入世界先进行列，发挥全球引领作用。根据《中国教育现代化2035》要求和《教育信息化2.0行动计划》发展目标，以及全球新冠肺炎疫情暴露出来的当前我国教育信息化发展的短板和不足，我们要有的放矢、精准施策，多方合力高

效实施教育信息化2.0行动,全面提升我国教育信息化水平。

(一)优化学校在线教育网络环境和硬件设备

首先,认真落实《教育信息化2.0行动计划》,大力实施网络扶智工程攻坚行动,大力支持以"三区三州"为重点的深度贫困地区教育信息化发展,尽快补齐农村教育信息化发展的短板。重点支持城市薄弱学校和农村小规模学校在线网络环境和硬件设备的完善,消除疫情期间暴露出来的教育信息化基础设施和网络环境建设的漏洞,缩小城乡不同学校和不同群体之间的数字鸿沟。其次,有效的支持服务是保证在线教育顺利开展的重要保证,学习支持服务贯穿于在线教育的整个过程之中,如技术支撑、学习资源不断更新、学习活动的安排、学习过程的监督和学习问题的解决等,使学生在线学习过程中能享受到更多便捷的服务,以便提升学生的学习效率。在技术支撑方面,学校要成立专门的在线学习服务中心,配备专门的技术人员,提供完善的技术支持,及时解决教师和学生在线教育过程中的技术故障。

(二)整合优质在线教育资源和管理平台

首先,教师要创设适合学生在线学习的情境,如创建学习小组或鼓励论坛发帖等增加学生之间的交流与互动,减少学生在线学习的孤独感,让他们有更好的在线学习体验,从而保证在线学习的顺利进行。其次,学校要提供优质的在线教育资源,在开发在线教育资源时要充分考虑学生的年龄阶段、个性、学习习惯和认知能力等特征,针对不同的学生群体制订不同的开发计划。做好在线教育资源的整合、梳理和遴选工作,精心遴选和推荐适合学生的优质资源,切实减轻学校收集、整合资源的负担,不提倡推荐不成体系的、没有合法出处的资源,避免网络迷航。要结合学生的特点和兴趣爱好,学校和教师要为学生提供内容齐全、形式多样的在线教育资源,让学生根据学习偏好和学习兴趣进行选择,提高学生在线学习的积极性。在线教育资源使用上,要结合学生特点和学科特征,适当对资源进行加工和处理,以便达到更好的效果。最后,要强化平台统筹,建设和部署课程管理平台、教学管理平台,实现各级互联互通。

(三)实施投入倾斜和上网优惠等政策

国家主席习近平在2015年致国际教育信息化大会的贺信中表示:"我们将通过教育信息化,逐步缩小区域、城乡数字差距,大力促进教育公平,让亿万孩子同在蓝天下共享优质教育、通过知识改变命运。"这表明我国将通过教育信息化来缩小城乡数字差距、促进教育公平、实现优质教育资源共享。为此,我们要借鉴发达国家的成功经验,中央和省级政府要优先发展城乡边缘和落后的农村地区的教育信息化,向城市低阶层子女和农村偏远地区学校信息化投入倾斜。实行上网折扣或免费计划,并对网络运营商给予税收减免等优惠政策。将城市低阶层子女和农村小规模学校学生的上网设备纳入新一轮脱贫攻坚计划,保证更多的相对贫困学生的切身利益,使城乡弱势群体同样也能享受到优质在线教育资源,帮助他们尽快顺利跨越数字鸿沟。

(四)健全在线教育法律制度和监管机制

首先,要加强在线教育法律法规顶层设计,制定在线教育机构从业人员资质标准及专业评价体系，给予权威的指导；完善在线教育行业认证和准入制度，适当提高在线教育认证和准入标准；建立在线教育预付费管理制度和风险金准备金制度，切实保证学习者的切身利益。其次，坚持协同合作、综合治理的原则，教育、网信、公安和电信等部门齐心协力，各司其职，各负其责。要规范在线教育行为，对超标超前、应试导向、虚假宣传、制造焦虑等违法违规行为予以严肃查处。建立在线教育机构及其从业人员负面清单制度，对于列入负面清单的在线教育机构和从业人员依法依规进行严肃处理。加强在线教育机构及其从业人员行业自律，制定行业管理规范，明确责任和权限，督促加强自我管理，开展行业规范和自律。

二、探索"互联网＋"教育发展新模式

随着互联网的迅速发展，信息化技术已悄然渗透到社会的方方面面，"互联网＋"模式已经成为当下社会发展的新趋势。"互联网＋教育"即是互联网科技与教育领域结合的一种教育形式。

（一）探索"互联网＋"条件下的人才培养新模式

加强对学习认知和学习行为规律的研究，实施因材施教，重塑教学评价和教育管理模式，跟踪检测教学评估过程，开展学情分析，准确评估教学和学习效果，变结果导向的单一性评价为综合性、多维度评价。统筹各种力量，致力于建设泛在开放的学习环境，提供丰富的数字教育资源，构建处处能学、时

时可学的智能化平台。

(二) 发展基于互联网的教育服务新模式

建立优质数字教育资源共建共享机制，完善利益分配和知识产权保护机制，将优质教育资源辐射到每个学校，缩小数字教育鸿沟，鼓励多样化教育服务；优化利用信息技术，建立数字教育资源质量标准；探索运用市场优化配置教育资源新机制，整合线上线下资源，创新服务模式，为各级各类教育和终身学习提供丰富的教育资源。

(三) 探索信息时代的教育治理新模式

科学布局构建教育业务管理信息系统，加快形成覆盖各级各类学校、学习者和教与学全过程的教育管理与监测体系；推进基于大数据的教育治理方式变革，建立完善教育公共资源开放目录，形成规范统一、互联互通、安全可控的国家教育数据开放体系；构建安全有序的教育信息化环境，抵制不良信息侵袭，确保网络和数据安全。

三、大力发展智慧教育

在信息技术与教育融合发展方面，目前我国已经实现了从起步建设到应用普及的过程，现在正处于推动深化的阶段。未来需要在"互联网＋教育"的基础上，大力发展智慧教育，构建智慧学习支持环境，促进信息技术与学科教学深度融合；面向未来，推进智能教育，开展以学习者为中心的智能化教学支持环境建设，推动人工智能在教学、管理等方面的全流程应用，利用智能技术加快推动人才培养模式和教学方法层面的改革。

第一，要加强智慧学习和智能教育的理论研究与顶层设计，加强相关技术的人才培养，推进技术开发与实践应用。第二，加快面向下一代网络的智能学习体系建设。适应5G、F5G、WiFi6等网络技术发展，服务全时域、全空域、全受众的智能学习新要求，以增强知识传授、能力培养和素质提升的效率和效果为重点，以国家精品在线开放课程、示范性虚拟仿真实验教学项目等建设为载体，加强大容量智能教学资源建设，加快建设在线智能教室、智能实验室、虚拟工厂（医院）等智能学习空间。积极探索基于区块链、大数据等新技术的智能学习效果记录、转移、交换、认证等有效方式，形成泛在化、智能化学习体系，推进信息技术和智能技术深度融入教育教学全过程。第三，加强研究，总结教育信息化试点地区的经验。要反思教育的本质，确立学生（学习者）在教育生态系统中的主体地位，构建以促进人的身心健康与发展为核心的教育生态伦理观，建构基于智能技术的智慧教育生态系统，建构线上教育与线下教育融合、学校—社会—家庭多元互动的社会化教育生态系统，形塑融合学习、创新与体验为一体的教育生态机制[1]。第四，政府、学校要和教育企业一起思考学生培养目标，达成一致，方便教育企业为其提供对口的资源、技术和产品，提高教育信息技术的供需适配度。第五，建立有效的激励机制，激发教师在教育教学过程中应用技术的动力，加强针对本校信息化和智能

1.范国睿.后大流行时代的教育生态重建［J］.复旦教育论坛,2020,18（04）:12-28.

化装备的校本培训，鼓励教师将体验真实场景的VR虚拟现实、教育机器人等新兴技术带入课堂。值得注意的是，政府、学校和教师要认识到，智慧教育也可以用于思政教育、美育、体育、家长教育等领域。第六，通过制度建设和教师引导激发学生利用信息化学习环境的积极性，在"课堂用、经常用、普遍用"的基础上，形成"校校用平台、班班用资源、人人用空间"，助力学生全面发展。

四、全面提升师生信息素养

教师从传统教师向在线教师转变的核心是，认识到自己从知识权威转变为具有共享意识的知识重新配置者和优质教育资源的推送者，从知识灌输转变为个性化学习顾问和教学交互的促进者。同样，学习者不仅仅是知识的获取者，更是知识、经验和方法的提供者、生产者。可见，数字化时代对师生信息素养提出了更高的要求。

（一）全面提升教师信息素养

应实施新一轮的中小学教师信息技术的应用能力的提升工程。重视"整合技术的学科教学法"（TPACK）培训，将创造性思维、批判能力、问题解决能力和合作交流能力的课程纳入教师教育课程体系。要提升教师的信息技术掌握能力和信息化教学领导力，培养教师利用新技术开展个性化教学的能力、信息化环境下创新教育教学的能力和指导学生开展在线学习的能力，强化教师信息网络安全和数据伦理意识，重点提升教师在虚实双重世界对学生进行知行创一体化培养的能力、综合新技术变革教育的能力以及适应新时代需求转变角色的能力。通过示范性培训项目带动各地因地制宜开展教师信息化全员培训，加强精准测评，提高培训实效性。将教师网上指导、师生互动、作业批阅、学情分析、答疑辅导等作为培训重点，让教师熟练使用教育资源智能检索工具、跨越时空教学的可视化展示工具和信息化环境下教学评价工具。基于学校的发展方向与现实情况确定学习内容，强调教师在工作场景中学习、应用与反思技术应用，基于真实的应用任务来学习。要深入开展校长信息化领导力培训，全面提升各级各类学校管理者信息素养。而且，鉴于当前师范院校所提供的支持并没有充分发挥作用，需要优化课程资源配置，强化对师范生教育实习、实践的支持，同时强化非正式学习的路径，基于评价变革推动师范生的信息化教学能力提升。在培养培训中，教师教育者应率先为师范生提供在教学中熟练运用信息技术的示范。针对农村偏远地区的薄弱学校因缺少师资等原因难以开好国家规定课程的现状，教育部印发了相关指导意见，通过专递课堂、名师课堂、名校网络课堂的方式，有针对性地开展教育技术应用能力培训。

（二）加强学生信息素养培养

充分认识提升信息素养对于落实立德树人目标、培养创新人才的重要作用，制定中小学生信息素养评价指标体系，开展规模化测评。加强学生课内外一体化的信息技术知识、技能、应用能力以及信息意识、信息伦理等方面的培育。制定学生信息素养评价指标体系，建立一套适合我国国情、可操作性强的学生信息素养评价指标体系和评估模型，将学生信息素养纳入学生综合素质评价。通过科学、系统的持续性测评，掌握我国不同学段的学生信息素养发展情况，为促进信息素养提升奠定基础。要将网上互动、网上自主学习和网上合作作为学生信息素养提升的核心，培养信息时代学生放眼世界的系统思考能力、人文沉淀及人文情怀和审美情趣、复杂多变的认知能力、通用技能和创新能力。完善课程方案和课程标准，充实适应信息时代、智能时代发展需要的人工智能和编程课程内容。推动落实各级各类学校的信息技术课程，并将信息技术纳入初、高中学业水平考试。继续办好各类应用交流与推广活动，创新活动的内容和形式，全面提升学生信息素养。

值得注意的是，要关注不同学龄阶段学生的不同特点，例如中小学生自制力差，这就决定了中小学在线教育必然要在一定的监护环境下进行，需要打造学校、教师、家长和学生的有机生态圈。因此，要积极开展家校合作，将家长如何督促孩子居家在线学习以及如何促进孩子网上自律等作为家校交流的重点。并且，要更加重视孩子的情感、态度和价值观的教育，让孩子保持对知识的渴望和学习的激情，避免孩子在电子化的海洋里迷航。

第 13 章

欲穷千里目,更上一层楼

——全方位推进教育对外开放

扩大教育开放,提升我国教育世界影响力。不拒细流,方为江海。推进教育现代化,要坚持对外开放不动摇,加强同世界各国的互容、互鉴、互通。

——习近平总书记在全国教育大会上的讲话(2018年9月10日)

第⑬章 欲穷千里目,更上一层楼——全方位推进教育对外开放

"开放"是国家繁荣富强的必由之路,也是中国从教育大国走向教育强国的必由之路。国家主席习近平在致第二十二届国际历史科学大会的贺信中指出:"中国人民正在为实现中华民族伟大复兴的中国梦而奋斗,需要从历史中汲取智慧,需要博采各国文明之长。"建构良好的育人环境,积极开放拓展平台,以开放促改革、促发展,是我国教育改革不断取得新成就的重要法宝。教育对外开放是指在教育领域进行与国外的交流,通过出国留学教育、来华留学教育、中外合作办学、境外办学、实施教育援助、参与全球教育治理等多种方式,使我国教育事业与世界相联系,在提升我国教育质量的同时,提升我国软实力与国际影响力。可以说,教育对外开放是教育现代化的内在要求,也是建设教育强国的重要推力。2020年,教育部等八部门发布了《关于加快和扩大新时代教育对外开放的意见》,指出我国将加强同世界各国的互鉴、互容、互通,形成更全方位、更宽领域、更多层次、更加主动的教育对外开放局面。教育对外开放推动了教育现代化进程,为我国全面建成小康社会作出了重要贡献,也将进一步为我国到2035年总体实现教育现代化,建设社会主义现代化大国、强国发挥重要作用。

一、优化教育对外开放布局

新冠肺炎疫情背景下的国际形势发生了变化,但和平与发展的时代主题没有变;部分西方发达国家对外战略发生了变化,但经济全球化的趋势没有变;部分西方发达国家留学政策发生了变化,但我国教育对外开放的政策没有变。而且,在当前和

今后相当长一个时期内，我国处在社会主义初级阶段的基本国情没有变，我国由世界教育"追赶者"向"并跑者"发展的过程特征没有变，我国推进教育对外开放的基本出发点没有变，我国教育对外开放的政策没有变也不会变。面对世界百年未有之大变局，中国要"集中精力办好自己的事"，进一步优化教育对外开放布局。

（一）注重"引进来"和"走出去"协同推进

扩大教育对外开放，积极吸收借鉴国际先进的教育理念和经验。以改革开放40年为契机，推出教育对外开放新举措，高等教育、基础教育等领域的理念及模式等优质资源可以作为中国教育的典型经验输出到国外，扩大中国教育影响力，为中国教育走向世界、参与全球教育治理奠定基础。因此，要从国际、国内两个层面完善教育对外开放格局：国际层面，总体策略是"分类实施"，注重"引进来"和"走出去"协同推进，对发达国家以优质资源"引进来"为重点，对于发展中国家以中国教育"走出去"为重点；国内布局层面，强调"因地制宜"，目标是形成教育对外开放区域特色，东部重心在于整体带动，中西部重心在于面上突破，沿边地区重心在于特色先行。

（二）推动"一带一路"教育合作

"一带一路"是我国对外开放的重要战略，标志着我国对外开放从积极"引进来"步入"走出去"的新阶段。2015年，我国发布了《推动共建丝绸之路经济带和21世纪海上丝绸之路的愿景与行动》，明确了"一带一路"的战略规划。"一带一路"战略是我国在全球化背景下的必然选择。教育合作既是"一带一路"建设的重要内容,又为共建"一带一路"提供人才支撑。"一带一路"战略的合作重点包括民心相通,这意味着通过开展广泛的文化交流、学术往来等,加强多边合作的民意基础。2016年教育部发布了《推进共建"一带一路"教育行动》,提出中国以"基础性、支撑性、引领性"为建议框架,重点开展以下几个方面的合作——开展教育互联互通合作,包括教育政策沟通、教育合作渠道畅通、语言互通、学历学位认证标准连通等;开展人才培养培训合作,包括"丝绸之路"留学、合作办学、师资培训、联合培养等方面;共建丝路合作机制,包括加强人文交流高层磋商、建设国际合作平台、实施教育援助计划等。

"一带一路"战略的深入推进,加强了我国与沿线国家的教育合作交流,提升了我国高等教育的国际化水平。推动"一带一路"教育合作,必须在沿线国家民众中形成一个相互欣赏、相互理解、相互尊重的人文格局。国家相关部门可加快与"一带一路"沿线国家的教育交流合作,挖掘出国留学的优质国家、地区和学校;与"一带一路"沿线国家间建立更加系统完善的留学保障及服务体系,为我国留学生开辟更大的留学空间,化解因部分西方国家留学政策突变给我国留学事业带来的不利影响,也有利于加强我国与"一带一路"沿线国家间的教育相通,民心相通,从而为构建人类命运共同体奠定基础。推动"一带一路"教育合作,要完善留学生归国创业就业政策,提高中外合作办学质量,完善中外合作办学准入和退出机制。要加强与共建"一带一路"沿线国家教育合作,建设"一带一路"教育资源信息服务综合平台,建立国际科教合作交流平台,实施高等学校科技创新服务"一带一路"倡议行动计划。要深化与共建"一带一路"沿线国家人文交流,大力支持中外民间交流,加强中外体育艺术等人文交流。

二、提升教育对外开放的层次和水平

在教育国际化的大背景下,我们必须重新审视教育的理念、功能、质量标准和运行规则,将国际化的思想和要求融入学校的各项工作中去;不能仅仅把教育看成是一种"传道、授业、解惑"的活动,而更应看作一种参与国际竞争的实体;不能仅仅用地域的标准来衡量教育的质量,而要按国际质量标准来衡量教育质量,向国际标准看齐,进一步提升教育对外开放的层次和水平。

(一)大力提升来华留学教育层次

习近平总书记在全国教育大会上发表的重要讲话中指出:"要打造更具国际竞争力的留学教育,将我国建成全球主要留学中心和世界杰出青年向往的留学目的地,吸引海外顶尖人才来华留学,培养未来全球精英。"为此,要探索实施国外留学生与本国学生趋同管理,提供更为丰富的双语教学课程,提高高等教育国际化水平,尽快制定外国留学生的本科教学质量评估标准,以保障来华留学生的生源质量和培养质量。与更多国家签订学位互认协议,降低国际留学生来华留学阻力。举办教育国际展览,扩大我国教育的国际知名度,吸引更多来华留学生。

(二)加大引才引智力度

目前,中国已成为全球最大的吸引外商投资国家,成为全球资本瞩目的焦点,越来越多的国外优秀人才开始关注中国的发展机会。同时,留学生教育及其规模已成为衡量高等教育国际化程度的重要指标。近20年来,我国来华留学生数量稳步增长。据《2020年高招调查报告》显示,2018年,我国来自全国31个省(区、市)的1004所高校共接收了来自196个国家和地区的492185名外国留学人员。发展留学生教育不仅仅可以带来可观的经济效益,而且还能维护竞争激烈的国际教育市场,更是促进高等教育国际化发展的重要手段。教育应牢抓这一发展机遇,加大对高端人才的吸引力度,为教育应对全球化挑战准备最充分的人力资源和智力支持。借鉴国际先进教育理念和教育经验、引进海外高端人才和学术团队、创新和完善公派出国留学机制,促进我国教育改革发展,提升国际地位、影响力和竞争力。

(三)着力提高国际交流合作质量

充分学习发达国家对外教育援助先进经验,通过对外教育援助、对外教育交流等形式,为发展中国家提供教育机会和增加生产力所需的知识与技能,以教育援助生产、生活,提升援助效果,使教育援助成为我国对外援助的有机组成部分。通过这种开放发展,促进中国教育参与国际教育分工,推进新的国际教育格局形成。有效拓展双边多边教育合作广度和深度,通过与国外高校联合办学、互派留学生,参与"一带一路"沿线国家教育合作等方式,大幅提升参与教育领域国际规则制定能力,显著提高中国教育对外开放规范化、法治化水平。

（四）积极鼓励与国外高水平教育机构合作开展研究

要吸引境外知名学校、教育和科研机构以及企业，合作设立教育教学、实训、研究机构或项目，持续深化教育领域开放进程，放宽教育领域外资股比限制。鼓励高等学校与国外高水平大学合作开发专业、课程，探索建立校际教师互派、学生互换、学分互认和学位互授的有效途径和方法，培养大批具有国际视野、通晓国际规则的国际化人才。借鉴世界名校先进管理经验，完善内部治理结构，加快建设具有中国特色的现代大学制度。探索与高水平研究机构建立长期、稳定、充分参与的合作项目，建立教学科研和人才培养合作平台，为我国高素质人才参与世界前沿高、精、尖科研项目创造机会，鼓励中外联合培养高层次创新人才。鼓励科研机构和大学在高新科技领域和战略产业发展方面参与国际合作，联合推进基础研究和高技术研究。

三、提高教育对外开放的针对性

新冠肺炎疫情流行使得国际教育交流与合作遭遇前所未有的挑战。外部环境变化带来了挑战也蕴含着机遇，我们要以新的教育观重新审视教育国际化的发展理念，寻求新的发展契机。在新的形势下，我国教育对外开放需要进一步提高针对性，规范出国留学服务，妥善处理好疫情对出国留学的不利影响。

（一）规范出国留学服务，完善出国留学预警机制

在制度层面上，要在进一步完善留学预警的同时，规范留

学服务市场,明确留学中介服务结构的行业监管要求,健全行业评价、投诉处理、信息公开、退出禁入机制。要对留学服务从业人员提出严格而规范化的要求,严禁未经培训、不具备从业资格的人提供中介服务。要对留学服务中介机构提出储备金要求,以备在留学家庭相关利益受损时予以赔偿。

(二)妥善处理好疫情对出国留学的不利影响

主要包括:其一,对拟回国的留学生及其家长做深入调研,全面、准确地了解他们的实际需求,再制定相应的政策。其二,教育行政部门根据分类分层、因人施策的原则,出台相应政策,对凡是愿意回国继续学习的留学生,根据其自身的不同情况,采取不同的政策措施,实行"转学"。依据留学生就读国外高校的综合排名、所学专业以及自身的学业成绩和综合素质等,对研究生层次和本科层次的留学生,经过一定形式的考试考核,分别转学(插班)到相应学校继续学习;对于原来就在社区大学、一般专科院校学习的留学生,提供合适选择方案,经过一定形式的考核,进入国内相应层次和专业的高职院校学习。在考试考核过程中,教育行政部门应全程、全面、透明监管,确保公开、公平、公正,不影响和损害教育公平,统筹兼顾各方利益。其三,对于希望继续留在国外学习,但因疫情而无法进行线下或线上学习的学生,给予相应的协助或便利,提供合适的选择方案,协助他们联系在国内对应对口学校学科专业继续完成学习任务,体现国家的关怀。此外,还可以考虑采取临时性的借读措施,允许这些留学生以交换生身份在国内高校学习,待新冠肺炎疫情结束后,再由留学生此前就读的海外高校认定其归国交流学习期间的学分,留学生的学位最终还是由国外高校授予。其四,由于转学、插班、免试入学以及学位授予等政策措施涉及国家有关法律法规的调整,相关行政部门应尽快调整政策,甚至有关机构须采取"释法"的方式予以变通解决。

四、启动国内国际教育"双循环"

习近平总书记曾在2018年全国教育大会上特别强调,要扩大教育开放,同世界一流资源开展高水平合作办学,再次肯定了中外合作办学的重要作用。中外合作办学让学生不用出国门就能享受到国际一流院校先进的教育资源,而多元文化的学习环境和氛围,也能培养学生的全球视野和多元思维。此外,中西方高校在交流碰撞中,互相探讨各自的管理模式、教学模式、科研模式和社会服务模式等,这种中西合璧的教育方式也使得中国教育打破原本封闭的内循环,通过内、外循环相结合的方式,进一步推动中国教育走向高质量发展阶段,推动教育强国建设。

(一)注重疫情对高中生留学的影响

针对疫情环境下高中生留学难的问题,我们要统筹考虑相当数量的国际高中生未来的出路,分类吸纳消化国际高中生。应该视情调整相关政策,对中外合作办学模式适当放开,方便其与国内的国际高中对接,并在学历认证上做出适当调整。当然,也要特别注意中外合作办学招生不能影响高考公平。他们所录取的国际高中生,未来只能颁发外方文凭,以兼顾内与外、情与理。

（二）鼓励中外高校合作办学

国内高校积极开展教育国际交流与合作工作，加强校际交流，积极开展联合办学，不断拓宽国际交流合作渠道，国际交流与合作工作。明确准入标准，完善审批程序，加强引导和管理，进一步提高中外合作办学水平。要加强对外合作办学的分类管理和统筹谋划，强调体制机制创新。要重点支持来自发达国家的优质教育资源与我国建立合作办学机构，突出办学特色，鼓励双方发挥综合学科优势，在学科专业管理方面多做探索。要突出专业优势和课程设置，要对重复、缺乏特色、资源引进偏少的项目严格进行控制。普通高中要围绕国家课程方案和教育目标开展中外合作办学；在高等教育领域，鼓励在新兴、紧缺和薄弱专业开展中外合作办学。此外，要加大对职业教育合作办学的支持力度，要增强培养面向先进制造业、现代农业和现代服务业的高技能人才，为我国经济发展模式的转型、构建现代职业教育体系作出更大贡献。

五、积极参与全球教育治理

在经济全球化背景下，人类已经进入命运共同体的时代。党的十九大报告指出："中国将继续发挥负责任大国作用，积极参与全球治理体系改革和建设，不断贡献中国智慧和力量。"全球教育治理是指"国际组织、主权国家、跨国公司等主体秉持共商共建共享的理念，利用自身资源及影响力参与全球教育理念引领及国际教育规则、教育政策制定，拟定教育议程、举办国际论坛、开展教育援助等，以此参与管理全球教育公共事务的过程,目的是实现全球范围内的教育善治"。[1]我国是全球教育治理的积极参与者,随着我国综合实力的增强,我国在全球教育治理中的作用也逐渐增强。

中华人民共和国成立以来,尤其是改革开放40多年来,中国参与全球教育治理从无到有、从弱到强。中国积极加入国际组织如联合国教科文组织、世界银行、经合组织,支持国际组织在中国设立办事处及各类二级教育机构,支持国际知名智库设立教育研究分中心等,通过国际组织的平台积极参与全球教育事务,取得了诸多成效。但总体而言,中国参与全球教育治理的深度与广度仍显不足,参与全球教育治理的专业人才匮乏,在国际组织任职的中国人比例偏低,在全球教育治理领域的话语权和影响力有待进一步提高。这些问题的解决,亟须教育治理研究在理论、方法及实践方面的突破。

基于此,中国应该积极参与国际教育发展与交流过程,促进全球教育思想、教育体系和教育标准建设。积极参与联合国主导下的全民教育政策研究与制定,结合教育发展的成功经验,为发展中国家提供指导。深化与联合国教科文组织、世界银行、经合组织、亚太经合组织、上海合作组织、G20等国际政府间组织及非政府组织的多边教育合作交流;制订培养全球教育治理人才计划,为国际组织输送中国教育人才;深度参与国际教育规则与标准制定,增强规则制定能力、议程设置能力、舆论宣传能力、统筹协调能力;通过合作办学、设立分校等方式向世界输出优质教育资源;积极开展教育国际援助,积极倡议与

1.周洪宇,付睿.全球教育治理研究导论[M].武汉:湖北教育出版社,2020:27.

第⑬章 → 欲穷千里目，更上一层楼——全方位推进教育对外开放

"一带一路"沿线各国构建教育共同体。只有积极参与全球教育治理，在这一过程中积极与全球进行多边互动，中国才能在传播先进经验和理念的同时，把全球优秀的教育实践和理论吸收进来，为人类和平与发展贡献教育的中国智慧、中国力量、中国方案，为全球教育的全纳、公平、包容与可持续发展及制度建设作出自己的贡献。

（一）积极参加国际组织，开展教育对话与交流

在教育领域，中国积极加入各类教育国际组织或与教育相关的国际组织，开展教育对话与交流，建立教育共识。1946年11月联合国教科文组织正式成立，中国是联合国教科文组织20个创始国之一。1947年8月28日在南京成立了联合国教科文组织中国委员会，包括120名委员，其中由国内教育科学文化团体机关及公立、私立专科以上学校推选者100人，由教育部遴选者20人。1947年9月3日至12日，中国南京举办了联合国教科文组织基本教育分区研究会议。澳大利亚、缅甸、不丹、锡兰、香港、印度、韩国、马来西亚联邦、尼泊尔、新西兰、巴基斯坦、菲律宾、沙捞越、暹罗、新加坡等地受邀参加。1948年7月15日至8月25日在伦敦举办了教科文组织师范教育研究会；1948年7月23—29日在伦敦举办了世界教育专业组织年会；1948年8月25—28日在布拉格召开了国际早期儿童教育会议；1948年8月在荷兰召开了教科文组织国际大学会议。上述会议中国均派代表参会。1949年后一度中断，直到1971年中国恢复在该组织的合法席位。中国联合国教科文组织全国委员会设在中国教育部，主任由一位教育部主管副部长担

任，副主任分别由外交部、科学技术部、文化部、中国科学院、中国社会科学院、国土资源部、住房与城乡建设部的一位主管副部长或副院长担任。完善的组织机构设置，保障了中国参与全球教育对话与交流活动的正常开展。

联合国教科文组织是中国在教育领域对外开放、国际合作的重要伙伴，中国一直积极参与该组织的各项重要项目和活动。2014年3月27日，国家主席习近平访问联合国教科文组织，会见时任总干事博科娃并发表重要演讲，全面阐述对世界文明交流互鉴的看法和主张。习近平主席的夫人彭丽媛接受该组织授予的"促进女童和妇女教育特使"荣誉称号。自此，中国与联合国教科文组织的合作关系达到了历史最好水平。2017年5月13日，中国与联合国教科文组织签署了《中华人民共和国政府与联合国教育、科学及文化组织合作谅解备忘录（2017—2020）》。这表明中国积极参与实施联合国教科文组织全球教育2030年全球议程，推动世界和平与可持续发展的努力。2017年9月5日，彭丽媛同金砖国家领导人第九次会晤和新兴市场国家与发展中国家对话会外方团长夫人共同出席在厦门大学举行的第二届联合国教科文组织女童和妇女教育奖颁奖仪式。可见，中国加入各类教育组织，并参与相关项目及活动，也是中国积极开展多边外交的需要，是在为构建人类命运共同体作贡献。

20世纪80年代以来，中国成人教育机构与联合国教科文组织（UNESCO）、联合国开发计划署（UNDP）、国际成人教育理事会（ICAE）、欧洲成人教育协会（EAEA）、亚洲及南太平洋地区成人教育总会（ASPBAE）等国际组织机构，以及

第 ⑬ 章　→ 欲穷千里目，更上一层楼——全方位推进教育对外开放

美国、加拿大、德国、瑞典、日本、韩国、泰国、埃及、印度、蒙古、斯里兰卡等许多国家建立了广泛的联系与合作，这些组织和国家先后组团或单独来我国访问，考察我国扫盲及成人教育发展情况，先后在我国召开扫盲和成人教育座谈会和学术研讨会。1983年，中国加入国际成人教育理事会（International Council for Adult Education，ICAE）。该组织是世界最大的成人教育非政府组织，其宗旨是促进成人的教育与学习，推动人类社会文明和经济发展。1988年，中国加入亚洲及南太平洋地区成人教育总会（Asian South Pacific Bureau of Adult Education，ASPBAE，以下简称"亚太成教总会"）。该组织是一个致力于正规及非正规成人教育团体及个人会员的区域性非政府组织，会员涵盖该区域的30多个国家、240多个组织及部分个人会员。亚太成教总会的宗旨是：努力构建一个帮助所有的人获得接受相关的、高质量的教育和平等学习机会的权利；促进成人教育在增强大众素质方面的作用和贡献；增进人们对社区群体、民间机构、非政府组织及其他类似机构在亚洲及南太平洋地区的教育及发展方面的作用、贡献及其重要性的认识。亚太成教总会会员的共同承诺是：加强所有人的学习—继续学习—终身学习，以拥有掌握自己命运的权利。中国政府积极派员加入亚太成教总会执行委员会，1989年，时任中国教育部成人教育司司长的董明传代表中国成人教育协会加入了亚太成人教育总会执委会，参加每两年召开的执委会会议，主要讨论亚太成人教育总会工作计划、经费的安排与使用等，并出席由亚太成人教育总会资助的地区扫盲教育会议及实地考察。1997年，经教育部成人教育司和中国成人教育协会推荐，中

国成人教育协会常务理事、北京外国语大学成人继续教育学院副院长于军被补选为亚太成人教育总会东亚地区执委会委员。2004年，亚太成人教育总会第四次全体会员大会上，于军被选为新一届执委会委员。2008年，于军续任执委会委员，任期是2008—2012年。中国代表进入亚太成教总会执委会，为中国参与全球成人教育治理、发出中国的声音提供了平台。

中国还争取国际组织在中国设立教育分支机构，扩大中国参与全球教育治理的话语权、主导权和影响力，积极为全球教育变革与发展作出自己的贡献。联合国教科文组织在全球设置了多个二类机构，如位于法国巴黎的教育规划研究所、位于德国汉堡的终身学习研究所、位于俄罗斯莫斯科的教育信息技术研究所等。中国也积极争取在国内设立了多家二类机构。

设立联合国教科文组织国际农村教育研究与培训中心。1994年，联合国教科文组织国际农村教育研究与培训中心（International Research and Training Centre for Rural Education，简称INRULED）在中国河北保定成立，2008年，中心迁至北京师范大学。国际农村教育研究与培训中心是联合国教科文组织设立的唯一从事农村教育研究和培训的国际机构。中心的核心使命是通过教育实现农村的可持续发展，通过教育促使发展中国家大多数的农村人口的思想和行为发生积极变化，从而促进农村地区的社会经济发展。中心肩负着服务世界各国特别是广大发展中国家农村教育改革和发展的使命，教科文组织把中心建在中国，是期待中国对国际农村教育和农村发展作出贡献。中心致力于促进农村教育思想、方法和技术的研究，协调农村教育领域的培训活动，并不断开展国际交流与

第⑬章 → 欲穷千里目，更上一层楼——全方位推进教育对外开放

合作，为国际专家提供研究实习场所和设施。中心自成立以来，在落实联合国教科文组织农村教育发展战略、促进"南南合作"和实现有质量的全民教育方面发挥了重要作用。中心的宗旨和目标是通过具体的研究项目来实现的，包括案例研究、比较研究、培训班（参与式研讨）、研讨会等方式。截至2006年初，中心已成功举办和召开了65个培训班和研讨会，开展了39项研究活动，来自世界58个国家、19个国际组织和非政府组织的736人次的国外代表，以及659人次的国内代表参加了中心的活动。出版了38种农村教育与农村发展的研究著作、论文、资料，并建立了英文和中文网站。2008年，中心迁到北京师范大学，时任教育部部长的周济在新址揭牌仪式上评价道："中心成立14年以来，立足中国，面向世界，积极开展农村教育研究和培训，取得了可喜的成绩。"中心在中国的设立，不仅促进了中国农村教育的发展，同时也增进了全球农村教育吸收中国经验、获得发展的机会，为中国农村教育与世界农村教育的互动与交流发挥了重要的桥梁作用，增进了国际社会对中国教育的理解与认知，为中国参与全球农村教育治理提供了难得的平台和桥梁。

设立联合国教科文组织国际工程教育中心。2015年11月，联合国教科文组织第38届成员国大会正式批准设立联合国教科文组织国际工程教育中心，成为世界上唯一以工程教育为主题的联合国教科文组织二类机构，中心秘书处设在清华大学。联合国教科文组织时任总干事伊琳娜·博科娃指出，在减少贫困、推动包容增长、回应气候变化、推动全社会可持续发展中，工程都具有重要作用。该中心能推动区域和国际范围内的产学合

作和教育创新,进一步加强联合国教科文组织与中国在工程领域的合作,使工程造福于全人类。

成立联合国教科文组织高等教育创新中心。联合国教科文组织高等教育创新中心(中国深圳)是联合国教科文组织第38次大会于2015年11月13日批准在中国深圳设立的。这是联合国教科文组织在全球的第10个二类教育机构,也是在我国设立的第一个高等教育二类机构。中心的使命是依托深圳市信息通信技术产业优势,结合中国高等教育大众化经验,满足当地对优质高等教育资源的渴求,支持亚非发展中国家提升高等教育质量,促进教育公平。中心在海上丝绸之路沿线国家开展高等教育合作项目,通过知识共享和能力建设等多种形式,输出深圳信息通信技术产品和服务,为当地工业化信息化提供智力支撑和人力资源保障。中心开展海上丝绸之路沿线国家教育研究,力争成为有影响力的国际智库,为全球高等教育创新思想与实践提供交流对话平台。该中心具备知识生产、能力建设、技术支持、信息共享四种功能。知识生产是指提升知识,用以应对亚非地区发展中国家高等教育创新中关于公平、质量等方面的挑战;为亚非地区发展中国家的高等教育创新提出基于实证的政策建议。能力建设是指通过信息通信技术的应用提高政策制定者、机构领导者和行政人员的能力,提升高等教育机构的绩效,促进管理创新和性别平等;提升教师使用信息通信技术的能力,从而改善教与学的过程,特别是对女性和社会弱势群体;提升高等教育机构和系统的能力,通过南南合作以及南北合作推进高等教育创新中信息通信技术的应用。技术支持是指提高向发展中国家提供政策、专业、技术建议的质量,增加合作研究和交流的机会；增强与信息通信技术企业的伙伴关系。信息共享是指成为分享高等教育创新经验的平台，通过网站、通讯与专刊等多种形式分享高等教育创新方面的数据与信息；发表高等教育创新的高质量出版物。

设立联合国教科文组织教师教育中心。2017年11月4日，在巴黎举行的联合国教科文组织第39届全体大会上，100多个国家和地区会员代表以"无辩论"通过的方式，决议在中国上海设立联合国教科文组织教师教育中心。上海市人民政府与联合国教科文组织已达成合作协议，它成为落户上海的首家联合国二类机构。联合国教科文组织将中心目标明确为"成为教师教育领域的服务提供者、标准制定者、研究与资源管理中心"，并赋予上海中心"知识生产、能力建设、技术服务、信息共享"四大职能。知识生产指对教师教育的相关理论及技术支持等进行研究开发与创新，为教师教育发展理论的研发提供学术支撑。能力建设指通过培训研修等方式，向中国、全世界分享和传播其研发出的新理论、新知识、新技能，为各国的教师教育提供各类支撑，提升各国的师资质量，进而促进世界各国教师教育的协同发展。技术支持指帮助解决世界各国教师教育发展中出现的各种问题，为世界各国的教师教育提供技术支持和咨询服务。信息共享指提供一个全球教师教育的交流共享平台，通过邀请专家沟通交流、分享经验，出版杂志书籍，利用网络媒介等渠道将知识信息分享给联合国教科文组织其他成员国与全世界，汇聚世界各国教师教育以及教育的可持续发展的先进理论和经验，促进世界各国教师教育的进一步沟通与交流。中心工作人员需要有国际教育经历，有不同语种交流能力。这样的定位意味着上海将作为全球教师教育的知识生产与创新平台，为教科文组织成员国提供创新项目建议和政策改善参考。其实，联合国的二类机构在全球比较普遍，除纽约联合国总部外，联合国在巴黎设有教科文组织、在罗马设有粮农组织、在维也纳设有工业发展组织、在日内瓦设有难民署、在内罗毕设有环境规划署等，但中国城市还没有这样的联合国机构。此前，联合国教科文组织也在各地下设多个机构，如位于巴黎的教育规划研究所、位于汉堡的终身学习研究所、位于莫斯科的教育信息技术研究所等。据联合国教科文组织教师教育中心（上海）筹备工作小组负责人、上海师范大学教授张民选介绍，按教师教育中心建设方案，上海作为全球教师教育的知识生产与创新平台，为教科文组织成员国提供创新项目建议和政策改善参考，目前已初步设计涉及东南亚、中亚、中东、非洲等地约10个研发与培训项目。同时，教科文组织也将为中心提供专业领域所需的专家支持等。教科文组织中，科学类较多，教育类很少，有活力的教师教育机构更少。中心的成立把原来零散的教师培训和研究活动整合为更大规模、有计划开展的项目，还能通过教科文组织凝聚更多专业领域的国际专家，加深对中国基础教育经验的研究。该中心将成为中国参与全球教育治理的重要平台。"中心将在国际教师教育标准与规则制定上具有亲和力、感召力、塑造力，对内对外是多边多赢。"中心设立在上海，得益于上海在过去几年中参加国际学生评估项目（PISA）多次获得出色成绩，最终各国学者来考察后，将之归因于优质的教师队伍，以及优质的教师教育。而随后进行的两次教师教学国际调查（TALIS）也证明了这一点。根据联合国教科文组织发布

第 ⑬ 章 → 欲穷千里目，更上一层楼——全方位推进教育对外开放

的《教育2030行动框架》，"到2030年，包括通过国际合作，为发展中国家特别是最不发达国家和发展中的小岛国，实质性地增加合格教师供应"。据估算，全球合格师资缺口超过800万人，优质师资则更为紧缺。从2015年开始，上海已陆续为不少发展中国家和发达国家提供教师教育支持。发达国家频频造访，英国教育大臣来沪探访，中英数学教师交流项目持续多轮，上海数学教材在英翻译出版使用……除此以外，多个发展中国家也频频访问中国，寻求教师教育技术支持。联合国教科文组织教师教育中心在中国上海的设立，说明中国教师教育国际化走出了关键一步。"中国教师教育国际化对进一步开拓我国教师的国际视野、增强教师的国际教学能力、改进教师的教育教学实践具有重要意义。"中心的设立促使中国成为联合国教科文组织教师教育政策、教师教育标准的制定者，这也体现了中国教育实力的增强，部分地区教育水平已达到世界领先水准，也表明中国参与全球教育治理的能力在进步，中国教育的话语权、国际影响力和文化软实力进一步提升。

设立联合国教科文组织联系学校国际中心。2018年4月13日，联合国教科文组织联系学校国际中心（International Centre for UNESCO ASPnet，ICUA）经联合国教科文组织第204届执行局会议审议通过正式落户海南三亚。联系学校国际中心作为联合国教科文组织支持的第二类中心，是继上海和深圳后，我国设立的又一个教科文组织二类机构，也是全球唯一聚焦于联系学校项目网络领域的教科文组织二类机构。在运行机制方面，ICUA由海南省人民政府主管，独立于联合国教科文组织，在教科文组织与海南省人民政府签署的框架协议下运作，由海

南省教育研究培训院承办，实行理事会领导下的主任负责制。在联合国教科文组织和中国联合国教科文组织全国委员会秘书处指导下开展工作。

联合国教科文组织联系学校项目网络（ASPnet）是全世界最大的学校网络，也是教科文组织最富有成果、最具持续性的倡议之一。该网络自1953年成立以来由15个会员国的33所学校开始发展到现在，已有181个国家的11000多所学校加入，包含我国北京、南京、上海、海南等地的10所中学。联系学校国际中心，旨在通过发挥知识生产、能力建设、技术服务和信息共享四大功能，促进联合国教科文组织联系学校成员间的交流与协作，吸取发达国家基础教育创新发展的成功经验，通过人员交流、教师培训、国际会议、网络平台、课程开发等多样化活动，应对全球化和新技术革命对学校教育带来的冲击与挑战，提高学校教育的可获得性、公平性、质量和治理水平；提升教育政策制定者、学校管理者、教师以及行政人员的能力与胜任力等，最终，为实现联合国教科文组织《教育2030年可持续发展议程》目标（确保包容、公平的优质教育，促进全民终身享有学习机会）作出贡献。该中心将以ASPnet为依托面向全球开展活动，通过促进全球ASPnet学校之间有效、包容的合作伙伴关系，为全球所有的ASPnet学校提供优质服务，促进知识共享和跨区域的有效沟通，推动建立包容、公平和优质的教育体系。

此外，联合国教科文组织还与中国民间力量合作，成立相关机构和培训基地。2017年1月23日，联合国教科文组织与完美世界、太和智库合作成立联合国教科文组织研究中心。联

第⑬章 → 欲穷千里目,更上一层楼——全方位推进教育对外开放

合国教科文组织研究中心是中国民间力量主导、与国际组织间成立的高端智库研究机构,旨在针对中外人文交流相关问题进行更广泛、深入的学术研究,全方位推动和促进中国与联合国教科文组织的交流合作,并为中外文化交流合作提供更好的策略支持和服务。2017年7月4日至6日,由联合国教科文组织、中华人民共和国教育部、中国联合国教科文组织全委会、河北省人民政府联合主办的2017国际职业技术教育大会在唐山市召开。会议期间,联合国教科文组织决定在北京曹妃甸国际职教城设立世界职业教育培训基地。这是联合国教科文组织在我国设立的唯一一个世界职业教育培训基地。

中国政府支持联合国儿童基金会在中国设立驻华办事处,开展相关活动。中国把联合国儿童基金会的援助与精准扶贫战略结合起来,推动中国妇女、儿童事业的进步与发展。同时,也可以通过联合国儿童基金会这一平台,宣传和分享中国在儿童工作领域包括教育等方面的一些好的做法和实践,为推动国际儿童保护与发展事业、儿童领域全球治理发挥积极作用。中国还积极探索以"一带一路"倡议为契机,在沿线国家开展第三方合作试点,促进中国与广大发展中国家共同实现儿童领域可持续发展,落实联合国2030可持续发展议程,展现中国的责任与担当。

综合型、专门型的国际组织教育研究分支机构纷纷在中国安家落户,说明中国教育在全球的地位得到提升与认可,中国参与全球教育治理的能力在提升。这些教育研究机构和办事处的设立不仅有利于中国教育的发展,也有利于扩大中国及相关地区的国际影响力、国际知名度;有利于促进中国及中心所在地的教育对

外开放、教育国际化水平；有利于密切中国及中心所在地与联合国教科文组织及其分布在亚洲、非洲和阿拉伯地区的二类教育机构的合作。同时，有利于中国响应和支持国际社会的发展议程和教育议程，总结和分享中国教育发展的经验与实践，在国际舞台传播中国理念与声音，促进广大发展中国家和欠发达国家全面提升教育质量，实现中国与世界教育事业的共同发展；进一步支持教科文组织使命与目标并促进中国参与全球治理。

（二）参与设置全球教育治理议题

参与设置全球教育治理议题，引导教育发展。中国在推动联合国发展议程上积极发挥作用。联合国制定2015年后可持续发展目标的过程中，中国明确提出了自己的立场和观点，包括适时发布了《中国实施千年发展目标进展情况报告》（2013年版）和《2015年后发展议程中方立场文件》。中方代表出席了联合国可持续发展高级别政治论坛对话会、《可持续发展时代的联合国》专题报告高级别推介会、国际移民与发展高级别对话会、第六次发展筹资高级别对话会以及可持续发展目标工作组会议等。中国代表明确指出，联合国在制定2015年后国际发展议程过程中，应以消除贫困和促进发展为核心，重点解决发展中国家特别是非洲国家和最不发达国家的困难，帮助其建设自身发展能力；联合国要在制订全球规则方面发挥关键的引领作用。[1]可见，中国通过发布报告、文件表明了中国的主张和

1.中国国际问题研究所.国际形势和中国外交蓝皮书2014[M].北京:世界知识出版社,2014: 220-221.

态度，同时通过参与各类会议，与世界各国对话、交流，把中国的主张推介出去，获得他国的认同和支持，以此对全球发展议程产生影响力。

设立国际教育奖，传播中国教育理念。2005年9月29日，联合国教科文组织第172届执行局会议作出决定，批准设立"孔子教育奖"。该奖项以中国古代著名思想家、教育家孔子命名，是首个以中国人名字命名的国际奖项，主要用于表彰在教育特别是农村教育和扫盲领域、妇女儿童教育、农村成年人和辍学青年等领域取得非凡成就的政府机构、非政府组织和具有突出贡献的个人，每年由一个国际专家委员会评审后产生2—3名获奖者，由联合国教科文组织总干事每年在国际扫盲日（9月8日）颁发。以2014年为例，当年获得"孔子教育奖"的组织及其项目分别为：阿尔及利亚扫盲协会"扫盲、培训与妇女融合"；西班牙促进社区发展终身学习学校"将网络作为教育课题"；南非莫尔泰诺语言与扫盲研究所及国际扫盲研究所"通往未来之桥倡议"。[1]

表13-1 历届"孔子教育奖"获奖情况（2006—2017年）

时间	获奖者
2006年	印度拉贾斯坦邦扫盲和继续教育办公室、摩洛哥教育部
2007年	美国"幼儿阅读推广计划"组织、尼日利亚"帮助家庭恢复正常生活和提高能力教育"非政府组织
2008年	南非"行动升级项目"、埃塞俄比亚成人教育和非正规教育机构

1.中共山东省委对外宣传办公室,山东省人民政府新闻办公室.孔子故乡·中国山东2014对外新闻报道集[C].济南:山东人民出版社,2015: 244.

续表

时间	获奖者
2009年	阿富汗SERVE机构"Pashai语言发展项目"、菲律宾阿古市扫盲协调委员会继续教育和终身学习计划
2010年	尼泊尔非正规教育中心"国家扫盲运动"、埃及伊斯梅利亚省教育部门"女性促进家庭"项目、马拉维农妇联盟"妇女土地权利项目"
2011年	美国"读书空间"项目、刚果民主共和国的"共同的阿尔法·乌祖威"项目、巴基斯坦旁遮普邦政府扫盲秘书阿拉·巴克什·马利克
2012年	不丹成人及高等教育司"非正规及继续教育计划"、哥伦比亚"让我们进行变革基金"互动系统计划
2013年	纳米比亚教育部成人教育局、孟加拉国达卡阿萨尼亚慈善团、科特迪瓦"知识改善生活"组织
2014年	阿尔及利亚扫盲协会"扫盲、培训与妇女融合"组织、西班牙促进社区发展终身学习学校"将网络作为教育课题"、南非莫尔泰诺语言与扫盲研究所及国际扫盲研究所"通往未来之桥倡议"
2015年	马达加斯加"青少年校园支持及后续行动协会平台"青少年校园支持行动、智利"瓦尔帕莱索胡安·卢斯·维韦斯学校"收监人员扫盲计划、斯洛伐克非政府组织"斯瓦托波尔"罗马诺·巴拉多计划
2016年	南非基础教育部"让我们学习"大规模扫盲运动、塞内加尔扫盲与民族语言处"为青壮年文盲提供信息通信技术"国家教育项目、印度非政府组织马拉普兰人民教育机构"以职业技能开发促进可持续发展"项目
2017年	巴基斯坦公民基金会"Aagahi妇女和失学女童扫盲"项目、哥伦比亚亚美尼亚市信息通信技术秘书处"AdulTICoProgram"项目、南非"FunDza扫盲信托"机构"发展壮大FunDzaFanz读者和作家群"

从表13-1可以看出，截至2017年，孔子教育奖已举办并表彰12届，涉及致力于扫盲教育工作的25个国家的33个组织或个人，体现了该奖项的针对性与全球性，被誉为教育界的"诺贝尔奖"。联合国教科文组织孔子教育奖的设立体现了"孔子提倡的'有教无类'的教育思想，与联合国教科文组织所追求的'全民教育'的计划相一致，得到了世界各国的高度赞赏"。"有教无类"思想与当前世界各国共同追求的全民教育思

第 ⑬ 章　欲穷千里目,更上一层楼——全方位推进教育对外开放

想遥相呼应,这是中国教育智慧对世界的贡献。经过十多年的发展,孔子教育奖已成为全球性教育奖,得到了联合国教科文组织以及国际社会各类组织的高度赞扬和积极响应。同时,这也表明中国在全球教育治理领域的影响力增强,中国教育思想在国际范围内的传播加速。

这些交流与合作,有利于我国学习和汲取世界各国成人教育发展的新理念和成功经验,充分展示中国成人教育发展的成就,使世界更好地认识中国,有力地推进中国及世界成人教育事业的发展。

参与世界性教育议程设置。中国参与发布全球性教育宣言,推动国际教育信息化发展。随着信息和通信技术的发展,人们生活的许多方面被改变,这也为教育提供了前所未有的机遇和挑战。因面对这些新情况,各级教育机构需要为每一个公民提供知识、技能和能力,以及在日益丰富的技术环境中生活和工作所需的终身学习机会。教育系统还应确保人们能够利用信息和通信技术的潜在好处,扩大学习的机会,提高学习的质量和针对性。

为此,教育管理以及教与学的过程应进行重塑,以适应个人自我发展和知识经济的可持续发展的双重需要。在中国政府的支持下,2015年5月23—25日,中华人民共和国教育部与联合国教科文组织合作举办了首届国际教育信息化大会。国家主席习近平专门为大会发来贺信并指出:"因应信息技术的发展,推动教育变革和创新,构建网络化、数字化、个性化、终身化的教育体系,建设'人人皆学、处处能学、时时可学'的学习型社会,培养大批创新人才,是人类共同面临的重大课题。"中国时

任副总理刘延东和联合国教科文组织时任总干事博科娃女士亲临大会并发表讲话。会议参加者来自90多个国家、国际组织和企业，包括各国教育部长、信息通讯技术行业领导者和从业人员、外交部官员，以及联合国其他机构、政府间组织、信息通信技术公司和非政府组织的代表。中国的参加者包括各部门政府官员、研究人员、学校和教育机构代表。会议围绕"信息技术与未来教育变革"主题，通过"教育和信息技术领导者论坛"、部长级圆桌会议等，对"有效运用信息技术确保信息质量""有关包容性和适切性的终身学习"和"普及有质量的学习内容"等议题进行了深入交流和探讨。

此次会议通过了具有里程碑意义的《青岛宣言》。《青岛宣言》指出，为了在2030年实现全纳和公平优质教育以及终身学习目标，教育系统需要跨部门的技术整合。鼓励各国利用信息技术推动通过正规和非正规教育获得知识、技能和能力的认可、验证和认证，构建正规学习、非正规学习和非正式学习之间的桥梁。《青岛宣言》是联合国教科文组织实施的可持续发展目标及国家教育发展议程，成为指导推动国际教育信息化发展的重要文件，该宣言为所有成员国创新实现高质量学习方式提供了有力的支持。2015—2017年，中国与联合国教科文组织合作连续举办三届国际教育信息化大会，2015年大会以"信息技术与未来教育变革"为主题，2016年大会以"互联网时代的教育变革与教育2030年议程"为主题，2017年大会以"2030年教育议程下的教育信息化发展"为主题。三次大会深化发展了信息技术在全球教育领域的融合与普及。"参与并发挥中国作用，助力全球教育信息化发展，是推动全球教育发展目标实现

第⑬章　欲穷千里目，更上一层楼——全方位推进教育对外开放

中国走出去战略的重要举措。"中国教育部副部长杜占元指出，我国已有一批教育信息化专家走出国门，还有不少国家对我国教育信息化实践产生了浓厚兴趣，希望我国专家能够给予指导。他在2017年12月16日由长江教育研究院、中国教育智库网和中国教育智库联盟、教育智库与教育治理研究评价中心联合主办的首届"教育智库与教育治理50人圆桌论坛"上，以《人工智能与未来教育变革》为题发表主旨演讲，指出："信息时代与人工智能时代存在本质区别，信息技术可被看作工业技术的顶峰，是由机器革命延伸而来，但人工智能技术有可能超越这个顶峰，成为新的革命的起点，而不是以往革命的延伸。"这个新革命被他命名为"零点革命"，要想迎接好"零点革命"的挑战，就需要教育家、科学家、企业家等多方协同。他呼吁，能有更多的各界人士关心、支持教育信息化和现代化。

因此，中国在利用信息化促进教育公平、教育均衡，推动教育发展方面取得了许多成功经验，同时对世界教育发展趋势也有清醒的认识和把握，可以积极参与此类教育议程设置，从而把中国的经验推向全球。

中国积极参与全球教育发展框架的制定。联合国教科文组织《全民教育全球监测报告（2015）》对全球2000—2015年的全民教育状况进行了总结，报告显示：全球仅1/3国家实现了2000年全民教育计划所有目标，仅一半国家实现了普及初等教育这一重要预期目标；全球仍有5700万小学适龄儿童及6300万青少年失学；2000年识字率低于95%的73个国家中，只有17个在2015年以前实现了文盲率减半的目标，另有7.81亿成年文盲，没有实现文盲减半的"达喀尔目标"；在

1/3有数据可查的国家，经过培训后达到国家标准的小学教师不到75%。报告指出，为了能够在2030年实现全球普及学前教育、小学及初等中学教育目标，还须在现有基础上每年额外投入220亿美元用于教育事业发展。从报告可以看出，全球全民教育仍在幼儿教育、初等教育、成人教育等许多方面存在问题，需要改进和提升。为此，中国积极参与全球教育议程的协商制定。2015年9月举行的联合国发展峰会上，中国的领导人与世界各国首脑共同见证和通过了具有划时代意义的《2030年可持续发展议程》，提出了"确保包容、公平的优质教育，促进全民享有终身学习机会"的教育目标。

中国参与了《教育2030行动框架》的起草。2015年11月，第38届联合国教科文组织大会通过了《教育2030行动框架》（Education 2030 Framework for Action，FFA）。以《教育2030行动框架》的制定过程为例，该框架的起草与制定，历时3年，在各成员国中经过了广泛的讨论和协商。中国虽然不是全民教育指导委员会的成员，但是加入了《教育2030行动框架》起草委员会。联合国教科文组织教育助理总干事唐虔与全民教育指导委员会主席丹克特·维德勒共同担任起草委员会主席。起草委员会是一个由很多机构代表组成的委员会，包括会员国代表、联合国、经合组织、教师工会代表、民间团体、私立机构代表等。起草委员会几乎已经包括了所有相关的机构和群体，这保证了所有利益相关方的声音都能在这个平台上得到表达。中国职员在起草委员会担任主席，这是对中国地位及职员能力的认可，当然中国的教育理念和主张也在一定程度上得以体现。中国参与全球教育发展规划的起草，一定程度上体

第⑬章 　 欲穷千里目,更上一层楼——全方位推进教育对外开放

现了中国参与全球教育议程的能力正在提升,同时也是为世界贡献中国教育智慧和方案的机会。

中国代表积极担任国际组织负责人,主导全球教育议程及规则制定。以2013年为例,中方在多个联合国及相关国际组织成功任职。中国全票当选联合国经社理事会成员,以176票当选联合国人权理事会成员。中国候选人李勇当选为联合国工业发展组织第41届理事会新任总干事。中国常驻世界贸易组织代表易小准被任命为世贸组织副总干事。中国国际人权法专家张克宁当选禁止酷刑委员会委员。张晓刚当选国际标准化组织主席。赵白鸽当选红十字会与红新月会国际联合会副主席。可见,中国已经深度参与国际组织,并在全球治理多个领域占据核心位置,发挥重要作用。

在教育领域,中国代表担任联合国教科文组织第37届大会主席。2013年11月5日,在法国巴黎召开的联合国教科文组织第37届大会上,中国教育部副部长郝平当选为新一届大会主席。这是该组织历史上中国代表首次获选大会主席。郝平也担任中国联合国教科文组织全国委员会主任。联合国教科文组织有三大核心领导:大会主席、执行局主席和总干事。联合国教科文组织推举中国代表担任大会主席,表明过去中国都是作为执行局的执行委员参加活动,表达意见和诉求,更多时候是旁观者和观察者的角色,而这次当选标志着中国成为深度参与者。2013年,中国交的会费已经排在教科文组织的第6位。教科文组织大会主席的主要职责中有一项是组织制定与教育科技和文化相关的国际规则和标准。这就为中国参与或主导教科文组织的教育议程提供了可能性。

（三）积极构建终身教育体系

中国支持将文化和终身教育目标列入2015年后全球发展议程。2014年5月5日，第68届联合国大会当天就"2015年后发展议程中的文化和可持续发展"举行主题辩论，郝平在大会上发言，强调要实现真正的可持续发展，文化就应被全面纳入发展议程，现在就应将文化纳入2015年后全球发展议程中。2014年9月24日，郝平在纽约联合国总部举行的"教育第一"全球倡议高级别会议表示，中国支持将有关终身教育的目标列入2015年后全球发展议程，中国政府支持将"确保到2030年，实现全民享受公平、包容和有质量的终身教育和学习"作为2015年后全球发展议程的重要目标。2015年联合国教科文组织通过的《教育2030行动框架》体现了中国提出的这一目标。为确保全球合作及行动框架的落实，教科文组织成立了一个"教育2030"指导委员会（the Education 2030 Steering Committee），目的是为会员国教育发展提供战略指导，评估全球教育会议（the Global Education Meetings，GEMs）所取得的进展，在重点的优先领域向教育界提供建议，发起新教育议程行动，监测并倡导资金投入，鼓励各类合作伙伴加强活动的融洽与协调。

终身教育运动是由以联合国教科文组织为首的众多国际组织，包括经合组织、欧盟、国际劳工组织等直接倡导和推动，各国政府积极响应的全球性教育运动。"终身教育"这一概念是联合国教科文组织成人教育局局长保罗·朗格朗（Paul Lengrand）在1965年联合国教科文组织主持召开的成人教育促进国际会议期间提出来的。"为寻求更好生活的唯一解决办法，在于社会彻底地贯彻终身教育的原则，并且把教育同社会的进步和成就紧密地联系在一起。"[1]随后，保罗·朗格朗在大会报告的基础上写成《终身教育导论》一书，该书是世界公认的终身教育理论的代表作，已被译成20多种文字在世界各地出版，在世界范围内引起了巨大反响，客观上促进了终身教育思想的传播，对后来各国终身教育政策的制定与施行产生了重要影响。终身教育强调以下核心价值："一是教育的全民性或全纳性，强调教育应满足各类学习者的需求；二是教育的终身性，强调教育贯穿人的一生，应满足人在各个年龄段的学习需求；三是教育途径方法上的多样性和灵活性，强调承认各种教育和学习，尤其是非正规教育和非定形学习的价值，各种学习成果应实现沟通衔接。"

联合国教科文组织发布的三大报告，推动了全球终身教育思想实践的普及与发展，对世界各国的终身教育变革及政策走向产生了重大影响。1972年，联合国教科文组织发布报告《学会生存——教育世界的今天和明天》(Learning to Be: The world of education today and tomorrow，也称《富尔报告》)，倡导的终身教育和学习社会的理念，受到全球各国的关注。《学会生存》把终身教育作为世界各国制定教育政策的指导思想，由此确立了终身教育在世界教育体系改革中的重要地位，为终身教育理念在世界各国的传播与施行奠定了坚实的基础。值得注意的是，在该报告中，终身教育不是一个教育体系，而是一个基本原则，教育系统的建立应该贯穿终身教育

1.保罗·朗格朗.终身教育导论[M].滕星等,译.北京:华夏出版社,1988: 18.

的原则。该报告认为终身教育是为学生未来生活和工作做准备。终身教育的提出对全球教育改革以终身教育为导向起到关键性作用,尽管到目前为止,终身教育在各国的实施状况参差不齐,但其理念已成为全球教育治理的必选项。在终身教育理念逐渐普及的过程中,终身学习研究所做了大量的调查研究工作。因此,"在把成人教育和终身教育纳入规划方面,无论是最初在欧洲,还是后来在全球范围内,终身学习研究所都发挥了先驱作用"。

1996年,国际21世纪教育委员会主席德洛尔向联合国教科文组织第45届国际大会提交了一份《教育:财富蕴藏其中》(Learning: The treasure within,也称《德洛尔报告》)的报告,提出构建全球终身学习社会教育需要解决的问题,即学会做人、学会认知、学会做事、学会共同生活。在终身教育方面,《教育:财富蕴藏其中》超越了《学会生存》对终身教育功能和作用的认识,深化了终身教育的意义,明确了终身教育对工作与职业的作用。面对20世纪90年代全球化的新自由主义浪潮带来的消极影响,报告重申了人文主义理念下终身教育的重要性,还提出终身教育在人的性格塑造、个性发展及潜能开发等方面也发挥着重要作用。报告指出:"终身教育理念是迈入21世纪的关键,它超越了传统的启蒙教育和继续教育之间的区别。它是对世界飞速变革挑战的响应。这不是新的观点,这是对前一份报告的再次强调,强调人们需要接受继续教育,以应对工作和生活中出现的新情况。""教育应不断地适应社会的变化,必须能传承人类经验的成果、创新、长处。"可见,终身教育对人和社会发展的重要性,不仅在于个人的生活和工作能力提升，更在于对人的终身发展及社会进步的意义。同时，终身教育也是弥补出生和学校阶段所受教育差距鸿沟的一种途径，对实现教育的多元平等有重要意义。自此，在教科文组织和其他国际组织的大力倡导、推动和普及下，终身教育的思想在全球广泛传播，逐渐成为全球性教育运动。世界许多国家在制定本国教育方针、教育政策，以及构建本国教育体系的时候，都把终身教育作为一个重要的概念或原则纳入其中。2004年，联合国教科文组织召开的第32次会议的决议案正式提出了应该对教育领域大量存在的非正规、非正式和经验学习的认证进行调查研究。联合国教科文组织下设的终身学习研究所具体负责开展了《关于非正规和非正式学习和经验的承认、有效性和认证状况》的国际调查，后来制定了《关于非正规和非正式学习的认可、核定与认证的指导意见》，对成员国提出了实施终身学习的建议。2015年，教科文组织又发布了《反思教育：走向全球共同利益》（Rethinking Education:Towards a global common good？）的研究报告。报告指出，教育是具备计划性、意识性、目的性和组织性等特点的学习，包含正式教育和非正式教育两种形式。非正式教育的制度化程度低，可开展的场所比较灵活，工作场所、社区、日常生活都可以开展。非正式教育大大拓展了教育的内涵和对象范围。知识、学习、教育范畴的扩充，也是对终身教育、终身学习理念的延续和深化。报告对知识、学习、教育进行了重新界定，终身教育、终身学习的内涵也得以丰富和完善。联合国教科文组织的三大报告推动了终身教育在全球范围的传播与普及。

放眼全球，从20世纪70年代开始，各国均陆续开始采纳并实施终身教育理念。美国于1976年通过了《终身学习法》，法国于1971年颁布了《终身职业教育法》，日本于1990年颁布《终身学习振兴法》，韩国则在20世纪80年代初把终身教育写进了宪法，并实施终身教育政策。德国、瑞典、加拿大等许多国家也针对终身教育颁布了相应的法律。可见，终身教育得到世界各国的积极响应，并付诸教育政策实施。

中国也积极推行终身教育思想，并着力建构终身教育体系。联合国教科文组织发布的《学会生存》报告1979年被中国上海译文出版社翻译引介到中国，这份报告中倡导的终身教育和学习社会的理念受到中国教育界的广泛关注，成为终身教育思想开始在中国传播的重要标志。中国在随后进行的教育改革中，把终身教育纳入教育方针政策之中。1993年，中共中央、国务院印发《中国教育改革和发展纲要》，明确指出："成人教育是传统学校教育向终身教育发展的一种新型教育制度，对不断提高全民族素质，促进经济和社会发展具有重要作用。""终身教育"第一次被写入国家重要教育政策文献，这标志着终身教育开始从理念转变为具体的国家政策。该纲要还将成人教育与终身教育相关联，并强调把岗位培训和继续教育作为成人教育的重点，强调建立完善证书制度、资格制度等，这些都是构建终身教育体系的重要内涵。1995年，终身教育被写入《中华人民共和国教育法》，"国家适应社会主义市场经济发展和社会进步的需要，推进教育改革，促进各级各类教育协调发展，建立和完善终身教育体系"，"使公民接受适当形式的政治、经济、文化、科学、技术、业务教育和终身教育"，

第 ⑬ 章　　→ 欲穷千里目，更上一层楼——全方位推进教育对外开放

"为公民接受终身教育创造条件"，这意味着终身教育得到国家法律的认可。2010年颁布的《国家中长期教育改革与发展规划纲要（2010—2020年）》指出"发展远程教育和继续教育，建设全民学习、终身学习的学习型社会"，这也成为每年中国教育部的工作要点内容之一。2012年11月，党的十八大报告再次强调要"完善终身教育体系，建设学习型社会"。在地方层面，各地相继出台地方终身教育法规，通过举办开放大学、全民终身学习周、开展社区教育等形式确保终身教育的落实。如福建省、上海市、太原市、河北省等省市都制定了"终身教育促进条例"。在社区教育方面，中国各地积极开展终身学习活动宣传活动，以2013年为例，全国24个省区市的600多个城市在10月份陆续开展一系列的全民终身学习宣传活动，在全社会进一步树立了全民学习、终身学习的理念。截至2016年底，黑龙江省设立社区大学、学院、学校581所，社区教育学习点1681个，年培训69万人次。黑龙江初步形成了以省社区教育指导中心为龙头、以社区大学和社区教育学院为骨干、以社区教育学校为基础、以社区教育学习站（教学点）为支撑的覆盖全省的社区教育办学网络体系。这为其他地方开展终身学习提供了很好的示范效应，也为终身教育理念在基层的实践提供了参照。

国家层面的终身教育立法虽然有过尝试，但因一些重大问题未能达成共识，一直未能出台。教育部已成立了终身学习法草案起草小组，完成了前期立法调研，并形成了草案初稿及其立法说明，各个层面仍在为终身教育的立法工作继续努力。2017年9月，中共中央办公厅、国务院办公厅印发《关于深

化教育体制机制改革的意见》，提出："培养认知能力，引导学生具备独立思考、逻辑推理、信息加工、学会学习、语言表达和文字写作的素养，养成终身学习的意识和能力。""营造健康的教育生态，大力宣传普及适合的教育才是最好的教育、全面发展、人人皆可成才、终身学习等科学教育理念。""要以拓宽知识、提升能力和丰富生活为导向，健全促进终身学习的制度体系。"文件从个体终身学习意识培养、终身学习教育理念、终身学习制度体系建构等层面阐述了中国终身教育体制机制的改革思路，这也是对全球终身教育运动的发展与深化。党的十九大报告也指出："办好继续教育，加快建设学习型社会，大力提高国民素质。"终身教育、终身学习、学习型社会建设，这些要素共同构成了中国终身教育和终身学习体系，但终身教育立法仍一直未能实现，亟须在立法层面推进终身教育和终身学习。

（四）参与全球教育标准与规则制定

随着中国综合国力的增强，教育领域也取得显著进步。中国将为全球教育治理提供更多的中国智慧和中国方案，更多参与全球教育标准、规则的制定。2017年10月18日，习近平总书记在党的十九大报告中指出："坚持和平发展道路，推动构建人类命运共同体。""中国秉持共商共建共享的全球治理观，中国将继续发挥负责任大国作用。""积极参与全球治理体系改革和建设，不断贡献中国智慧和力量。"这些表述为教育智库参与全球教育治理提供了理论指导，即教育治理应围绕构建人类命运共同体的目标，紧扣"共商、共建、共享"的全球治理观，

第⑬章 → 欲穷千里目,更上一层楼——全方位推进教育对外开放

积极参与全球教育治理体系和能力的变革,提出具有中国特色的教育治理理论和实践经验。

中国政府及各类组织积极参与国际教育标准的制定。教育标准是指:"为实施国家教育法律法规和有关教育方针政策,为在教育活动领域内获得最佳秩序,在教育教学实践与理论研究的基础上对各级各类教育活动事项制定的各类教育规范与技术规定。"世界各国的教育标准一般由政府和社会专业组织共同制定,质量标准是教育标准体系的核心。在国际机制影响国家行为的理论流派中,建构主义理论认为机制能够通过倡导标准与规则来影响国家的行为,国际机制通过说服、社会影响和模仿使参与国接受这些标准与规则。反过来,标准与规则也可以影响国际机制。国家为维护自身的国家利益或者维护全球共同的价值观,可以通过参与国际标准与规则的制定来实现。

中国成立与国际接轨的标准管理专业组织。国际标准与规则是全球治理体系的重要技术基础,是与世界协调同步发展,互融互通的保障。1946年10月,25个国家在伦敦召开会议,宣布成立国际标准化组织(International Organization for Standardization,ISO),有162个成员,覆盖世界国民总收入的98%和全球人口的97%。ISO制定发布了近2万项国际标准,是世界上最大、最权威的综合性国际标准组织。ISO的成员并非国家或政府,而是来自117个国家的标准设立组织,有政府机构、私人企业联合会,也有公私混合机构。中国是ISO创始国之一,也是ISO常任理事国,其间曾中断过,1978年恢复在国际标准化组织的合法地位,成为正式成员。中国分别于1999年、2016年承办了两届国际标准化组织大会。中国在

国家质检总局下设立中华人民共和国标准化管理委员会（SAC）和中华人民共和国认证认可监督管理委员会（CNCA），国务院授权由这两个专业委员会负责参与全球的标准化工作。中国积极参与国际标准化活动，拥有ISO注册专家近3000人，承担ISO技术机构71个，提交并立项了国际标准提案474项；中国积极推进标准化国际合作，与34个国家和地区签署了60个双边合作协议。

2007年9月21日，中国计量学院宋明顺教授代表中国获得ISO第30届国际标准化组织（ISO）大会颁发的高等教育标准奖。宋明顺是中国标准化管理委员会的成员，这个奖项是对中国在高等教育标准化方面努力的认可。中国目前由30多所高校从事标准教育，即培养标准制定相关人才，也说明中国的标准教育在世界范围内产生了积极影响。

中国代表担任国际标准化组织负责人。2013年9月20日，在俄罗斯圣彼得堡举行的第36届国际标准化组织（ISO）大会上，中国国家质检总局、国家标准委提名的中国标准化专家委员会委员、国际钢铁协会副主席、鞍钢集团公司总经理张晓刚成功当选新一届ISO主席，任期自2015年1月1日至2017年12月31日。这是1947年ISO成立以来，中国人首次担任这一国际组织的最高领导职务。这有利于中国提升在国际标准化制定中的领导地位，提升中国各领域标准化水平，同时也可以发挥在全球标准化的战略、规划和政策规则等活动中的引领作用。

中国积极参与和采纳国际教育标准分类。《国际教育标准分类法》（International Standard Classification of Education，

ISCED）是联合国教科文组织于20世纪70年代早期设计的，是针对单个国内和国际汇总的教育统计工具。该标准在1975年的日内瓦国际教育会议上被批准，1978年，第二十届教育统计国际标准化会议的修订意见被在巴黎召开的联合国教科文组织大会采纳。为更准确地统计世界各国的教育情况，为经济发展水平和教育结构存在差异的国家提供可靠的教育政策分析与决策，标准后来经过多次修订，最近的版本为2011年版。国际教育标准分类有两个重要分类单位，即根据教育课程划分教育等级，根据资格证书区分受教育程度。在新版教育标准分类中，根据教育课程内容复杂程度和专门化程度将教育体系从低到高分为9个等级序列，即0级早期儿童教育、1级小学教育、2级初中教育、3级高中教育、4级中等后非高等教育、5级短期高等教育、6级本科教育（学士或等同）、7级硕士教育（硕士或等同）和8级博士教育（博士或等同），从而构成了一个完整的教育等级序列。这个分类根据社会的发展趋势较之前的版本有了新的调整。有学者指出："统计内容与国际标准的差距直接影响与国际状况的比较，从而影响了对中国教育发展差距的准确判断以及对教育规划和战略的及时调整，也使中国教育发展进程难以在国际统计中体现出来。"中国须与《国际教育标准分类法》接轨，才能与国际教育统计标准保持一致，从而更好地进行国际比较，发现差距，找出问题，促进中国教育发展。中国作为联合国教科文组织的会员，也积极参与了教育标准分类的相关工作。

中国积极参与国际教育标准有关的会议及论坛等活动。2011年9月9日，第24届学习、教育和培训中的信息技术国际标准化组织全会、工作组会议及开放论坛在上海召开。这次会议由国际标准组织ISO/IEC JTC1 SC36主办,国家标准化管理委员会、教育部、工信部、上海市科技委指导,华东师大、全国信息技术标准化技术委员会教育技术分技术委员会、教育部教育信息化技术标准委员会承办。本次开放论坛的主题为"学习、教育和培训领域的新技术与标准化——产学研合作创造教育信息化未来",包括以下9个议题:①教育中的新兴技术;②教育信息化技术标准的新趋势;③电子课本和电子书包的标准与应用;④虚拟实验的标准与应用;⑤云计算在教育中的应用与标准;⑥统一信息基架在网络教育中的应用;⑦教育领域中的信息管理标准与应用;⑧教育资源管理标准与应用;⑨与主题相关的其他议题。论坛有两名中国教育专家在大会上做了主题发言,参与承办论坛的有中国各级政府部门、高校、专业组织等,可见,多主体参与的治理模式在教育标准领域得到了充分体现。中国承办教育标准化相关会议和论坛,通过论坛表达中国在教育标准制定方面的理念和实践,这也是对全球教育标准产生影响的重要方式。

未来,中国将对世界教育发展的规则、标准提供更多的中国方案和中国智慧。党的十九大报告提出,要在2049年实现第二个百年奋斗目标,把中国建成一个综合国力和国际影响力领先的国家,成为"富强民主文明和谐美丽的社会主义现代化强国"。时任教育部部长陈宝生在党的十九大记者会上回答《联合早报》记者提问时说,他心目中2049年的中国教育,将"稳稳地立于世界教育的中心,引领世界教育发展的潮流",他认为届时中国的标准将成为世界的标准,中国将对世界教育发展的规则有更大的发言权并提供中国方案和中国智慧,中国版的教材及汉语发音的教材能够走向世界。不久的将来,中国将成为世界上人们最向往的留学目的国,各国将有意愿来中国学习交流中国发展经验和中华文化,中国国民也都能够接受教育。从这些表述中可以看出,中国教育未来的发展将更多更深入地参与全球教育标准及规则的活动之中,发挥中国的作用及影响力。当然,"先进的教育理念和良好的教育实践是国际教育规则的修订与创新的先决条件,理论的完善与各国之间的交流则是国际教育规则的修订与创新的必要准备过程"。这需要我们进行大量的前期教育理论和实践准备工作,继续加强与各国、国际组织之间的交流与合作,在遵守国际规则的前提下,参与相关教育规则和标准的制定。

六、全面提升中国教育经验、理论与模式的影响力

党的十八大以来,中国积极参与全球教育治理,不断深化教育改革,总结教育经验。中国参与全球教育规则制定的话语权有所增强,中国教育在国际上的影响力有所提升。当前,我国正处于从教育大国向教育强国迈进的关键阶段,要进一步总结提炼中国教育经验,全面提升中国教育理论与模式的影响力。

(一)认真总结教育改革发展的中国经验

要通过联合国教科文组织等国际平台,通过国际会议、研讨会、交流访问等多种形式,以外国人能听懂的语言、能理解的方式积极推广中国教育改革与发展的经验,与广大发展中国

家分享中国高质量普及九年义务教育的经验、建设高素质专业化创新型教师队伍的经验和教育扶贫的经验,提升中国教育的影响力,为世界教育发展贡献中国智慧。

(二)认真总结教育改革发展的中国理论和模式

主要包括:中国教育改革发展实践路径的科学梳理,中国教育改革发展对于中国及全人类的影响,中国教育改革发展成功的归因分析与基本经验,东方教育思想的复兴、影响与竞争力研究。必须提炼出真实反映中国教育改革发展的现实,具有普遍价值和普遍意义的发展理论和发展模式,为发展中国家提供可资学习、具有可操作性的政策路径。

| 知识链接 |

国家主席习近平在致清华大学苏世民学者项目启动的贺信中强调,今天的世界是各国共同组成的命运共同体。战胜人类发展面临的各种挑战,需要各国人民同舟共济、携手努力。教育应该顺此大势,通过更加密切的互动交流,促进对人类各种知识和文化的认知,对各民族现实奋斗和未来愿景的体认,以促进各国学生增进相互了解、树立世界眼光、激发创新灵感,确立为人类和平与发展贡献智慧和力量的远大志向。

七、加强国际传播能力建设

随着我国综合国力大幅提升、国际地位日益提高,我国正

第⑬章 欲穷千里目,更上一层楼——全方位推进教育对外开放

走近世界舞台中央,加强国际传播能力建设成为适应我国不断崛起为世界强国的必然要求。2021年5月31日,中共中央政治局就加强我国国际传播能力建设进行第三十次集体学习。习近平总书记再次强调,讲好中国故事,传播好中国声音,展示真实、立体、全面的中国,是加强我国国际传播能力建设的重要任务。必须加强顶层设计和研究布局,构建具有鲜明中国特色的战略传播体系,着力提高国际传播影响力、中华文化感召力、中国形象亲和力、中国话语说服力、国际舆论引导力。加强国际传播能力建设已成为我国对外宣传中重要而紧迫的战略任务。

(一)参与PISA测试,提高中国教育影响力

PISA测试的目的是通过对15岁学生的知识和技能进行测试,以此评估全球的教育系统。具体来说,对个人而言,PISA测试学生的创造性、批判性思维能力和运用它们的能力,以及在学习了阅读、数学、科学之后的实际应用技能;对国家而言,PISA测试还可以衡量国家为年轻公民提供教育机会的公平程度,收集学生的社会和情感技能、学习态度等信息。各国还可以比较他们之间的教育政策和实践,通过比较来快速、高质量地改善本国的教育系统。PISA测试每三年进行一次,科目包含阅读、数学和科学,每年的测试重点关注一个科目。PISA测试作为目前世界范围内最具权威的国际性测试,组织严密,设计科学,实施严谨,具有很高的信度和效度,为横向比较世界各国基础教育发展状况提供了平台。

2009年,上海学生首次代表中国参加PISA测试,在阅读、数学、科学三项测试中全部获得第一名。

表13-2 PISA2009各国学生阅读、数学、科学素养成绩（前20名）

序号	国家和地区	阅读平均分	国家和地区	数学平均分	国家和地区	科学平均分
0	OECD	493	OECD	496	OECD	501
1	中国上海	556	中国上海	600	中国上海	575
2	韩国	539	新加坡	562	芬兰	554
3	芬兰	536	中国香港	555	中国香港	549
4	中国香港	533	韩国	546	新加坡	542
5	新加坡	526	中国台北	543	日本	539
6	加拿大	524	芬兰	541	韩国	538
7	新西兰	521	列支敦士登	536	新西兰	532
8	日本	520	瑞士	534	加拿大	529
9	澳大利亚	515	日本	529	爱沙尼亚	528
10	荷兰	508	加拿大	527	澳大利亚	527
11	比利时	506	荷兰	526	荷兰	522
12	挪威	503	中国澳门	525	中国台北	520
13	爱沙尼亚	501	新西兰	519	德国	520
14	瑞士	501	比利时	515	列支敦士登	520
15	波兰	500	澳大利亚	514	瑞士	517
16	冰岛	500	德国	513	英国	514
17	美国	500	爱沙尼亚	512	斯洛文尼亚	512
18	列支敦士登	499	冰岛	507	中国澳门	511
19	瑞典	497	丹麦	503	波兰	508
20	德国	497	斯洛文尼亚	501	爱尔兰	508

从表13-2可见，中国在阅读、数学、科学领域的测试平均分均远远高于OECD的平均分，其中，阅读高出63分，数学高出104分，科学高出74分，与第二名也保持了一定距离。从成绩来看，中国上海学生的阅读、数学和科学素养的确处于

世界领先水平。在成绩性别差异上，数学和科学没有明显差异，但阅读有显著差异，上海男生阅读成绩比女生低40分，高于OECD平均值39分。在东亚国家及周边国家范围内，上海学生阅读成绩的性别差异最大。"学业成绩的性别差异可能反映了家庭对男生和女生教育重视程度及资源投入水平的不同，也可能与男生和女生在学科优势的差异有关。"这一现象应该引起政府、学校、家庭的重视，对阅读存在困难的男生应给予特别关注，并进行有效的指导帮助，从而保证男生能与女生在阅读素养上同步提升。

2012年，上海学生再次代表中国参加PISA测试，在阅读、数学、科学三次测试中再次名列首位，平均成绩分别为613分、570分、580分，远高于OECD成员国的平均成绩。上海的基础教育再次成为世界关注的焦点。2012年PISA有51万名学生代表65个国家和地区的2800万名15岁在校学生参与测试，以数学为主测。参与国的学生全部进行2小时的纸质测试，一些国家还进行了40分钟基于计算机的阅读、数学和解决问题测试。OECD随机抽取了上海155所中学6374名学生，代表全市约9万名15岁在校生参加。

表13-3 PISA2012各国学生数学、阅读、科学素养成绩（前20名）

序号	国家和地区	数学平均分	阅读平均分	科学平均分
0	OECD	494	496	501
1	中国上海	613	570	580
2	新加坡	573	542	551
3	中国香港	561	545	555

续表

序号	国家和地区	数学平均分	阅读平均分	科学平均分
4	中国台北	560	523	523
5	韩国	554	536	538
6	中国澳门	538	509	521
7	日本	536	538	547
8	列支敦士登	535	516	525
9	瑞士	531	509	515
10	新西兰	523	511	522
11	爱沙尼亚	521	516	541
12	芬兰	519	524	545
13	加拿大	518	523	525
14	波兰	518	518	526
15	比利时	515	509	505
16	德国	514	508	524
17	越南	511	508	528
18	奥地利	506	490	506
19	澳大利亚	504	512	521
20	爱尔兰	501	523	522

从表13-3可见，在2012年的PISA测试中，上海的数学、阅读、科学平均分分别比OECD平均分高出119分、74分、79分，且与第二名保持一定的距离。PISA测试使用了精熟度指标，分为6个等级，达到5级及以上的学生就被认为具备了应对工作与开发的复杂情况、具有成熟的思维和推理能力，2级及以下者属于尚未具备适应未来社会所需的基本能力。在数学素养精熟度上，OECD成员国平均有13%的学生达到5—6级水平，上海学生达到5—6级的学生比例是55%，远远超过

第⑬章 → 欲穷千里目,更上一层楼——全方位推进教育对外开放

OECD的平均值。紧随上海之后的是新加坡（40%）、中国台北（37%）和中国香港（34%）。与此形成对比的是，经合组织成员国有23%的学生、所有参与测试的国家和经济体有32%的学生数学素养未达到2级水平。在阅读精熟度方面，OECD成员国平均有8%的学生达到5—6级水平，上海学生达到的比例为25%，中国香港、日本和新加坡学生达到的比例为15%，上海具有明显优势。可见，连续两次PISA测试，上海的成绩都十分优异，可以确信上海学生的数学、阅读、科学素养处于世界领先水平。

上海连续两次在PISA测试中位居第一，证明了中国学生的阅读、数学、科学素养优秀，中国基础教育经过多年的改革与发展，已经取得令人瞩目的成就。上海的表现一改其他国家眼中中国学生只擅长死记硬背只会应试、中国教师的课堂只有填鸭式教学模式、中国教育落后的刻板印象，让世界各国认识到中国在社会经济飞速发展的同时，教育也同步得到改革与发展，教育面貌焕然一新。由于测试成绩的突出，上海基础教育的成就引起世界的广泛关注。一些国家纷纷来上海学习考察，如英国、南非等国，其中英国教育和儿童事务部副部长莉兹·特鲁斯亲自带队到上海进行考察，随后，英国《每日电讯报》刊登了一篇题为《英国的学校需要一堂中国课》的署名文章，对中国上海的教育，尤其是数学教育进行了中肯评价。在教育公平方面，加拿大、丹麦、爱沙尼亚、中国香港和中国澳门表现最优。可见，以上海为代表的中国教育正得到国际社会的重视和认可。美国作为世界教育强国，面对PISA测试的结果，也有一种深深的教育危机感，就连美国国家领导人也发出美国面

临"教育危急"（Crisis in Education）的警告。OECD专门发布了一个报告《教育系统中的成功者与变革者：美国从PISA学什么》（Strong Performers and Successful Reformers in Education: Lessons from PISA for the United States），对中国教育进行了中肯的评价。美国著名教育学者Diane Ravitch指出，中国上海成绩的取得与中国持续改革教育、对学校和教师的大力支持密不可分。测试成绩的优秀与否与教育政策有直接关联，结合TALIS2003针对中国上海初中教师专业发展的调查结果可以看出，上海的教育、学校、教师政策与改革和上海取得PISA测试第一名有因果关系。

2015年，北京、上海、江苏、广东四地学生代表中国第三次参加测试。中国教育部PISA国家中心严格按照国际统一标准收集抽样信息，上报了9178所学校约145万名符合要求的15岁学生，国际承包商完成了样本学校抽取，国家中心完成学生和教师样本抽取。2015年4月10日至11日，来自4个省（市）268所学校的1万多名学生在各自学校通过计算机考试模式顺利完成了PISA2015正式测试和调查问卷；268所学校的负责人和6400余名教师完成了在线调查问卷。中国在PISA2015测试总分居世界第十。美国国家教育与经济研究中心（NCEE）主席、《超越上海》的作者马克·塔克认为，2015年的PISA报告表明"中国既有低工资结构，同时也有世界上最好的教育体系之一，这使它在经济和军事领域都成为一个强有力的竞争者"。[1]有美国

---

1. 陆璟.全面、客观地认识中国教育的成就与不足——PISA2015结果深度解读[J].人民教育，2017(2): 25-32.

学者预言，中国教育工作者"培养的下一代学生将会是在任何学术和职业场所都具有竞争力的世界公民"。[1]可见，中国教育正逐步发展壮大，走向世界。

2018年，北京、上海、浙江、江苏四地学生代表中国第四次参加测试，在阅读、数学、科学三项测试中，表现优异，重新夺回第一名。

与此同时，中国也积极参与PISA测试试题命制等事务。2015年4月8日至10日，中国PISA国家中心派员参加在美国华盛顿举行的PISA2018国际命题培训会。会议由PISA主承包商ETS主办，培训内容主要是PISA2018重点测试领域阅读素养的命题指导和具体操作，共有来自中国、美国、德国、意大利、瑞典、加拿大等国家的近20名专业命题人员参加。培训对PISA2018的阅读领域命题理念、技术和方法，对背景材料提交方式、命题流程标准进行了详细说明。这为中国更专业地参与国际测试命题提供了机会，同时也可以把中国的教育理念融入测试之中，向世界传达中国的思想文化和智慧。

（二）参与国际教学调查，彰显中国教育特色

一个教育系统的质量在很大程度上取决于它的教学质量，收集教师信息可以帮助国家建立一个高质量的教学专业。为此，经合组织开展了一项国际教学调查。国际教学调查（Teaching and Learning International Survey，简称TALIS）是经合组

1.苏智欣.美国人眼中的中国教育：教与学[J].世界教育信息，2013, 26(18):15-24+29.

织教育与技能局开展的一项国际性调查项目，主要调查教师的工作和态度、学校领导的角色，具体包括：老师和学校的工作条件和学习环境，教师教育的初始状态和专业发展，教师得到什么样的评价和反馈，教师的教学观念和教学实践，自我效能和工作满意度，学校的环境，学校领导力和管理风格等。调查的具体对象包括：国际目标人群——初中教育教师和主流学校领导者；每个国家目标样本大小——200所学校，20名教师和每个学校1名领导；学校样本——教师在校的代表性学校样本。国际教学调查通过全面、严谨的调查，提供跨国分析，帮助成员国识别其他国家面临的类似挑战以及学习他们的政策。国际教学调查的研究结果以国际报告、交互式数据库、个别国家说明和专题报告等形式发表。

2013年，中国上海首次参加TALIS调查项目，调查结果显示中国上海在一些项目上优势明显且独具特色。一是有确保每个教师都能胜任的上海教师培训体系。上海初中教师接受过本科及以上教育的比例为98.5%，显著高于OECD的平均水平92.7%。二是上海初中教师队伍具有专业自主、充满信任和期待的专业发展氛围。上海初中教师能自主决定课堂教学方式、评价方式，调查显示89.2%的上海教师能在课堂上使用多种教学策略，比OECD平均值高出10.8%。三是上海初中教师队伍具有不同方式的同行合作与相互学习的教师专业学习网络，具体表现为具有规范化的入职与带教制度。调查数据显示，上海初中教师100%参加了入职与带教培训，国际平均值为80%，且带教教师与被带教教师学科领域对口率为100%，大大高于OECD的平均值69.5%。上海教师参与观察其他教师课堂教学的比例远远高于国际平均值。具体参见表13-4。

表13-4 观察其他教师的课堂并提供反馈频率

观察其他教师的课堂并提供反馈的频率	国际平均值%	上海%	差异（百分点）
从未有过	39.8	1.0	38.8
每年1次或更少	20.9	5.6	15.3
每年2—4次	21.0	19.3	1.7
每年5—10次	7.9	28.4	-20.4
每月1—3次	6.3	34.3	-28.1
每周1次或更多	4.1	11.4	-7.3

﹡来源：王洁，张民选：《TALIS教师专业发展评价框架的实践与思考——基于TALIS2013上海调查结果分析》，《全球教育展望》，2016年第6期。

上海初中教师同伴网络的系统构建，促进了教师的专业发展，也从而有力地支撑了上海2009年、2012年连续两次获得PISA测试第一的结果。上海教科院研究员朱怡华在2017年的北京大学"教育与发展"国际暑期学校指出，上海义务教育改革的经验及创新之处，一是教师专业发展学校建设；二是扎根于教学现场的校本研修（校本研修占专业培训的50%）；三是强劲有力的专业支持（上海是国家教改综合试验区，拥有独立自主权）；四是建立绿色指标评价体系；五是多元主体办学格局。上海"三位一体"的师资队伍建设系统包括教师专业晋升序列、教师专业发展要求、教师绩效激励办法，这在世界上引发了重大反响，例如：英国教育大臣、美国教育厅厅长到上海探访，中英数学教师交流项目持续多轮，上海数学教材在英翻译出版使用，等等。这些丰富的政策实践确保了上海教育一直保持世界领先地位，不仅为中国其他地区提供了宝贵的经验，而且为全球各国提供了借鉴窗口和参照。

（三）培养高端国际传播人才，发出中国教育声音

人才是参与全球教育治理的关键。培养一大批具备全球视野、中国立场、专业能力的顶尖国际传播从业者是中国参与全球教育治理、提高国际传播能力的基础。近些年，中国向各类国际组织输送了一批国际化人才，在国际组织的许多岗位和关键部门发挥着重要作用。如陈冯富珍担任世界卫生组织总干事、李勇担任联合国工业发展组织第41届理事会总干事、张涛担任国际货币基金组织副总裁、杨少林担任世界银行首任常务副行长兼首席行政官、刘振民担任联合国副秘书长。在教育领域，唐虔任联合国教科文组织教育助理总干事、郝平担任联合国教科文组织第37届大会主席、展涛掌舵联合国教科文组织教育信息技术研究所等。可见，中国在国际组织中占据着许多重要位置，国际传播能力、影响力逐渐增强。[1]

加强国际传播能力建设是一项系统工程，在教育方面，要凸显中国特色社会主义教育制度的优势与成就，不断拓展国际话语新空间。其一，设立国际人才培养机构。中国在20世纪60年代初期就成立了外交学院，北京大学、复旦大学、中国人民大学以及其他高校也相继开设了国际关系或国际政治相关专业。进入21世纪以来，陆续有50多所院校开设国际关系相

---

1. 周洪宇.李中伟,陈新忠.中国教育治理[M].武汉：湖北教育出版社，2020：209-210.

关专业，上海外国语大学2007年开设了专门的"国际公务员"班，致力于面向国际组织培养和输送国际化人才。其二，设立国际化方向的二级学科学位授权点。作为国内顶尖高校的北京大学，积极响应国家加强全球治理人才队伍建设的号召，服务国家战略需求，将国际组织人才培养列为教学工作的重要议程，全面、系统、深入推进国际组织人才的培养工作，从2017年开始设置国际组织与国际公共政策二级学科硕士学位授权点，并设置国际组织与国际公共政策本科专业方向和双学位。其三，国内高校要与国外一流高校、培训机构建立长期合作关系，输送外文人才进修深造，引进高质量培训项目，培养一批优秀的国际新闻评论员和"全媒编辑""全媒记者"。

（四）打造高端国际智库，提出中国教育方案

加强国际传播能力建设，要打造高端国际智库。高校可立足学校科研机构特色，着力推进国际传播理论和实践研究，推出更多高质量学术品牌，建设具有重要国际影响力的高端学术智库，探索构建具有中国特色的国际传播话语体系。例如，华中师范大学国家教育治理研究院秉持"全球视野、中国立场、专业精神、实践导向"的价值追求，聚焦国家教育治理现代化进程中的重大理论和现实问题，瞄准国际学术前沿，大力推进全球教育治理问题研究，努力贡献既有战略性、全局性、前瞻性，又有针对性、可行性和可操作性的研究成果。该研究院的一项内容便是以教育智库为研究对象，积极开展教育智库指数研究、教育智库评价研究、教育调查及教育政策研究，定期公布全国教育智库排名情况，为我国教育智库发展提供科学的评

价数据；每年还定期举办"教育智库与教育治理50人圆桌论坛"，召集全国教育及其他相关领域知名专家对重大教育问题进行研讨交流。

高端国际智库更应对接国际教育，加强学术交流合作，"走出去"与"引进来"相结合，发出中国教育声音，提出中国教育方案。积极推动智库的开放性建设，与国内外相关学术机构、智库开展实质性的长期稳定合作。华中师范大学国家教育治理研究院积极发挥在教育治理领域的引领和协调作用，在成立"一带一路"教育智库联盟的基础上，组织有重大影响的教育治理国际学术会议，参与和设立国际教育学术组织，参与制定国际教育规则等。探索国际合作新机制，并拟在海外合作建立一批学术研究机构，如与美国布鲁金斯学会教育部、哥伦比亚大学中国教育中心、加拿大西安大略大学教育学院全球化教育合作中心等建立合作机构，共同开展全球教育治理相关研究。未来将进一步拓展海外研究合作机构的数量和质量，继续着力打造具有中国特色、中国风格、中国气派的教育理论体系，面向世界，着眼于中国问题，构建中国教育话语体系。

（五）切实发挥媒介作用，提高我国媒体的国际传播能力

媒体传播能力是衡量一个国家软实力的重要指标。一个国家国际话语权的大小，很大程度上来源于媒体的传播能力，包括媒体规模、媒体实力以及国际影响力等。新时代推动教育强国建设，要坚定不移加快推动媒体深度融合，进一步做大做强主流舆论，让正能量更强劲、主旋律更高昂。

要实现传统媒体与新媒体的深度融合，实现教育、文化、

体育、传媒、企业、非政府组织等多主体国际化、全球化的深度融合，我们不仅要走出去，更要走进去、走上去。加强"离岸传播"工作，借助外部资源有效讲好中国故事。其一，充分挖掘利用好华侨华人资源，海外华人华侨创办中文教育，传播中华文化，更能够融入当地社会，从而收到更好的传播效果；其二，利用国际化的中国企业及其产品与服务进行近传播，例如中国华为及其产品在国际享有良好的声誉，可以联合华为开发国际教育产品；其三，资助国际知名高校设立中国教育研究机构及特定讲席教授，并据此加强对中国教育议题的研究，增强国外对中国教育的理解；其四，大力支持外国青年人来华访学，回国之后，他们可以用他们熟悉的传播平台影响他们的朋友圈以进行青年人的传播。例如，目前欧盟内部有"伊拉斯谟世界计划"，旨在推动欧洲国家间大学生的留学工作。中国的国际传播能力建设也可制订类似计划，加强全球青年在科技、教育等人文领域的交流合作。

| 知识链接 |

2015年12月16日，国家主席习近平在第二届世界互联网大会开幕式上发表主旨演讲时指出："互联网是传播人类优秀文化、弘扬正能量的重要载体。中国愿通过互联网架设国际交流桥梁，推动世界优秀文化交流互鉴，推动各国人民情感交流、心灵沟通。我们愿同各国一道，发挥互联网传播平台优势，让各国人民了解中华优秀文化，让中国人民了解各国优秀文化，共同推动网络文化繁荣发展，丰富人们精神世界，促进人类文明进步。"

参考文献

中文参考文献

一、资料类

本书编写组.党的十九大报告辅导读本[M].北京:人民出版社,2017.

本书编写组.习近平总书记教育重要论述讲义[M].北京:高等教育出版社,2020.

本书编写组.《中共中央关于制定国民经济和社会发展第十四个五年规划和二〇三五年远景目标的建议》辅导读本[M].北京:人民出版社,2020.

本书编写组.《中共中央关于党的百年奋斗重大成就和历史经验的决议》辅导读本[M].北京:人民出版社,2021.

顾明远.教育大辞典(增订合编本)[Z].上海:上海教育出版社,1998.

国家发展和改革委员会编.《中华人民共和国国民经济和社会发展第十四个五年规划和2035年远景目标纲要》辅导读本[M].人民出

版社,2021.

教育部课题组.深入学习习近平关于教育的重要论述[M].北京:人民出版社,2019.

习近平.习近平谈治国理政[M].北京:外文出版社,2014.

习近平.习近平谈治国理政(第二卷)[M].北京:外文出版社,2017.

习近平.习近平谈治国理政(第三卷)[M].北京:外文出版社,2020.

习近平.习近平谈治国理政(第四卷)[M].北京:外文出版社,2022.

二、著作类

冯增俊,张运红,王振权,等.教育现代化论[M].广州:广东高等教育出版社,2014.

高书国.教育强国:中国教育发展战略选择[M].广州:广东教育出版社,2018.

高书国.教育指标体系——大数据时代的战略工具[M].北京:北京师范大学出版社,2015.

高永红.社会学视角下的中国教育改革[M].北京:教育科学出版社,2016.

胡卫,唐晓杰,等.中国教育现代化进程研究[M].北京:教育科学出版社,2010.

黄忠敬.OECD教育指标引领教育发展研究[M].上海:华东师范大学出版社,2019.

申国昌,刘来兵,编.智者的思想:智库教育论坛演讲录[M].武汉:湖北教育出版社,2021.

杨小微,等.指标与路径:中国教育迈向现代化[M].北京:教育科学出版社,2020.

袁振国.我们离教育强国有多远[M].北京:高等教育出版社,2014.

朱红,朱敬,刘立新,等.中国高等教育国际竞争力比较研究[M].天津:天津大学出版社,2010.

张力.教育强国战略[M].北京:学习出版社,2012.

周洪宇.中国教育黄皮书2019年:推动教育高质量发展,建设教育强国[M].武汉:湖北教育出版社,2019.

周洪宇,龚欣.建设高质量教育体系:背景、理论、路径[M].武汉:湖北教育出版社,2021.

周洪宇,李中伟,陈新忠.中国教育治理研究[M].武汉:湖北教育出版社,2020.

周洪宇,付睿.全球教育治理研究导论[M].武汉:湖北教育出版社,2020.

周洪宇.教育治理论[M].武汉:湖北教育出版社,2021.

周洪宇.教育智库论[M].武汉:湖北教育出版社,2021.

周洪宇.教育法治论[M].武汉:湖北教育出版社,2021.

周洪宇.教育改革论[M].武汉:湖北教育出版社,2021.

周洪宇,龚苗.教育改革的中国方案:聚焦发展核心素养的素质教育探索[M].南昌:江西教育出版社,2022.

周洪宇.智库的力量:长江教育研究院历年教育政策建议书(2009-2021)[M].武汉:湖北教育出版社,2021.

周洪宇,等.教育公平论[M].北京:人民教育出版社,2010.

周洪宇,邢欢.千年梦想圆于建党百年——全面建成小康社会与迈上教育新征程[M].武汉:湖北教育出版社,2021.

褚宏启.教育现代化的路径:现代教育导论[M].北京:教育科学出版社,2013.

朱益明,王瑞德等.中国教育现代化2035:从规划到实践[M].上海:上海教育出版社,2020.

加里·哈默尔,普拉哈拉德.竞争大未来[M].李明,罗伟,译.北京:机械工业出版社,2020.

简·奈特.激流中的高等教育:国际化变革与发展[M].刘东风,陈巧云,译.北京:北京大学出版社,2011.

迈克尔·波特.国家竞争优势[M].李明轩,邱如美,译.北京:中信出版社,2012.

亚伯拉罕·弗莱克斯纳.现代大学论[M].徐辉,陈晓菲,译.杭州:浙江教育出版社,2001.

佐藤学.课程与教师[M].钟启泉,译.北京:教育科学出版社,2003.

三、论文

别敦荣,易梦春.高等教育普及化发展标准、进程预测与路径选择[J].教育研究,2021,42(02):63-79.

范国睿.后大流行时代的教育生态重建[J].复旦教育论坛.2020,18(04):12-28.

冯增俊.论教育现代化的基本概念[J].教育研究,1999(03):12-19.

付卫东,罗舒馨,冯卫国."十四五"期间我国"双师型"教师队伍建设:主要形势与重点任务[J].教师教育论坛,2021,34(01):4-9.

付卫东,周洪宇.新冠肺炎疫情给我国在线教育带来的挑战及应对策略[J].河北师范大学学报(教育科学版),2020,22(02):14-18.

高书国.覆盖城乡的家庭教育指导服务体系构建策略[J].教育研究,2021,42(01):19-22.

顾明远.教育质量和教师队伍是建设教育强国的重中之重[J].宁波大学学报(教育科学版),2020,42(04):2-3.

管培俊.建设高质量教育体系是教育强国的奠基工程[J].教育研究,2021,42(03):12-15.

郝文武.论为振兴乡村教育着力培养更多具备音体美教学素质的全科型教师[J].教师教育研究,2020,32(04):66-71.

怀进鹏.深入学习贯彻党的十九届六中全会精神 不断开创教育强国建设新局面[J].党建,2022(01):20-23.

黄健毅,黎芳露.新时代民族地区乡村教师的特殊素养及培养路径[J].民族教育研究,2020,31(01):85-90.

黄书光.优先发展教育战略的历史溯源与决策脉络[J].教育发展研究,2021,41(24):1-6+15.

黄艳,周洪宇,黄晶.中国教育竞争力:评价指标体系构建与国际比较[J].统计与决策,2022,38(04):74-78.

蒋国勇.基于CIPP的高等教育评价的理论与实践[J].中国高教研究,2007(08):10-12.

康凯,高晓杰.提升高等教育竞争力是我国高教强国建设的核心[J].国家教育行政学院学报,2019(07):8-13.

李先军.美国创建留学教育强国的措施及其启示[J].现代大学教育,2019(05):42-49+113.

李政涛.中国教育公平的新阶段:公平与质量的互释互构[J].中国教育学刊,2020(10):47-52.

柳海民,邹红军.高质量:中国基础教育发展路向的时代转换[J].教育研究,2021,42(04):11-24.

刘骥.数字鸿沟下的教育公平——基于PISA2018中国四省市的分析[J].国家教育行政学院学报,2020(09):35-43.

刘来兵,冯露.浅析推动城乡义务教育一体化发展[J].河北师范大学学报(教育科学版),2019,21(03):5-8.

马陆亭,安雪慧,梁彦,熊建辉,张伟."十四五"教育规划制定:依据点、参考点与关键点[J].现代教育管理,2020(11):1-7.

马万华,匡建江.英国高等教育政策改革趋势[J].中国高等教育,2018(02):61-63.

庞丽娟.发展普惠性婴幼儿托育教育服务体系[J].教育研究,2021,42(03):16-19.

彭正梅,郑太年,邓志伟.培养具有全球竞争力的中国人:基础教育人才培养模式的国际比较[J].全球教育展望,2016,45(08):67-79.

曲铁华.加拿大教师教育改革特色探析[J].四川师范大学学报(社会科学版),2021,48(02):130-139.

瞿振元.高等教育强国:本质、要素与实现途径[J].中国高教研究,2013(03):1-5.

申国昌,王燕,申霞.建设高质量教育保障体系:现实依据、基本框架及实施策略[J].现代教育管理,2021(11):26-33.

申国昌,吴艳君,史降云.建设教育强国的时代使命及发展路径[J].教育文化论坛,2021,13(03):1-7.

沈文钦,王东芳.世界高等教育体系的五大梯队与中国的战略抉择[J].高等教育研究,2014,35(01):1-10.

王炳林.加强党对教育事业的全面领导是办好教育的根本保证[J].中国高等教育,2020(18):4-6+11.

王定华.新时代我国中小学教师国培的进展与方略[J].全球教育展望,2020,49(01):54-61.

王定华.为"十四五"高等教育高质量发展提供根本保证[J].中国高教研究,2021(04):1-3+27.

王继新,韦怡彤,宗敏.疫情下中小学教师在线教学现状、问题与反思——基于湖北省"停课不停学"的调查与分析[J].中国电化教育,2020(05):15-21.

王善迈,赵婧.教育经费投入体制的改革与展望——纪念改革开放40周年[J].教育研究,2018,39(8):4-10.

吴康宁.教育的品质:教育强国的"软实力"[J].教育发展研究,2015,35(11):1-4+48.

吴晓怡,张雅静.中国数字经济发展现状及国际竞争力[J].科研管理,2020,41(05):250-258.

夏文斌.以党的十九届六中全会精神引领教育强国建设[J].中国高等教育,2021(23):1.

辛涛.深化教育评价改革 建立良性的教育评价制度[J].清华大学教育研究,2019,40(01):8-10.

薛二勇,刘淼,李健.我国教育公平发展政策变迁的历程、特征与趋势[J].教育研究,2019,40(05):142-150.

薛二勇,李健,单成蔚,樊晓旭.实现基本公共教育服务均等化——《中国教育现代化2035》的战略与政策[J].中国电化教育,2019(10):1-7.

杨晓慧.深刻把握建设高质量教育体系、实现教育强国目标的战略安排[J].思想理论教育导刊,2021(01):4-9.

杨小微.为了可持续发展的中国教育现代化[J].教育发展研究,2019,39(21):3.

杨银付.深化教育领域综合改革的若干思考[J].教育研究,2014,35(01):4-19.

姚继军,马林琳."后4%时代"财政性教育投入总量与结构分析[J].教育发展研究,2016,36(05):17-21+78.

袁琳,王莹.德国高等教育国际化智库:职能、特点与启示[J].现代教育管理,2014(04):13-18.

袁振国,王占军.我国教育发展的新跨越及其历史启示——《教育规划纲要》十年回眸与展望之一[J].中国教育学刊,2021(01):4-8.

曾天山,吴景松,崔洁芳,王重.国际教育指标的选择、应用与借鉴[J].教育发展研究,2015,35(01):21-26.

翟博.深刻理解习近平总书记关于教育的重要论述核心思想和精髓要义[J].中国高等教育,2021(01):20-28.

张丽.教育强国追赶期指标体系研究[J].当代教育科学,2010(03):17-21.

张力.步入高质量发展阶段的基础教育新格局[J].陕西教育(综合版),2021(Z1):62-64.

张民选,朱福建.国际视野下的学生全球胜任力:现状、影响及培养策略——基于PISA 2018全球胜任力测评结果的分析[J].开放教育研究,2020,26(06):4-16+28.

张炜,周洪宇.教育强国建设:指数与指向[J].教育研究,2022,43(01):146-159.

张应强,邬大光,眭依凡,卢晓中,别敦荣,龚放,陈洪捷,陈廷柱,王建华,史静寰.中国高等教育70年十人谈(笔会)[J].苏州大学学报(教育科学版),2019,7(03):22-50.

钟秉林.新时代高质量高等教育体系的评价导向[J].中国高等教育,2021(01):1.

钟秉林,刘海峰,辛涛,马陆亭,包雷,黄腾蛟,郑方贤,侯杰泰,孙昌华,刘红云,袁建林,罗冠中,黄荣怀,吴晓如.教育考试"十四五"发展愿景笔谈[J].中国考试,2021(02):1-24.

周洪宇.深化教育领域"放管服"改革,加快推进教育治理现代化[J].教育研究,2019,40(03):15-19.

周洪宇.加强教育科学研究 助力教育治理体系现代化[J].教育研究,2019,40(11):19-20.

周洪宇.迈向新时代教育信息化发展新阶段[J].中国教育学刊,2020(10):5.

周洪宇.指导深化新时代教育评价改革的纲领性文件——《深化新时代教育评价改革总体方案》解读[J].红旗文稿,2020(22):8-12+1.

周洪宇.以科学的教育评价推动新时代教育学发展[J].中国教育学刊,2020(12):1-2.

周洪宇.推动高等教育内涵式发展 推进教育强国建设[J].中国高等教育,2022(02):1.

周洪宇,付睿.参与全球教育治理:从教育大国走向教育强国的必由之路[J].世界教育信息,2018,31(03):3-4.

周洪宇,李宇阳.论建设高质量教育体系[J].现代教育管理,2022(01):1-13.

周作宇.论教育质量观[J].教育科学研究,2010(12):27-32.

朱德全,熊晴.技术之器与技术之道:职业教育的价值逻辑[J].教育研究,2020,12:98-110.

朱军文.分层、分类、协同推进新时代教育评价改革[J].教育发展研究,2021,41(07):3.

朱旭东.论"国培计划"的价值重估——以构建区县教师教育新体系为目标[J].云南师范大学学报(哲学社会科学版),2019,51(03):93-99.

朱旭东.构建国家在线教师教育体系刻不容缓[J].教育发展研究,2020,40(02):3.

朱永新.教育改革与发展亟须关注的三个重要问题[J].教育研究,2022,43(03):20-24.

四、报纸

陈春勇.如何构建新时代教师教育一体化体系[N].中国教育报,2019-12-12(11).

樊未晨.如何加快建设高质量教育体系[N].中国青年报,2021-04-01(1).

怀进鹏.深入学习贯彻党的十九届六中全会精神 加快建设教育强国[N].学习时报,2021-11-22(1).

吕玉刚.深化综合改革加快建设高质量基础教育体系[N].中国教育报,2020-12-02(1).

彭清华.坚持系统观念谋划和推动"十四五"经济社会发展[N].四川日报,2020-12-17(1).

全国人大常委会委员周洪宇建议:明确职业教育经费投入责任和

标准[N].法制日报,2020-01-07(5).

"十三五"期间学前教育跨越式发展,普惠性幼儿园覆盖率超八成:幼儿园多了 收费少了[N].人民日报,2021-03-02(11).

佘宇.发展普惠性学前教育需多措并举[N].中国经济导报,2020-11-12(4).

王悠然.美国高等教育未能兼顾卓越性与可及性[N].中国社会科学报,2020-07-17(2).

翁铁慧.加快推进高质量教育体系建设[N].学习时报,2020-11-16(4).

习近平.青年要自觉践行社会主义核心价值观——在北京大学师生座谈会上的讲话[N].人民日报,2014-05-05(2).

习近平.做党和人民满意的好老师——同北京师范大学师生代表座谈时的讲话[N].人民日报,2014-09-10(2).

习近平.在党的群众路线教育实践活动总结大会上的讲话[N].人民日报,2014-10-09(2).

习近平.在北京大学师生座谈会上的讲话[N].人民日报,2018-05-03(2).

习近平.在"不忘初心、牢记使命"主题教育总结大会上的讲话[N].人民日报,2020-01-09(2).

习近平.在教育文化卫生体育领域专家代表座谈会上的讲话[N].人民日报,2020-09-23(2).

肖罗.教育公益性原则事关民生福祉[N].光明日报,2021-03-15(2).

熊丙奇.以中考改革促进义务教育质量全面提升[N].中国青年报,2016-09-21(3).

翟博.新时代教育工作的根本方针[N].中国教育报,2019-09-16(1).

张力.从党的教育方针看中国共产党的初心与使命[N].中国教育

报,2019-06-24(1).

张志勇.扎实推进高质量教育体系建设[N].中国教育报,2021-03-09(2).

中共中央国务院印发深化新时代教育评价改革总体方案[N].人民日报,2020-10-14(1).

周洪宇.建设高质量教育体系 迈向教育发展新征程[N].中国教育报,2020-11-12(6).

周洪宇.加快完善职业教育体系(新论)[N].人民日报,2021-07-06(5).

朱旭东.建构与新时代相匹配的教师教育体系[N].光明日报,2018-09-27(14).

外文参考文献

BLAGIREVA E. On Competitiveness of Educational Organizations [J].Russian State Specialized Arts Academy, 2015,8(1):25-31.

CHOI Y C, LEE J H. What most Matters in Strengthening Educational Competitiveness? An Application of FS/QCA Method[J].Procedia-Social and Behavioral Sciences, 2015, 197:2182-2190.

DARLING-HARMMOND, L.Variation in Teacher Education: How well do different pathways prepare teachers to teach[J]. Journal of Teacher Education, 2002(4):286-301.

EZEALA-HARRISON F. Theory and Policy of International Competitiveness[M]. London : Praeger Publishers, 1999.

FOULGER T S,GRAZIANO K J,Schmidt-Crawford D A,et al.Teacher educator technology competencies[J].Journal of Technology and Teacher Education,2017,(4):413-448.

FRANCOIS P. A New Concept of Development: Basic Tenets[M].London:Routledge,2011:27-62.

GERBER B L, MAREK E A, Cavallo A. M. L. Development of an informal learning opportunities assay [J]. International Journal of Science Education, 2001, 23(6):569-583.

HANSEN J. The Competitive Advantage of Nations[J].Journal of International Business, 2011, 3 (1):107-133.

JOVANCHEVSKA J. National Leveling of ELT Educational Programs and Their Harmonization with European Requirements for Competitiveness on the Market-Opportunities and Challenges[J]. European Journal of Social Science Education and Research,2018, 5(1):85-88.

KNIGHT J. Internationalization Remodeled: Definitions, Rationales and Approaches[J]. Journal of Studies in International Education,2004,8(1):5-31.

KRSKOVA H, BAUMANN C. School Discipline, Investment, Competitiveness and Mediating Educational Performance[J]. International Journal of Educational Management,2017,31(3):293-319.

NAIDU,S. Building resilience in education systems post-COVID-19.Distance Education[J]. 2021 (42): 1-4.

WORLD BANK.Lifelong learning in the global knowledge economy:Challenges for developing countries[M]. Washington D.C:The World Bank,2003.

→ 后　记

后　记

教育兴则国兴、教育强则国强。建设教育强国，必须要以习近平新时代中国特色社会主义思想为指导，在党的坚强领导下共同努力奋斗。学术界、教育界的专家学者也应从理论层面和实践层面开展研究，为之建净言、献良策、出实招。

华中师范大学国家教育治理研究院是中国首个用教育治理命名并致力于推动国家教育治理体系及治理能力现代化的新型综合研究基地。其前身是成立于2006年的"长江教育研究院"。16年来，国家教育治理研究院围绕教育治理、教育政策、教育指数、教育评价、大数据与决策咨询等方面开展研究，积极向国家有关部委提供资政建言和决策咨询，在国家教育规划和教育政策制定等方面产生了积极作用。其中，九年义务教育免费、教科书免费、中等职业教育免费、现代职业教育体系建设、高考招生和助学贷款政策改革、教师教育体系改革、公立中小学教师国家公职人员法律地位确定、教育立法及教育法治建设等建议，均被国家采纳，产生了广泛的学术影响与社会影响。本书的两位作者即国家教育治理研究院的研究人员，长期从事教育政策研究，希望可以为推进我国教育高质量发展、实现教育现代化、建设教育强国贡献一份绵薄之力。

本书是在我们所承担的国家社会科学基金2018年度教育学重大招标课题"建设教育强国的国际经验与中国路径研究"（项目编号：VGA180002）成果基础上撰写而成。结合"问道·强国之路"丛书"通俗理论读物"的定位，本书在撰写过程中力求做到深入浅出、通俗易懂，多采用具体化事例和素材来诠释道理、学理。除此之外，本书努力将"历史与逻辑相结合、理论与实践相结合、整体与局部相结合、研究与阐释相结合"的编写原则贯穿全书。希望广大青年读者在阅读过本书后，能够明晰我国当前建设教育强国的现状，明确我国与世界教育强国之间的差距，在学习和借鉴国外教育先进经验的基础上，为我国早日建成教育强国而努力奋斗。

全书共13章。第1章开门见山地指出了建设教育强国的重大意义，第2章阐明了教育强国的内涵及我们与世界教育强国的差距，第3章从教育国际竞争力的角度切入，将我国与全球教育强国进行比较，第4章描绘了建设教育强国的总体目标和具体指标，第5章剖析了教育优先发展战略，第6章到第13章分别论述了大力推进有质量的教育公平，全面提升教育质量，加快分类建设双一流大学，加快推进高素质专业化创新型教师队伍建设，在坚持和加强党的领导中发挥制度优势提高治理效能，加大教育投入，以教育技术现代化引领推动教育现代化，全方位推进教育对外开放。纵而观之，在某种程度上，全书既可以说是建设教育强国的"说明书",也可以说是加快推进教育强国建设的"助燃剂"。

在本书完稿之际,我们要特别感谢中国青年出版社陈章乐总编辑的盛情约稿,感谢中国青年出版社皮钧社长的鼎力支持,感谢编校人员的细心审改。没有大家的信任、支持和帮助,本书难以如此顺利地与读者朋友见面。

最后,衷心祝福祖国繁荣昌盛,早日建成教育强国!

周洪宇
2022年6月于武昌桂子山

图书在版编目（CIP）数据

建设教育强国/周洪宇，李宇阳著. —北京：中国青年出版社，2022.9
ISBN 978-7-5153-6760-6

Ⅰ.①建⋯　Ⅱ.①周⋯②李⋯　Ⅲ.①教育事业-研究-中国　Ⅳ.①G52

中国版本图书馆CIP数据核字（2022）第165527号

"问道·强国之路"丛书

《建设教育强国》

| 作　　者 | 周洪宇　李宇阳 |

责任编辑	王飞宁　李文华
出版发行	中国青年出版社
社　　址	北京市东城区东四十二条21号（邮政编码 100708）
网　　址	www.cyp.com.cn
编辑中心	010-57350501
营销中心	010-57350370
经　　销	新华书店
印　　刷	北京中科印刷有限公司
规　　格	710×1000mm　1/16
印　　张	21
字　　数	220千字
版　　次	2022年9月北京第1版
印　　次	2022年9月北京第1次印刷
定　　价	49.00元

本图书如有印装质量问题，请凭购书发票与质检部联系调换。电话：010-57350337